科技创新供给高质量发展路径与政策研究

曾繁华　吴阳芬　著

本书出版得到以下项目基金资助：

教育部人文社会科学基金一般项目（2020）

湖北省科技厅软科学重点项目（2017ADC022）

湖北省政府智力成果采购项目（HBZZ-2018-04）

湖北省社会科学基金后期资助项目（2019099）

武汉科技大学城市学院著作出版基金（2020）

湖北民族地区经济社会发展研究中心（2020）

知识产权出版社
全国百佳图书出版单位
—北京—

图书在版编目（CIP）数据

科技创新供给高质量发展路径与政策研究/曾繁华，吴阳芬著．—北京：知识产权出版社，2020.4
ISBN 978-7-5130-6885-7

Ⅰ．①科…　Ⅱ．①曾…②吴…　Ⅲ．①技术革新—研究—中国　Ⅳ．①F124.3

中国版本图书馆 CIP 数据核字（2020）第066768号

内容提要

本书以全球科技创新竞争日趋激烈和国家创新驱动发展战略为背景，以科技创新供给高质量发展为主线，在梳理相关文献基础上，首先，采用SWOT方法总结了湖北省科技创新供给侧高质量发展面临的优势、劣势、机会和威胁，针对全省科技创新供给现状进行了多层次分析，并剖析了科技创新供给高质量发展能力提升内容；其次，比较研究了国内外科技创新高质量发展的经验与启示，提出了科技创新高质量发展战略；再次，构建了湖北省科技创新高质量发展评价指标体系，通过与东部省份对比，论证了当前湖北省科技创新供给侧高质量发展能力；最后，提出了推进湖北省科技创新供给侧高质量发展的对策建议，创造性地提出了转观念、改体制、重激励、去约束、补短板的基本思路和提升增量、激活存量、优化结构、提高质量的具体路径选择。

责任编辑：张水华　　**责任校对**：王　岩
封面设计：梁震宇　　**责任印制**：孙婷婷

科技创新供给高质量发展路径与政策研究

曾繁华　吴阳芬　著

出版发行：知识产权出版社有限责任公司　　**网　址**：http://www.ipph.cn
社　址：北京市海淀区气象路50号院　　**邮　编**：100081
责编电话：010-82000860转8389　　**责编邮箱**：miss.shuihua99@163.com
发行电话：010-82000860转8101/8102　　**发行传真**：010-82000893/82005070/82000270
印　刷：北京建宏印刷有限公司　　**经　销**：各大网上书店、新华书店及相关专业书店
开　本：720mm×1000mm　1/16　　**印　张**：14
版　次：2020年4月第1版　　**印　次**：2020年4月第1次印刷
字　数：230千字　　**定　价**：69.00元
ISBN 978-7-5130-6885-7

摘 要

当前，我国经济已由高速度发展转向高质量发展阶段，正处在转变发展方式、优化经济结构、转化增长动力的攻关期。实现经济高质量发展，建设现代经济体系，必须以供给侧结构性改革为主线，提高供给体系质量，同时必须深入贯彻创新驱动发展战略，以科技创新作为国家经济发展的根本推动力。

作为中部经济发展的龙头强省，湖北省以“创新湖北”建设为目标，深入推进科技创新，“十二五”以来，全省科技创新有效供给能力得到极大提升。进入“十三五”建设创新强省的关键时期，湖北省在推进科技创新供给侧高质量发展上面临重大机遇和挑战。因此，本书以全球科技创新竞争日趋激烈及国家创新驱动发展战略为背景，以科技创新供给高质量发展为主线，在梳理相关文献的基础上，首先，采用 SWOT 方法总结了湖北省科技创新供给侧高质量发展面临的优势、劣势、机会和威胁，针对全省科技创新供给现状进行了多层次分析，并剖析了科技创新供给高质量发展能力的提升内容；其次，比较研究了境内外科技创新高质量发展的经验与启示，提出了科技创新高质量发展战略；再次，构建了湖北省科技创新高质量发展评价指标体系，通过与东部省份对比论证了当前湖北省科技创新供给侧高质量发展能力；最后，提出了推进湖北省科技创新供给侧高质量发展的对策建议，创造性地提出了转观念、改体制、重激励、去约束、补短板的基本思路和提升增量、激活存量、优化结构、提高质量的具体路径选择。

关键词： 科技创新供给能力；高质量发展；创新湖北；思路与路径

目　录

第一章　绪　论

第一节　研究背景及意义

一、研究背景

当前，我国已进入经济发展新常态，以往靠要素驱动、投资驱动的粗放经济增长模式已不适应经济高质量发展要求，创新驱动发展模式已成为形势所迫的必然选择，是新时期我国社会经济的核心发展战略。

湖北省作为全国中部经济发展的龙头强省，在“十二五”时期，全省各地区紧紧围绕建设“创新强省”，科技创新有效供给能力得到极大提升。第一，有效实施人才留汉政策，全面发挥人才优势，为全省储备科技创新人才。武汉作为全国第一大高校集聚地，人才数量巨大，近年来武汉市一直推行人才留汉战略，取得良好进展，高校的科研成果也有重大突破，诞生了许多国家级科技事件。例如，华中农业大学的水稻科研团队2013—2018年培育出了65个利用现代新技术与传统栽培相结合的绿色性状的水稻，这种“绿色超级水稻”抗旱、营养且优质。第二，科技成果转化得到应有的重视，科技成果对社会经济的支撑力持续增强。2017年，武汉为促进科技成果的转化效率设立了科技成果转化局，这也是全国第一个为促进科技成果转化而专门设立的服务平台。该平台的服务目标是将科技资本化，实现科技成果与企业需求精准对接，更深层次实现科技成果产业化。北斗技术、现代种业、光电子等一批高科技产品落地转化，为全省社会经济发展提供了强有力的支撑。第三，乘国家政策东风，发展优势产业，科技创新环境显著改善。湖北省有固有的创新特色产业，在全国范围内具有产业领先地位，作为国家中部重点建设城市，政策偏好明显，为发展光电、生物制药等产业的创新提供肥沃的政策土壤，这些产业也是带动就业、创业的大附加值产业，为湖北省建设科研科技大省奠定了基础。同时，利用优势产业将该产业上下游范围内的服务、设施和支撑体系打通，形成以该产业为核心的链式网状发展，充分发挥科技产业的带动作用。此外，湖北省率先在全国推出“科技十条”“新九条”等科技创新相关政策，将科创体制机制改革推向新高潮。第四，科技创新体系已初步形成，并处于不断完善发展阶段。继湖北省获批成为国家创新型试点省份后，武汉、襄阳、宜昌也陆续获批成为国家创新型试点城市，科技创新在全省得到全面有效发展，省内各地区科技创新有效供给能力得到不断提升。

“十三五”时期，是湖北省全面实施“创新驱动”发展战略的第一个五年期，湖北省将全力推进以提升科技创新有效供给能力为核心的全面创新，把科技创新有效供给能力提升作为科技创新供给侧结构性改革的重要环节，进一步发挥科技是第一生产力、人才是第一资源、创新是第一动力的关键作用，依靠提升科技创新有效供给能力，进一步打造全省经济发展新引擎、构建竞争新优势、开辟经济发展新空间，实现经济发展动力转换。

二、研究意义

科技创新是一个国家经济发展的根本推动力，在经济新常态背景下如何促进科技创新提质增效是各地区高度重视的热点问题。十九大报告提出“在经济高质量发展阶段，必须坚持质量第一、效益优先，以供给侧结构性改革为主线，推动经济发展质量变革、效率变革、动力变革，提高全要素生产率”。为实现科技创新有效供给能力提升，我国各地区亟待实施科技创新供给侧结构性改革。

本书通过采用SWOT分析法，对湖北省科技创新供给侧高质量发展内外环境所形成的优势（Strengths）、劣势（Weaknesses）、机会（Opportunities）、威胁（Threats）四个方面的情况进行分析，并在借鉴全球著名高新科技园区发展经验的基础上，对提升湖北省科技创新供给能力的具体内容、发展战略进行深入研究。最后，提出湖北省科技创新有效供给能力提升，必须要依靠提升增量、激活存量、优化结构与提高质量的根本途径来实现。本书的具体研究意义，现总结如下。

（一）理论意义

1. 丰富科技创新供给侧高质量发展的主要研究内容。湖北省科技创新供给侧高质量发展内容剖析是本研究开展的前提。本研究基于科技创新供给侧结构，明确其构成要素，对湖北省科技创新供给侧高质量的具体内容进行详细探讨与分析。此外，本课题还在对湖北省科技创新供给现状与问题分析中，深入探讨了科技创新有效供给能力高质量发展存在的结构性问题、瓶颈，丰富科技创新供给侧高质量发展的主要研究内容，完善科技供给侧高质量发展的结构性理论。

2. 对科技创新供给侧高质量发展动态演化路径研究进行探索，同时对科技创新供给侧高质量发展机制及创新竞争的模式进行边际拓展与补充。基于全球创新链演进和治理视角，对科技创新供给侧高质量发展动态演化路径进行分析，明确四种基本路径，注重提升增量、激活存量、优化结构、提高质量，为确保科技创新高质量供给实现系统性有序发展和高效协调合作机制提供思路。同时研究科技创新供给侧高质量发展机制和创新竞争的模式，明确科技创新资源配置的方式，基于对国内外科技创新高质量发展的案例比较，拓展和补充具有地方特色的科技高质量供给发展机制和竞争模式。

（二）应用价值

1. 为湖北省科技创新供给侧高质量发展驱动跃迁升级提供决策依据与政策参考。十九大之后，举国上下都深刻认识到目前中国特色社会主义进入了新时代，面临着许多新环境，要求经济发展要更加注重创新驱动，紧紧抓住创新这个“牛鼻子”，强化创新体系和创新能力建设，推动科技创新和经济社会发展深度融合，塑造更多依靠创新驱动、更多发挥先发优势的引领型发展。本研究报告通过研究创新供给侧高质量发展的驱动机制，根据创新高质量发展的路径，为湖北省做好新时代科技创新工作提供决策依据与政策参考。

2. 为湖北省科技创新高质量发展路径和竞争模式提供决策参考。新科技革命带来的以知识为基础的新兴产业快速发展，标志着经济发展从传统要素驱动、投资驱动向创新驱动转型。随着中国土地、资本、人口等投资要素红利逐渐消失，以创新驱动、人才驱动助力中国经济转型升级成为必由之路。“十三五”是中国完善国家创新体系，建设创新型国家，由经济大国转向经济强国，跨越“中等收入陷阱”的关键时期，本研究报告抓住关键时期，做出关键研究，为湖北省科技创新高质量发展路径和竞争模式提供决策参考。

3. 为湖北省科技创新供给侧结构性改革提供政策建议。全球创新链演进及治理视角下，寻找一条适合中国新时代背景下科技创新供给侧高质量发展之路，是经济从高速增长向高质量发展的内在动力。围绕政策链、人才链、创新链、技术链、产业链及价值链做深入系统文章，推进科技创新供给侧结构性改革，是工业互联网背景下科技创新高质量发展的关键议题。湖北省科技创新供给侧改革（转观念、改体制、重激励、去约束、补短板）必须要充分利用信息技术优势，促进科技创新成果有效供给，以求更好地实现科技创新高质量供给发展。

第二节　国内外研究现状及评价

一、科技创新供给机制研究

1. 研发人员激励机制。有关科技创新研发激励机制研究已有很多学者做出卓越贡献，总体上可将其归纳为产权激励、组织激励、晋升激励、学习激励、薪酬激励、文化激励六种激励方式（Lerner and Wulf，2007；Coad et al.，2015；黄秋风和唐宁玉，2016；翟文华，2017；徐梦薇和罗鄂湘，2017；李双金和郑育家，2018；刘婷婷等，2018；王玉霞和孙治一，2019）。在众多激励研发方式中，同属于物质激励的薪酬激励机制和股权激励机制对研发人员的研发激励效用最大；而晋升激励、学习激励、荣誉激励等方式的激励效果较弱（蔡树堂和吕自圆，2015；梁彤缨等，2015；叶陈刚等，2015；陈晓暾和胡雨，2017；程翠凤，2018；刘晓慧等，2018）。蒋珞晨（2017）、黄祥国等（2015）针对湖北省科技创新发展现状，提出了提升湖北省科技创新发展的激励政策。

2. 研发资本投入机制。由于科技创新活动具有高风险性和经济外部性，政府为了分担企业研发成本和风险，都会通过提供给企业一定数额的资金资助，来辅助、引导企业对研发资本的投入。针对政府补贴效用的研究大致都是基于以下三个层面展开的：宏观层面（Reinthaler and Wolff，2008；余泳泽，2011；彭鸿广，2012；吴芸，2014；聂鸣等，2014；孙伟等，2015；颜晓畅，2019），行业层面（李婧，2013；巫强和刘蓓，2014；伍健等，2018；章元等，2018）以及微观层面（Hussinger，2008；Taymaz and Ucdogruk，2013；周海涛和张振刚，2015；郑春美和李佩，2015；尚洪涛等，2018；吴非等，2018；赵玉林和谷军健，2018；张帆和孙薇，2018；邹洋等，2019）。盛建新等（2016）、皱蔚和万君康（2004）基于湖北省财政科技投入现状，提出了要创新科技创新投入体制机制的具体建议。

3. 创新市场导向机制。随着技术创新市场导向机制逐步深化，其在配置创新资源方面的作用日益增强。但发展水平低、发展地域不平衡等问题，依旧限制了创新供给质量，尚不能实现创新驱动的经济增长要求（Yang，2015；冯晓青和乔文鑫，2015；张胜和郭英远，2015；沙世萚，2016；杜斌等，2017；李斌等，2017；朱泽钢，2017；鲁成等，2018；周卫军和刘加林，2018）。

二、科技创新供给路径研究

1. 自主研发与科技创新供给。自主研发的本质是通过在自身先进技术水平基础上的进一步突破，从而获取更先进的前沿技术，高效率提高科技创新供给能力（Furman et al.，2002；白俊红和吕晓红，2014；余泳泽，2015；汪海霞和王新，2018；康淑娟，2018；湛泳和唐世一，2018），但也有研究认为自主研发对我国科技创新供给的促进作用并不显著（张海洋，2005；李小平和朱钟棣，2006）。

2. 技术引进与科技创新供给。改革开放以来，我国积极利用外资和引进国外先进技术，实现了经济的快速增长，但是在很多关键领域依然缺乏核心技术。对于技术引进能否有效提高发展中国家尤其是中国的创新能力，不同学者提出了不同结论。大多数研究发现技术后发国家可以通过引进技术先发国家的先进技术来实现自身科技创新供给能力的提高（Wang，2010；欧阳卉和胡小娟，2010；李政等，2017；刘鹏和张运峰，2017；陈朝月和许治，2018；彭刚等，2018；韩俊华等，2018）。

三、科技创新供给模式研究

1. 产学研合作。产学研合作是以推动科技创新供给为目的，以企业为主体，大学和科研单位积极参与，在政府科技管理部门、科技中介服务机构、金融机构等大力支持和协同下开展新技术研究开发和应用、人才培养、设备共享、信息获取等活动的过程。现有研究讨论了产学研合作的形成与实施（Mitsuhashi，2013；李宇，2013；汪波等，2013；张明霞和可星，2016；刘嘉楠等，2019）、产学研合作的组织形式（Fontana et al.，2003；张玉强和宁凌，2009；王海军等，2017；张艺等，2018）以及产学研合作的效率与风险（Neely，2005；Altabbaa et al.，2013；Ankrah and Altabbaa，2015；李雪婷和顾新，2013；唐震等，2015；李扬等，2017）。

2. 技术创新合作网络。技术创新合作网络的研究文献主要集中在两个方面。一方面是对合作网络规模、结构特征、演变规律的研究（Funk，2014；Guan et al.，2016；Marek，2017；高霞和陈凯华，2016；王秋玉等2016；袁华等，2016；李健和陈淑娟，2017；刘承良等，2017；吴慧和顾晓敏，2017；姚潇颖等，2017；袁剑锋等，2017）。另一方面是从不同角度分析影响技术创新合作绩效或技术创新合作网络的因素（Kafouros et al.，2015；付帼等，2016；韩坚等，2017；刘友金等，2017；马双等，2017；苏屹等，2017；张彩江等，2017；卓乘风和邓峰，2017）。

3. 知识创新联盟。知识联盟是一种双边创新转移模式，其主要目标是通过交换获取新的或互补性技术知识，并加快创新和学习过程，知识联盟的成立对提高创新绩效有显著的效果（Keil et al.，2008；Weck and Blomqvist，2008；Bouncken and Fredrich，2016）。有关知识创新联盟模式的研究主要集中于知识管理（Krogh，2012；Gupta et al.，2013；Peng，2013）、知识创新（刘劲杨，2002；樊治平和李慎杰，2006；冉秋红，2007；唐登莉和罗超亮，2014；孙新波等，2015；朱建民和丁莹莹，2017）以及知识转移（Buenstorf and Schacht，2013；Gao et al.，2015；曾德明等，2009；张国峰，2012）三个方面。

四、科技创新供给绩效研究

1. 创新供给绩效的影响因素。关于创新供给绩效影响因素的研究可以分为三类。第一类是讨论单个或多个变量对创新产出或创新能力的影响（Furman，2002；Krammer，2009；Vogel，2013；邓渝和范莉莉，2014；郭鹰，2015；万道侠和胡彬，2018；张美莎等，2019）；第二类是考察创新能力较高的地区所具备的综合特质（Crescenzi et al.，2013；柳卸林和田凌飞，2019；钱丽等，2019）；第三类研究将创新的过程分解开来进行系统性的分层级研究（Sears and Baba，2011；岳鹄等，2018；鲍萌萌和武建龙，2019）。李燕和赵汪金（2014）、张颖和金明浩（2017）对影响湖北省科技创新能力因素进行了分析与评价。

2. 创新供给绩效的评价体系。现有研究进行创新供给绩效的评价方法可以按照研究视角分为两类：第一类是基于创新投入和创新产出视角（周文泳和项洋，2015；易平涛等，2016；赵瑞芬和王小娜，2017；李显君等，2018；王丽平和崔世仟，2019）；第二类是基于知识创新与知识创造视角（赵炎和冯薇雨，2015；赵雪雁等，2015；赵炎和徐悦蕾，2016；高孟立和范钧，2018；侯仁勇等，2019）。

五、科技创新供给政策研究

1. 科技创新政策的分类。现有研究分别根据颁布主体、作用对象、政策手段等对科技创新政策进行了分类（刘云等，2014；张炜和赵娟，2015；张永安等，2016；梁正和李代天，2018；徐晓丹和柳卸林，2018；王开阳等，2018；薛澜，2018）。

2. 科技创新政策的实施效果。科技创新政策实施效果的评价研究则主要集中于国家层面评价（魏喜武和薛霞，2016；陈远燕等，2017；曲婉等，2017；陈坚，2018；张永安等，2018；李春艳等，2019）、地区层面评价（曾婧婧和王巧，2017；夏霖，2018；张韵和钟书华，2018；胡先杰等，2018；王进富和张耀汀，2018）以及产业层面评价（洪勇和张红虹，2015；杨雪等，2015；徐伟等，2016；胡鞍钢和程文银，2017；朱明皓等，2017；罗晓辉等，2018）三类。

六、有关湖北省科技创新供给能力研究

现有关于湖北省科技创新的研究还较少，主要集中在测算湖北省科技创新绩效及提升对策两个方面。邹颖和朱艳阳（2015）、张熠和王先甲

（2016）建立了一套评价湖北省创新人才开发水平的指标体系，并对湖北省科技创新人才开发水平进行了评价，为湖北省制定科技人才开发战略及加强科技人才队伍建设提供了决策参考。蒋珞晨（2016）、黄汇（2018）、盛建新等（2016）学者对湖北省科技创新财政投入机制创新进行分析，并提出当前湖北省对科技创新财政投入尚存在投入不足与投入结构不合理等问题。易晓波和李光（2014）等基于政产学研的协同创新机制，对当前湖北省科技创新各环节的发展现状进行了分析与评价。

李燕和赵汪金（2014），邹蔚和万君康（2004），赵峰、张春强和张乐萍（2010），陈瑜洁和鲁洁（2018）等学者对湖北省科技创新能力进行了评价与分析，并提出了提升湖北省科技成果转化的政策建议。

七、简要评述

通过梳理现有的大量文献可以发现：（1）现有文献基于不同视角和方法研究了科技创新的供给机制以及供给路径，但较少结合现实分析我国各省份科技创新供给侧的问题所在。当前我国整体及各地区科技创新供给动力疲态尽显，创新资源配置体制机制尚未健全，在经济新常态背景下急需实现科技创新供给侧高质量发展动力机制的重构。（2）科技创新供给侧高质量发展模式不能停留于运行形式层面，而需要深入到制度改革层面，获取科技创新供给能力先进国家的经验，基于全球创新链演进及治理视角，有针对性地提出科技创新供给的增量提升、存量激活、结构优化以及质量提高路径。（3）已有大量文献对我国科技创新供给绩效以及科技创新供给政策进行研究，但现有研究往往将绩效与政策相割裂。将创新资源配置方式对创新行为影响的检验、科技金融支持作用检验、科技创新效率评价和科技创新供给能力评价等实证方法结合起来，获取地区及行业科技创新供给具体问题所在后再进行政策评估与调整是科技创新供给侧高质量发展不可或缺的重要内容。（4）现有关于湖北省科技创新供给能力的相关研究还非常少，尚不成体系。

第二章　湖北省科技创新供给侧 SWOT 分析

本部分采用 SWOT 分析法[1]，对湖北省科技创新内外环境所形成的优势（Strengths）、劣势（Weaknesses）、机会（Opportunities）、威胁（Threats）四个方面的情况结合起来进行分析，以寻找制定适合的发展战略和策略的方法。

第一节　优势与劣势分析

一、优势

（一）高校林立，人才总量大

湖北省拥有普通高等学校 128 个，总体数量排名全国第 5 位。根据武书连 2018 年中国教师数量排行榜[2]对湖北省 34 所普通本科高校的统计，在职师资 45 705 人，在读博士 21 139 人，在校硕士89 994人，本科学生达到 574 995 人。为了具体剖析湖北省科技创新中的人力资源特点，笔者将 2017 年度的湖北省优秀人才划分为两院院士、长江学者、国家优秀青年三个项目，统计新增人才数量以及全国占比情况。可以看到，在极具含金量的两院院士中，2017 年湖北省新增科学院院士 3 人，工程院院士 4 人，总

---

[1] SWOT 分析是 1971 年哈佛大学教授安德鲁斯（Andrews）在《公司战略概念》中提出的企业内外部环境分析框架。

[2] 武书连，中国管理科学研究院原秘书长、研究员，所做“中国大学评价”课题研究是中国持续研究大学评价时间最长、被引用次数最多的课题。

人数达到73人，院士总数中部排名第一。长江学者新增数量在全国排名前列，其中华中科技大学的长江学者在全国高校中排名可以达到第8位。国家优秀青年项目立项中，湖北省以26位新增立项人数占到了总人数200人的13%，见表2-1。此外，湖北主动吸收纳入国家级“千人计划”的456人，“万人计划”人才136人，引进部级认证人才108人，建设了15个创新团队，并构建了7个培养人才的基地。从高校数量优势和各级别人才总量优势来看，湖北省的科技创新优势强。

表2-1　2017年度湖北省新增三类人才数量及占比情况

种类	科学院院士	长江学者	国家优秀青年
新增人数（人）	3	27	26
占比	4.92%	5.83%	13%

注：数据根据央广网和科学网相关资料整理而得。

纵向比较，湖北省从事研究与开发的人力资源总量的增量年年扩张，到了2017年成绩喜人，达到了23.53万人，比2016年增加了近1.7万人，增速达到7.79%，这是“十二五”期间湖北省落实科技发展策略的结果，是励精图治着眼于自身特点的结果。2019年4月，武汉长期实施的“3551光谷人才计划”第十二次实施，这项人才计划自实施以来对新兴产业的促进作用非常明显，以光电信息技术、现代服务业等为主导，形成五大千亿产业的集聚；以集成电路、数字经济为标杆形成两类新兴优势将湖北省的人才层级拉升至“高层次创新人才”，同时还带来一些世界级的创新成果，比如“载药囊泡治疗肿瘤技术”“多模多频高性能基带射频一体化SOC芯片”等。截止2009年，在武汉东湖高新区内已经有4位诺贝尔奖获得者，世界范围内的院士级别人员66位，具备国家认证的专业高级人士404位，光谷人才计划吸引的外来优秀人力资源1971位，数以千计的创新团队旨在将光谷打造为湖北省乃至全国范围内最大的人才智力汇集中心。其中光谷特色人才计划为在汉企业建设领先地位的智力储备贡献强大的支撑，也是市场化追逐的主要对象。

横向比较，湖北省从事研究与开发的人力资源总量比起同属中部地区的湖南省来说要低，长期保持中部地区第二位，但是人力总量增长速度在中部地区能达到前列，这是湖北省“产业聚人”规划的顺利实施，产业流向能够吸引人才的走向，使之朝着相同的方向流动，同时人才的流动也促进产业规模的形成，为把湖北省打造成人才磁场、人才乐园，制定了柔性吸引人才机制，旨在将省内庞大的人才群体转化为为科技创新提供供给研究支持的经济效益。

（二）科技创新，综合水平高

从综合水平横向比较看湖北省科技创新的实力，根据《中国区域创新能力监测报告 2016—2017》[1] 显示，全省的整体创新情况在中部地区持续领先，长期盘踞首位，与东部地区相比虽稍显落后，但是差距在逐渐缩小，日渐追向全国创新综合实力第一位的北京市。根据湖北省政府公布的数据，湖北省从 2014 年开始，每年都积极致力于科技成果市场化，政府主导的转化成果实现 1000 项突破，为发展全省定下创新基调，科技型企业也有了诞生地，自报告期起湖北省拥有的省级以上的科技创新型企业每年按照 14% 的速度迅速增长。2017 年 12 月，报告期内的全省范围内拥有高新技术的核心企业超过 4000 家，再一次雄踞中部地区第一位，基本完成了初期目标，即在三年的时间内创新企业增长一倍。

从科学技术成就的数量上看，2017 年湖北省在重大成果方面实现了突破，展现了 1600 项成果，在上述成果当中特别值得提出的是基础理论型成就，仅 2017 年一年就实现了 20 项基础型成就，在能够输出的市场化技术方面，全省的技术性输出类交易金额突破千亿元，交易项目达到两万项以上。[2] 同时据湖北省科技厅报告，在 2017 年成就的技术交易中，有 40.52 亿元是由中介机构促进的，在 40 亿元大关的水准上实现地区首位。这是由于湖北省积极引导科学技术投入的方向，将科技支出用于建设科技创新的平台，鼎力促成科技成果转化支出，同时湖北省科技厅还设立了专项资金，对一些促进科技成果转化的科创机构按照一定的投资比例提供专项资金的资助，以期促进科技成果转化。事实证明，这一系列措施有力地促进了湖北省的科技成果转化，在 2015—2017 年的短短 3 年中，湖北省促成的科技成果转化项目数分别达到了 1194 项、1255 项、1563 项，实现年均增

[1] 《中国区域创新能力监测报告 2016—2017》由科技部于 2017 年 8 月 30 日发布。

[2] 数据来源于湖北省统计局年鉴。

长 14.83%。2013—2017 年，湖北省登记了 8954 项，这中间囊括了 2146 项具有国际水准的先进高级成果，平均占比达到 23.97%。近年来，湖北省申请专利量与专利授权量迅速增长，2017 年增加专利申请量 1 100 234 件，增加专利授权量 46 369 件，分别实现 20.58%、22.04% 的年均增长率。

（三）产业特色，科研投入高

湖北省依托数量庞大的高校人才以及产业布局的相关举措，截至 2017 年年底，在全省范围内形成了以武汉为中心、东南西北全面布局的九大国家级高新区，数量之多达到中部地区排名第一。从 2016 年来看，在整个“十二五”中，湖北省科技创新体系加速完善，为进一步深层计划目标的实现打下了基础。为了切实促进科技的发展，湖北省加强科技创新型基建的发展，2016 年实现省级以上工程技术研究中心 467 个，比 2012 年增长了 105.73%。从总体水平上看，湖北省的科研投入年年增长，年均增长速度维持在 10%，具体数据见表 2－2。在注重整体布局的同时，湖北省还做到重点突出，集中发展短板。

表 2－2　2011—2017 年湖北省科研投入情况

年份	R&D 总投入（亿元）	占 GDP 比重（%）	较上年增长（%）
2011	330	1.7	—
2012	378	1.7	14.5
2013	450	1.8	19.0
2014	510	1.86	13.3
2015	565	1.91	10.8
2016	620	1.92	9.7
2017	700	1.92	12.9

注：数据根据湖北省统计年鉴整理。

2016 年，湖北省共发展 6 个国家级科学技术产业项目，实现国家级资金融通 8.3 亿元；2015 年，湖北省率先在卫星、高技术服务业产业上发展了 20 个重大项目，在重要大型科技创新技术设施建设的关键领域中争取到 40 个重点项目。自此，在全省范围实现了多产业分布、重点突出的科研投入。截至 2017 年，政府的科技费用支出的规模逐步扩大，同时投入的结构重点也有所调整，更多地投入在基础研究、公益研究、前沿研究、重大关键技术研究的方向上。在科技创新的方向上，湖北省一直倡导“问题导向”，以消除约束湖北省利用科技资源特色转为促进经济社会发展的体制机制障碍为核心，集中重点环节与关键领域进行体制改革和创新，由此有力地促进了湖北省在关键领域的科技创新的发展。

在团队投入方面，为激起人才在科技创新中的深层地位，响应湖北省科技创新“十三五”的发展要求，省政府、各大企业、各个高校越来越重视对各个层级、具备各种特色的创新团队的培养。2018 年省科技厅开展全省范围内的申报科技创新团队的发展内容[1]，并对这项工作提出了具体要求：申报单位要在相关文件的指导下，牢记湖北省科技创新供给侧发展目标，在企业核心环节发挥明确关键的创新思路，在省内核心产业的创新方面实现新的有效供给，打造战略型的创新团队。在 2018 年部署的湖北省创新团队申报工作中，省科技厅针对性地引导创新团队设立与省内发展需求相适应的项目建设，将团队中申请的项目分为三类，分别为 A 类、B 类和 C 类，基本的申报集中在 C 类，该类项目申报要求明确到团队核心成员的构成，实现技术带头人的优势建设，同时强调企业的参与度，要求必须以企业为申报主体，这一规定将促进企业在科技创新领域的重要性。对带头人的认定资格还包括现有科研成果、职称、任职等要求，充分保证所申请的项目具有技术核心保证。为充分打造区域特色的科研团队，在项目申报的类型上，科技厅强调要将湖北省的弱势技术产业、空白技术产业建立起来，要求在研究湖北省产业链基础上将科研能力应用在关键技术和带动作用明显的项目上。满足基本条件的 C 类申报团队将实现 30 万元的财政资助，对于已经实现申报的团队还可以申请提类，原来申请的 C 类项目升级为 B 类，实现 30 万元的财政资助；原来申请的 B 类项目升级为 A 类，实现 50 万元的财政资助。对项目申报的指标在全省范围内进行合理分配，武汉、襄阳、宜昌三个市由于 GDP 长期在省内居于前列，所以申报指标较多，同时为鼓励企业的参与度，在鄂央企和省内直属企业都有一个申报

[1] 《关于开展 2018 年湖北省双创战略团队申报工作的通知》由湖北省科技厅在 2018 年 9 月 20 日发布。

名额。

湖北省在科技创新平台上的投入实现了各个层次的建设。为了实现科研数据、基础设施、资源的共享，鼓励企业、研究院共享研究资源，湖北省每年都立志打造科技创新活动平台的建设，为湖北省已经取得的领头项目、空白项目、科研服务提供支撑。以 2018 年平台申请为例，可以发现平台打造的特点和申请主体特点，见表 2－3。

表 2－3　2018 年度湖北省共享平台拟立项项目

名称	设立单位
湖北省特色微藻自然科技资源库	中国科学院水生生物研究所
湖北省心血管代谢性基本科学数据服务平台	武汉大学
湖北省经济作物自然科技资源库	中国科学院武汉植物园
湖北省长江江豚自然科技资源库	中国科学院水生生物研究所
湖北省水生动物疾病研发检测共享平台	武汉市农业科学院
湖北省传感器与光电子器件研发检测共享平台	湖北大学
湖北省钢结构研发检测共享平台	黄冈师范学院
湖北省频率超稳定激光研发检测共享平台	中国科学院武汉物理与数学研究所
湖北省汽车主减速器总成综合性能研发检测共享平台	湖北机电院机械产品质量检测中心
湖北省水源地水质检测研发检测共享平台	长江水利委员会长江科学院
湖北省运动场馆有害物质研发检测共享平台	武汉体育学院
湖北省矿石物相分析研发检测共享平台	湖北冶金地质研究所
湖北省畜禽疫病与产品安全研发检测共享平台	武汉市农业科学院
湖北省名特优新农产品营养品质评价研发检测共享平台	湖北省农业科学院农业质量标准与检测技术研究所
湖北省粮油产品质量安全研发检测共享平台	中国农业科学院油料作物研究所
湖北省猕猴桃自然科技资源库	中国科学院武汉植物园
湖北省艾草自然科技资源库	李时珍医药集团有限公司

续表

名称	设立单位
湖北省农作物种质自然科技资源库	湖北省种子集团有限公司
湖北省数据库研发检测共享平台	武汉迎风聚智科技有限公司
湖北省振动噪声研发检测共享平台	中国船舶重工集团公司第七一九研究所
湖北省能源装备在线研发检测共享平台	武汉新能源研究院有限公司
湖北省减隔震产品研发检测共享平台	武汉海润工程设备有限公司
湖北餐饮全链条质量安全研发检测共享平台建设	湖北洁源检测有限公司
湖北省微食用昆虫产品质量安全检测共享平台	华中农业大学
湖北省生物医药产品研发监测共享平台	湖北省疾病预防控制中心
湖北省生物农药研发检测共享平台	湖北省生物农药工程研究中心
湖北省民族药物研发检测共享平台	中南民族大学

注：资料来源于湖北省科技厅。

由表 2－3 可以看出湖北省平台在多个行业都有发展，但主要集中在动物、植物、制成品等方面，同时对国家大力倡导的环境保护方面，根据区域位置特点主要集中在水域、河流方面的研究。平台建设还极具主体特色，绝大多数由研究院、高校科研团队主持设立，企业只占少数。除了研究院、企业主持的共享平台外，湖北省还设立了专业的湖北省青少年科技创新活动服务平台。这个平台主要以青少年为素质教育核心，提升青少年对科学技术的重视和兴趣，同时将科学知识应用到日常生活中，提高青少年科学创新能力，常年组织开展科技创新比赛，奥林匹克大赛，科技传播活动，青少年海模、车模、空模竞赛，为国家的科技创新团队培养后续力量。还有高校牵头设立的研究中心，以湖北省科技创新与经济发展研究中心为例，由武汉理工大学牵头管理学院、高等教育研究所和理学院的研究队伍，进行整合发展，在 2008 年年底成立，以人文社会科学为研究重点，主要满足社会服务、科学研究和人才培养的需求。根据不同学科特点设立了不同的研究团队，主要包括科技创新与产业发展研究所、国际产业转移与竞争战略研究所、电子商务智能与服务研究所和科技创新绩效与风险评价研究所。这四个主要的研究所是湖北省根据特色的教育资源和工业产业特色设立的，为湖北省科技成果的市场化添加一把新柴，经过十年多的成长，湖北省科技创新与经济发展研究中心不断进步，到目前为止在国家两类重点项目中都有建树，除了应该申请的科研项目，在人才培养方面也做到了尽善尽美，同时致力于探索人才培养和科学研究的同步发展。在为社会科学创新提供服务方面，湖北省科技创新与经济发展研究中心还不定时不定期地为社会企业和地方政府的科研需求提供咨询和信息技术的支持。除了对湖北省内的科研工作提供有力帮助外，全国范围内该机构都有参与一些建言献策、调研论证和专家咨询工作，将该机构在湖北省取得的优秀成果应用到山东、山西等地，以促进这些地区特色产业的发展。

（四）科技创新活力足，区位条件独特

湖北省依托省内高素质人才集聚地优势实现了科技创新供给水平的新阶段，主要创新成果贡献者的积极性达到前所未有的高度。

在新的创新供给能力阶段，湖北省实现了创新供给能力的整体排名上升，在2013—2017年的5年间排名上升5位，实现在全国范围内科技创新供给水平位于前列；同期，湖北省内高新技术企业的数量增长率达到247.5%，领先中部其他省；2013—2017年增加国家级高新区5家，总量排名全国第四；设立了46个创新平台；大型科学仪器设备平台中入网企业实现546家，增长率实现600%，从入网设备来看增长率实现350.2%，总量超8000台，新增值35亿元；科技产业增值实现翻番，由2013年的2960.4亿元增长到5937.89亿元；高新技术的交易额破千亿元达到1066亿元人民币，交易量在全国排名第二。区位条件体现在湖北省省会城市武汉2018年国民生产总值接近1.5万亿元人民币，拥有内陆最大的水路、航空、铁路网络，交通辐射范围可以达到全国经济总量的90%，满足全国10亿人口的需求，是国家产业转移的中间地位。

二、劣势

（一）源头创新能力有待提高

起始于国家政策发展奠定的基础，我国科研能力和创新水平都得到了

长足发展，但是初创能力不足是中国面临的普遍情况。中国政府每年拿出数以万亿元计的科研经费，旨在促进全国创新成果的长足发展，但是现实情况是，世界上核心科技大概有 130 种，中国目前能够实现 18% 的自给，剩下的比重中需要进口的核心材料超过一半，并且 1/3 以上的材料中国并没有研发；中国拥有世界上最大的可开发的稀土藏量，但是中国没有将稀土用于工业、军事领域的技术，能将稀土做成芯片植入手机的国家也不是中国，而是日本和德国。原始科技创新能力跟不上经济发展的需要已经成为中国经济发展的桎梏。有一句话形象地总结了世界科技发展的状况：科学原创在欧洲，科学应用在美国，产品创新在日本[1]。2014 年，湖北省在中部地区衡量研究开发人员从业数量的指标上实现领先平均水平，并且是中部地区的第一，但从研究开发人员的学历来看，中高级以上的研究人员占总体研究开发人员的比重不到一半，在中部地区范围来对比低于邻省湖南。由于源头创新成果具有投入高、产出成果成功率低的特点，所以在基础研究领域科研经费的投入缺乏重心支持。

（二）创新供给侧结构短板

在“十二五”发展期间，湖北省形成了具有区域特色的高新产业分布，具有标志性领导意义的四个大型领域为湖北省带来的附加值超过 80%，包括先进制造和生物医药等。[2] 从数字上看，这四大领域得到了集中发展，同时也意味着湖北省的高新技术行业有明显的缺陷，也就是供给侧的结构性矛盾。

这样的结构性矛盾从数据上看有两个差异较大的行业，高新技术产业和现代服务业的发展动能不足。2017 年上半年，湖北省的高新技术产业和现代服务业的增量为 367 亿元人民币，其增量占所有行业创新增量的 13.78%。[3] 2018 年上半年，高新技术产业和现代服务业的增速为 13.5%，增长速度比 2017 年加快了 0.3%，增长优势并不明显。经济发展带来新的结果，湖北省的经济也在转型，现代高质量发展的要求是高

---

[1] 中南财经政法大学卢现祥教授在 2018 年 12 月 13 日，以“从三个层面看中国高质量发展”为题的讲座内容里提及。

[2] 数据来源于湖北省统计局。

[3] 数据来源于湖北省统计局 http：//www. stats – hb. gov. cn/tjbs/qstjbsyxx/115694. htm。

新技术产业和现代服务业的蓬勃发展，以武汉市为例，2018 年武汉市的高新服务业对经济的贡献率已经达到了 73%。[1] 根据衡量湖北省科技成果转化的相关指标，可以看到湖北省在高新技术产业增加值方面领先于其他指标，2018 年最后一个季度突破 6000 亿元人民币，增加值排第二位的行业是高新制造业，这样的发展格局与中国整体科技创新领域相吻合。为提高制造业发展水平，世界范围都在强调制造业服务化，在湖北省高新服务业发展情况方面，可以看到连续两年，每年第三季度的高新服务业的增加值都处于最低水平。这说明湖北省科技创新转化成果不具备稳定性，具有季节性特点。湖北省的高新技术短板在于现代农业、环保等领域，亟须改善电子信息业的成果转化、高新服务业的成果转化。要想切实解决环境问题、改善农民生活以及整个湖北省经济的深化发展，保证高新技术和现代服务业创新动力的持久性至关重要。结构性矛盾产生的重要原因就是科研管理体制、科研评价体系和激励机制。这一点笔者将在第三节详细阐述。

（三）企业主导的创新能力不足

近年来，政府对于将企业作为研发主体的科研经费的投入逐渐增多。以 2014 年为例，湖北省为鼓励企业加强对研发的重视程度，对企业的研发经费投入达到了 397 亿元，是企业总体对研发经费投入的 77.8%，实现 16.4% 的增长水平。但是根据湖北省科技厅的调研，2016 年，湖北省的高新技术企业进行研发活动的不足 80%，有 1/4 的高新技术企业完全没有研发活动，以此带来新工业品产值低下，占比不到 20%，只有 14.7%，有些企业仍然是模仿创新，依靠改良加工技术来追求生产工艺的技术进步，改进的生产工艺虽然可以促进产品生产高效发展，但产品的领先水平不高，同时知识自主型产品数量不多，产品中蕴含的核心竞争力不足。以企业自发的经费开支增速逐年放缓，创新意识有所不足。

同时，在企业主导的创新领域，企业主动投入的研发资金在不同行业、不同性质之间有不同的分布。2017 年，湖北省高新技术企业中，公有制企业的产值增加量是总体产值增量的 30.57%；非公有制企业的产值增

---

[1] 数据来源于武汉市发改委 http：//fgw. wuhan. gov. cn/。

加值占比超过六成，其中民营企业对高新技术产业产值的增加值大于60%，是三种控股种类企业占比最大的一类。但在各类型企业的平均增长规模方面，2017 年前两个季度的数据显示，湖北省公有制企业的平均增长规模是总规模的 56.04%；非公有制企业的平均增长规模是总规模的13.08%；非公有制高新技术企业占公有制高新技术企业平均增长规模的25%，而非公有制企业平均增长规模仅为港澳台企业或外资企业的四成。由此，可以得出结论：虽然非公有制企业和民营企业在高新产业领域的发展总体体量占比大，但是细察平均水平，这两类企业对高新产业的贡献并不大，其主导的科研水平不高。

第二节　机会与威胁分析

一、机会

（一）创新驱动国家发展战略

2017 年 10 月，党的十九大召开，会议上习近平总书记明确表示，中国经济发展进入到关键期。此次报告还指出，中国新时代建设现代化经济体系，对产业创新能力发展提出新要求，要求培育发展的新动力，其实是强调了源头创新的作用。事实上，经过改革开放四十多年的长足发展，中国制造业发展壮大，全社会已经形成制造业大而不强的共同认知。为了实现《中国制造 2025》[1]，创新的地位和作用显得至关重要。我国提出创新驱动国家发展战略，为了深入贯彻落实这一战略，国家的研究与试验发展经费支出年年攀升，到了 2012 年，国家科研经费投入达到了万亿元（见表 2－4）。在国家倡导创新驱动的政策下，湖北省应该积极响应国家的号召，牢牢抓住科技创新发展经济。

[1] 《中国制造 2025》，是中国政府实施制造强国战略第一个十年的行动纲领。

表 2-4　2010—2017 年国家研究与试验发展经费支出及增速情况

年份	2010	2011	2012	2013	2014	2015	2016	2017
经费支出额（亿元）	7063	8687	10 298.4	11 846.6	13 015.6	14 169.8	15 677	17 500
增速	—	22.99%	18.55%	15.03%	9.87%	8.87%	10.64%	11.63%

注：数据来源于国家统计局年鉴。

为了积极响应国家的创新驱动发展战略，湖北省着眼于省内科研体制改革工作，一方面促进政策协商机制的完善，另一方面激发创新政策法制化的进程，在全社会树立起创新的意识，明确湖北省的创新先导在于观念上的改变，核心是科技进步，基础是促进产业的发展，保障是机制的健全，从而为社会创新带来源源不断的生机和活力，为全社会创新提供生生不息的动力和需求。

（二）自主创新示范区

2009 年，国务院批示建设武汉东湖新技术开发区作为我国第二个自主创新示范区。《东湖国家自主创新示范区条例》[1] 的总体要求是“出成果、促转化”，科技创新最终要立足于商业转化，发挥科研成果的经济效益，只有科研成果发挥了经济效益和社会效益，科技驱动经济发展的战略才得以实现。依托自主创新示范区，湖北省可以发挥自身的比较优势，引进企业、科研队伍，加快实现经济发展。

湖北省武汉东湖高新区是国家自主创新示范区，具有重要的战略地位，同时也有自身发展的领先优势。第一，从地理位置来看，东湖高新区位于湖北省会城市武汉，有良好的经济基础、人力资源，区域内部的自主创新平台服务能够为高新区提供良好的创新支持。第二，从科研成果来看，中国第一根光纤、第一个光传输系统是在这里诞生的，还主导制定了 5 项国际标准、80 项国家标准、11 项行业标准，有丰富的光电子产业创新经验。第三，从产业特色来看，该区依托资源、产业特色，打造了一个将光电子信息作为支柱产业，新能源、电子产业作为特色的科研集聚产业

[1] 《东湖国家自主创新示范区条例》于 2015 年 1 月 15 日经湖北省第十二届人民代表大会常务委员会第十三次会议审议通过，并于 2015 年 3 月 1 日起施行。

群，产业经济效益日益显著，能主导形成规模经济。第四，从产业的品牌效益来看，武汉积极推进“中国光谷”的战略定位，近年来实现了主要经济指标的两位数增长。2016 年，国务院确立光谷为大众创业万众创新示范基地，因此吸引了大量创新创业企业集聚东湖高新区。

（三）国家区域建设重点

湖北省位于我国中部，是国家长江经济带发展规划的重要省份，战略位置相当重要，是国家区域建设的重点。

根据《长江经济带发展规划纲要》[1] 要求，在经济带的规划中，湖北省属于沿江绿色发展轴上的核心省份。武汉是长江中游城市群的三极增长点之一，长江经济带的战略地位是国家区域协调的布局，所划定的区域人口数量和经济总量均在全国水准的 40% 以上，综合实力具有竞争性，发展潜能可以得到有效激发。同时，长江的生态地位也很重要，在中国地理界线中也占据重要地位。湖北省对自身的定位在长江经济带的协同发展过程中特别重要，要求以湖北为支点的长江经济带区域创新合作应该更加紧密。首先是长江中游城市群的合作不断深化，其次是长江经济带的战略地位能加深与长三角、珠三角、环渤海等同等战略地位的地方实现合作，最后是通过与“一带一路”的深刻融合发展，用区域内部协同发展带动湖北科研供给能力的进一步提升。

湖北在 2004 年提出的中部崛起战略的带动下，经济发展已经取得了一定的成果。2016 年中共中央提出了《促进中部地区崛起规划（2016—2025 年）》[2]，这是继上一轮中部崛起战略之后，对湖北发展至关重要的战略部署。2016 年以后全国经济面临减速换挡，而中部地区的经济活力还可以进一步释放，经济增速没有大滑坡，因此中部可以作为新一轮经济增速的重点区域。湖北作为中部地区的重要省份，应该牢牢把握发展机遇，找到自身创新亮点，杀出一条血路。

（四）新一轮科技革命

目前，又一轮科技革命正在如火如荼地进行着。不同行业对新一轮科

---

[1] 中共中央政治局于 2016 年 3 月 25 日审议通过。

[2] 中国中部地区六个省份，在经济、社会、文化、科教、医疗等各方面，按照国家战略规划全方位发展。

技革命有不同的理解，医药行业的从业者更看重智能化时代下的技术方案对人类健康的帮助，计算机行业从业者看重的是 IT 技术在各类算法中更先进有效的应用模式，互联网从业者偏好从新技术推动产品智能化、社会智能化的方向看问题，但是不管是哪个行业，他们都看到了技术创新对社会进步的贡献。移动互联网的时代正在慢慢过去，智能时代即将登上历史舞台，毫无疑问，谁能在智能时代拔得头筹，谁就能成为一个时代的弄潮儿。现在是万物争新的时代，也是湖北省积极发展智慧之源、实现时代变革节点上的转型的关键时刻。

湖北省把握未来社会以及市场的需求，认识到人工智能对新一轮科技革命的意义，积极推动人工智能的发展。以人工智能为主要导向的新技术是全世界都重视的新技术方向，在这个节点上各个主体是平等起点，许多专家甚至断言，人工智能之后会应用于各行业、各领域，所有现代服务业、制造业都将构建智能化场所。事实上，现代技术对于人工智能的研究有很多，但是能将现有技术应用到现实场景的不多，这也为湖北省高科技研究指明了方向。湖北省积极发现能应用新技术的产业和布局，经过持续的有效性创新，把握新一轮技术革命的机遇，从而成为能推进科技创新的方向和经济社会的引领方向的科技供给强省。

二、威胁

（一）省内发展不平衡

省内发展不平衡是指湖北省科技创新供给能力在各区的发展状况差距很大，除了省会城市武汉以及两个高新区之外，其他地区的科技创新发展缓慢。根据湖北省科技厅公布的数据，2016 年全省现有的高新企业中，东湖高新区、武汉市、宜昌市三个区域的高新企业数量就达到了总数的 57.23%（见图 2－1）。而从增长速度来看，2016 年全省高新企业增长的个数中，只有武汉市和东湖高新区的个数超过了 200 家甚至超过了 300 家（见图 2－2）。所以从湖北省高新技术企业的成长情况来看，省内科技发展不平衡。武汉作为省会城市，不管从经济的哪个方面领先于全省其他城市都无可厚非，所以武汉应该着眼于推进国家级中心城市的建设，同时湖北省内还应该寻求其他城市的科技创新发展，形成多极化的创新发展趋势。

当然多极化城市的发展也是有要求的，立足点在于城市经济发展状况和城市发展特色，形成一定的城市规模，建设辐射能力强、竞争能力突出的地级市，使其成为新的增长点，在全省范围内健全先进的制造业、培育现代服务业、促进战略性新兴产业的产业体系。

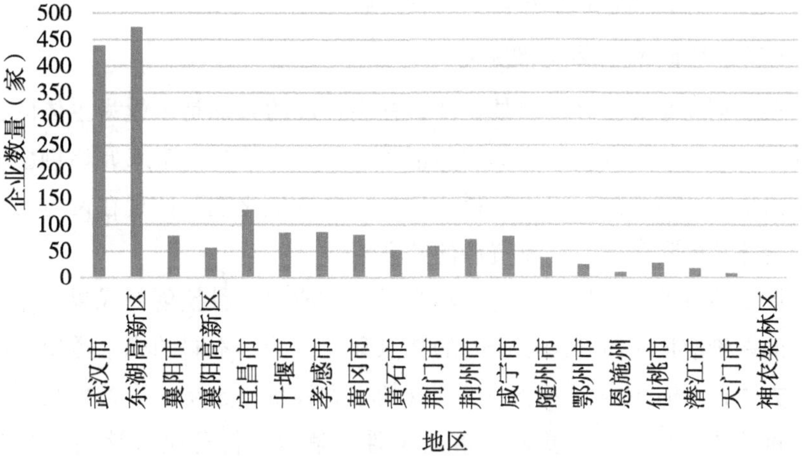

图 2－1　2016 年湖北省高新技术企业培育情况地域分布

注：数据来源于湖北省统计年鉴。

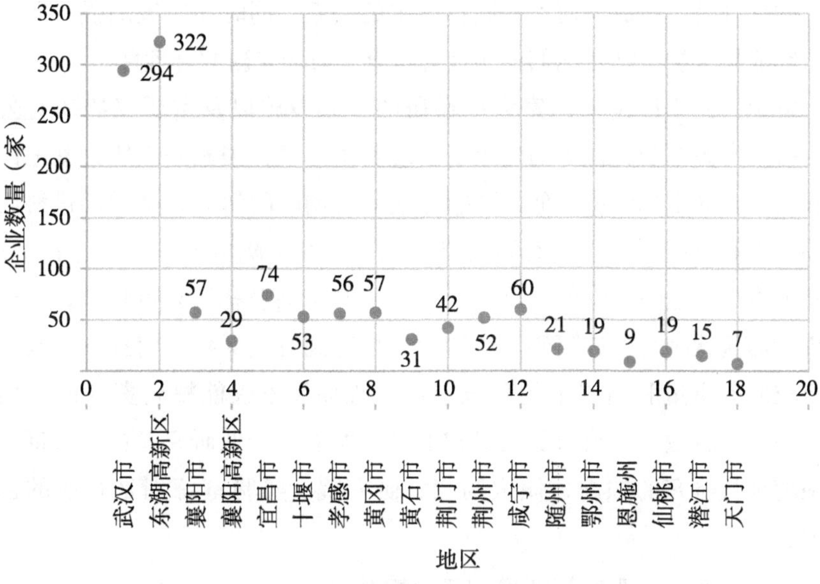

图 2－2　2016 年湖北省高新技术企业数增长情况

注：数据来源于湖北省统计年鉴。

这一发展结果表明地方科研水平严重脱节，地方基础研究没有得到进一步发展，这将成为湖北省提高科技供给能力的短板。区域发展要求实际的需求和资源、地区特色的结合，在此基础上形成各具特色的科技创新发展方式和路径。各地区还应该明确自身定位，以提高产业未来的竞争水平为目标，切实保障科技进步，水平创新。

（二）科研创新环境需完善

科技创新是多主体的科技创新，社会达成的共识是企业为主体的创新活动才是最有效率和回报率的创新活动，但是能给社会带来原始创新的学术科研也需要有发展的沃土。科研创新环境的优化主要体现在两方面，一是评价体系的科学性，二是资源的共享性。

评价体系的科学性是指每一项学术研究成果、科技创新成果、原创性成果的评价应该是符合基础研究的特点和规律的。不同的成果需要不同的评价方式，同时也需要一个公正客观的三方评价，这是一个长效机制，明确评价的核心导向在于贡献性和价值性，学术评价还是应该落脚到学术上。不同的科研人员也需要科学的评价手段。科研人员的价值在于科技作品而不是“头衔”，他们应该被鼓励坚持原创性学术研究或实验研究，被评价的准则是科技成果而不是同行评审的关系，同时还应该加强科研人员的研究成果保护，站在他们的角度思考合法兼职兼薪的合理性。

资源的共享性是指国家大型科研的基础设施以及重要仪器的对公开放，智力资源在受到保护的前提下实现资源共享，国家基础研究基地的开放和共享。同市场经济类似，要想释放科研创新的活力就必须促进科研资源的活力和流动性，科研资源活泛起来了，科研队伍的思维也会活起来，创新成本也会进一步降低，反之科技资源的流动壁垒设立得越多，对全社会创新涌流就越会形成阻碍。在智力成果得到有效保障的前提下，高质量的科技服务质量和高水平的科技资源工程建设不仅能提高资源的利用效益，还能通过激发高校与研发机构的自主发展，降低研究人员对长期、高风险的项目研究的顾虑，促进高校、研究院、实验室特别是企业的创新发展。

（三）中小企业的创新发展平台需优化

湖北省长期重视中小型科技企业的科技发展情况，这也是响应国家对小微企业的扶植号召，在税收、财政和政策倾向上都给予了一定程度的扶持。但是横向比较，在扶植企业数量上，广东省计划用三年时间培养小型科技企业 4500 家，在项目资助的金额上，天津给予企业的资金帮助达到 300 万元，湖北省对中小企业的创新发展政策规划还需进一步升级。另外，湖北省内还缺乏一批能促进中小科技企业孵化的系列服务。现有的中介平台的知识密集度、人才供应的质量还达不到企业的需求，同时，一些中介服务仍由政府管控，其服务职能不能跟上中小企业的要求。中介服务市场还缺乏一定的活力，能带动市场蓬勃发展的社会自发响应市场需求设立的中介服务组织还不成熟，整体产业的集成度较低。

（四）全国范围内人力资源“抢夺”

2017 年，湖北省为了发挥本省范围内人才总量大的优势，出台了一系列政策，推动高质量人力资源留在武汉进而发挥对科技经济的效益。事实上，武汉作为中部地区的一线城市，出台这类促进人力资源留在本市的政策是全国范围内各类发展水平的城市进行人力资源“抢夺”的导火索，以此为起始，各个城市纷纷紧随出台了一些吸引优势人力资源落地开花的政策。根据一些科研项目的调查，在这次人力资源的“抢夺”中，有九个中心城市纷纷在基于本城市的发展特点的基础上将人才政策推演到极致。各个城市的具体政策对不同产业也有不同的倾斜，但是相同的是各个城市都需要对某一方面专注且处于行业领导地位的人才，所以所有的政策核心就是吸引高质量的人力资源。一些事业单位为了弥补对高质量人才的刚性需求，在促进人才建设科研实验室、打造科研队伍的举措方面给予了巨额的财务支持。除了在科研方面的资助，一些现实问题也有考虑，比如落户。吸引优质人力资源是一个需要谋求长期、稳定的策略，所以优质人力资源需要一个吸引其长期稳定发展的基础设施，这类设施中重要的户籍安排以及应有市民权利是吸引人力资源留在本地的必不可少的一方面。全国特大城市对超高质量人力资源的需求旺盛，特别是一些致力于创业、高端服务业、资产管理等方面的优质人才资源，这些特别需求的人才可以直接申请在一线城市落实户籍、迁移户口。一线城市对优秀人力资源的吸引力本就强于其他城市，这一能提升人才自我发展追求的政策对这类型的人才有极大的稳定作用。对一些近年来新挤入一线城市的地区来说，优秀人力资源的需求主要是一些拥有本科及其以上学历的应届毕业生，这一类人才的需求就是能在落户城市买房，所以新一线城市对推动这类人才落地的政策中多就租房、购房有大量的优惠补贴，同时放宽了落户人才在年龄上的限制。其他城市由于自身发展的限制，手中吸引人才的筹码较少，所以主要集中在财政激励方面。同时，地方政府为了更好地落实人力资源在本市就业落户，还设置了专门负责吸引人才在本地留用的机构，比如武汉的招才局。这是一些立足本地区发展特点，根据对不同类型人才的需求制定不同的政策吸引人才的专门机构。这一场人才战争为吸引目标群体各出奇招，最终效果是显著的，人力资源向东流动，这也为湖北省吸引人才提供了许多竞争对手，其中武汉本就长期存在超过一半的应届毕业生前往东部地区发展的情况，因此这也为湖北省更新人才吸引策略提出了新的挑战。根据统计数据，2018 年 4 月在衡量房价上升的指标中，增长幅度在全国排名前十位的城市里有六成都是最新公布了吸引优秀人力资源驻扎本地的政策，所以湖北省还应该意识到在吸引大量优秀人力资源在武汉就业的同期，还会有本就高居中部地区前列的房价有进一步上升的可能性，反过来上升的房价又是阻碍人才留汉的主要制约。

全国范围内如此激烈的人力资源抢夺背后是有一些因素起到推动作用的：首先是逐渐削弱的人口红利。先从基本的衡量标准来看人口红利，即劳动力人口的比例。由于数据的局限性，本书关于人口红利的分析中劳动力人口的年龄选取为 15 ~64 岁，计算其占总人口数的比例，可以看到表 2 -5 中，除了 2009—2010 年有一个小幅度提升以外，2010—2018 年近 9 年的时间里，中国劳动力人口占总人口的比重呈现下降趋势，总的来说劳动力人口比下降了 3. 3 个百分点，虽然 3. 3 个百分点看起来并不多，但是由于总量大，所以 3. 3 个百分点是将近 6000 万劳动力人口，所以各城市对人力资源的需求愈演愈烈。再从主流的衡量人口红利的标准来看即总抚养比衡量。表 2 -6 是中国 2009—2018 年总抚养比变化情况，可以看到 2018 年时，总抚养比为 40. 4%，仍然低于国际上普遍认同的人口红利标准（53%），但是可以看到，这 10 年间总抚养比上升了 3. 5 个百分点，劳动力人口负担越来越大，这也是许多学者提到的中国人口红利减弱的原因。

表 2－5　中国 2009—2018 年劳动力人口变化情况

年份	2009	2010	2011	2012	2013
总人口（万人）	133 450	134 091	134 735	135 404	136 072
15～64 岁人口（万人）	97 484	99 938	100 283	100 403	100 582
占比（%）	73.05	74.53	74.43	74.15	73.92
年份	2014	2015	2016	2017	2018
总人口（万人）	136 782	137 462	138 271	139 008	139 538
15～64 岁人口（万人）	100 469	100 361	100 260	99 829	99 357
占比（%）	73.45	73.01	72.51	71.82	71.20

注：数据根据中国统计年鉴整理而得。

表 2－6　中国 2009—2018 年劳动红利变化情况

年份	2009	2010	2011	2012	2013
总抚养比（%）	36.9	34.2	34.4	34.9	35.3
年份	2014	2015	2016	2017	2018
总抚养比（%）	36.1	37	37.9	39.2	40.4

注：数据根据中国统计年鉴整理而得。

其次是追求人口的高质量。全国更加注重科技创新对经济发展的作用，湖北省也加入寻求人力资源高质量发展的队伍中。2012—2017 年，湖北省从事研究与开发的人口总量并不大，在全国范围比较，平均占比只有 5.7%（见表 2－7），成绩看似喜人，但是在全国新兴城市都在追求人才落户的前提下，数值常年保持稳定其实就是下降了。随着新的经济增长方式的建立，全国对科研人员的需求一直处于上升阶段，而科研人员的存量一直无法满足总需求，部分省市的需求空白长期无法填满，这就导致湖北省将长期处于优秀人力资源争夺的阶段。

表 2－7　湖北省科技人员情况

年份	2012	2013	2014	2015	2016	2017
湖北省 R&D 人员（人）	185 703	205 172	218 094	220 977	218 322	235 263
全国 R&D 人员（人）	3 247 000	3 533 000	3 711 000	3 759 000	3 878 000	4 034 000
占全国的比例	5.72%	5.81%	5.88%	5.88%	5.63%	5.83%

第三节　现状与存在问题

一、湖北省大中型企业科技创新供给现状

2017 年，湖北省有 2024 家大中型企业，其中有研究与发展活动的企业有 833 家，占比达到 41.16%。这是一个连年递增的数字，纵向来看，大中型企业的数量在 2014 年达到顶峰 2277 家之后开始逐年减少，但是拥有研发活动的企业个数却是逐年增加，从 2014 年的 633 家增长到 2017 年的 833 家，这表明湖北省大中型企业越来越注重科技创新的自主供给能力。在关注大中型企业的科研意识的同时，我们还要关注企业的科研重点。2017 年，湖北省大中型企业对新产品的开发费用达到约 333.7 万元，占总经费支出的 79.74%，对现有技术的改造、引进、消化吸收以及对国内技术的购买支出总额达到约 84.8 万元，占比不过 20.26%。从企业对科研项目的投入可以看出，湖北省的大中型企业科技创新供给能力比较强。[1]

总的来说，这些大中型企业的科技创新处于企业领域的领先地位，但是目前的问题就是对科技创新的认识不够。科技创新是企业生存发展的重要环节，能贯穿企业各部门的各个方面，所以科技创新对企业来说不仅是从事科学技术研究的员工的职责，同时也是企业高层将其纳入高层管理的最重要环节，特别是现有的国有企业并没有将科技创新的内在深入镶嵌在企业发展的管理高度。创新水平是可以从群众基础中得到激发的，而一些国有企业缺乏将创新当作文化发展的重要方面的认识，将创新文化引入企业文化管理的时候也没有依据现有的特点进行有针对性的有效发展，长期囿于对文化发展的浅层认识带来的桎梏之中，特别是科学技术文化的作用在企业内部并没有得到很好的生根发芽，缺乏长期能孕育科技文化向好向深发展的土壤平台。这类问题之所以产生，常常是由于在企业经营过程中，科技文化的培育需要耗费大量精力和财力，对企业的经营成果有一定的影

[1] 数据来源于湖北省统计年鉴。

响，追求报表数字“好看”是企业的首要任务，长期的规划需要大量财政支撑基础，其中的试错成本也很高，科技文化是零容忍失败的建设，失败带来前期沉没成本付之东流，对企业发展来说是致命的威胁。

为企业创新活动不断赋予新动能的资源是人才资源，企业也是一种人才密集度高的经济体，而在人才群体中，高级科研人才更是企业实现核心技术创新的关键，是科技创新能力的重要基石。近年来，湖北省以武汉为试点出台了许多人才引进机制，但是人才流失严重仍然是在鄂企业面临的主要困境，这就需要企业有合理的员工激励机制，降低人员的流动性，提高创新的持续供给能力。同时，主要大中型企业掌握了主要社会资源，势必导致大中型企业与小型科技企业之间科技创新供给水平失衡。

二、湖北省小型科技企业的科技创新供给现状

区别于大中型企业的实力，小型科技企业的科技创新供给能力则没有那么强。一是由于科技人员的流动性，许多高级的科研人才更倾向于流向大中型企业或是科研机构，造成小型科技企业虽然对科技创新有需求但人才力量不够，自身的科研水平并不高。二是由于小型科技企业的资本优势并不如大中型企业，这使得它们既留不住人才又无法开展原创型的高风险科研项目，这就给小型科技企业的创新供给能力带来影响。三是由于小型科技企业的规模小，不能形成规模经济，没有管理和创新经验，管理体系和科研体系都不完善，包括部门分工问题、市场的不对口问题、产权结构问题等，这一系列问题都影响小型科技企业的经营活动乃至创新活动。四是由于宏观市场环境的影响，小型科技企业的资金问题得不到解决。一些有科研意识的小型科技企业因为自身规模、信用状况等原因不能获得能解决科研费用的融资资金，大部分商业银行为了管控风险，更愿意将钱贷给有保障的大中型企业，同时还有对于小型科技企业来说难以越过的金融壁垒，外部宏观环境的不友好也影响了小型科技企业的创新供给能力。

对中小型企业来说，外部宏观环境是企业生存发展的基石，任何一方面的不友好变化都会给中小型企业带来致命的打击。受限于中小型企业的发展特点，成长初期总是面临发展科技创新得不到强大的财政支持的困境，应用在科研方面投入的资金获取的方式也受到了限制，高风险类型的科研投资一直只是少数投资者追逐的对象，大规模地通过金融市场来进行

科技研发资金的筹集对中小型企业来说存在一定的“天花板”。对从事科学技术研发的中小型企业来说，它们成长的立足点还是在于科学技术本身，但是这类企业往往面临着发展规模小、研发实力并不能支撑建设关键的生命之源——核心技术。对科研人员的职业轨迹来说，中小型企业并不是就业的首选，除了科研人员独立创业的情况外，大多数中小型企业目前仍受限于技术人员满足不了发展需求。对于已经有研发成果的中小型企业来说，现有科研成果的专利保护情况也是需要考虑的重要方面，不能由于专利保护不到位而打击中小型企业对科学技术研究的积极性。不同于大型企业和国有企业的成长轨迹，进行科学技术活动的小微企业有属于自身发展特点的前进步骤。小型科技企业长期处于各类资源信息不充足的劣势之中，还面临着高成本压力、用人难度大等问题，同时存在难以企及的“天花板”难题。

为了提高中小企业对科技创新供给侧的供应能力，湖北省近年来开始发展企业间的共同创新。初步来看，这一步发展至今已有许多重要成果，中小型企业联合署名的国家级奖项在全国范围内的排名已达前四，中小型企业联合科研机构之后对吸引投资也有很强的促进作用，科研投入需要新吸引的资金规模在全国范围内能达到前五。但是在发展过程中也有一些需要及时解决的问题。

首先，是科研机构种类与需求企业的对口难。企业进行生产经营活动的目标是发挥科学技术对市场的吸引力，对研发技术的经济效益以及市场的反应尤为看重，可是研发机构的目标是研发彰显自身研究能力的技术，自身定位是提高学术技术研发水平，然后才是改良成果适应市场追逐的方向，这就造成了在中小型企业寻求科研机构帮助的时候很难找到适合自身对外发展目标的科学技术。

其次，是中小型企业和研发机构之间的利益划分难以均衡。中小型企业与研发机构共同联手致力于科学技术的研发的前提是共同分享手中的信息要素和与科技研发有关的资源要素，共同开发利用享有的优势资源，弥补独立研发时不够支撑发展的因素。但是，双方对科技创新的贡献作用在研发成果中怎么衡量，研发成功之后怎么分配，关键技术由哪一方掌握，是否能够进行许可贸易，等等，这一系列问题都是中小型企业在与科研机构联合进行技术创新时应该考虑的利益分配问题。一些合作失败的案例告诉我们，在联合研发的过程中双方对研发风险的把控不到位，资源分享的程度不够，研发成果的分配不均都是造成最终失败的重要原因。此外，在合作中，双方没有建立深层次合作机制，这里的深层次合作不仅是技术的交流还包括管理层面的合作。研发过程中的监管、人员任用和奖励体系、研发的工作方式的冲突都有可能造成原本就薄弱不堪的合作变得岌岌可危，所以为了更好地实现双方优劣互补，在合作之初对于管理制度的建设应该是首要考虑的问题。

最后，是政府对科研机构和中小型企业的联合创新管理存在缺陷。顶层设计的考量不仅是企业和科研机构这类微观主体的考虑范畴，更是政府在行业安排中的政策、法规应该重点设计的层面。湖北省拥有全国排名前列的教育资源和科学技术建设资源，如何用手中的资源更好地为省内追求高质量科学技术的中小型企业和科研机构服务，需要政府管理者做出决策。作为中部地区的省份，湖北省在政策设计方面一直处于领先的地位，但是与东部地区横向比较差距明显，政策的先进性明显不足，对促进科技创新更高水平供给的需求作用并不明显。整体而言，国家对中小型企业与科研机构的合作有一定的基础性的规定，但是湖北省在省内科技情况、经济情况的特点的基础上设立的规定相对缺失，这一点也阻碍了中小型企业寻求科研机构帮助的动力。

同时，在智能化的新时代背景下，小型科技工业企业应该意识到湖北省传统工业的局限性，转变发展观念谋求新的突破口。以湖北黄石为例，黄石是近代中国的工业发祥地之一，后来资源枯竭，错过工业转型关口，黄石工业发展渐渐落后，后期随着要素驱动的生产方式向创新驱动转变，产业链实现新的升级，黄石的实体经济得到深化发展，走出了落后的困境。湖北省内工业企业出现内网基础建设亟须升级的情况，企业内网的建设有利于企业实现全面数字化和网络化。现代工业企业的转型方向是实现智能化和高度的无人化，但是对于工业互联网平台的建设，缺乏针对性和有效性。湖北省内有一批千亿级的行业，科技创新成果应该与这些行业结合起来，打造出具有湖北特色的先进制造业，不要拘泥于某一行业的范围，还应该构建跨行业、跨领域的科技创新活动，增进科技成果的应用能力，增强科技成果的转换效率和经济效益。

小型科技类企业也有属于自己的发展周期，大致可以分为初创期、发展期、形成期、衰退期。应该在初创期构建具有研发能力的科技从业人员，制定符合未来发展定位的科技研发规划。针对具备经济效益的科学技术集中研发，科技从业人员开始从对科学理论的重视和突破转变为将科学理论转换为生产技术的研究实验。确定好科技研发方向之后，下一步就是将各类有利于促进科技生产的生产要素集中安排到生产过程中。在小型科技类企业的初始时期，对研发费用的需求并不算庞大，但因为初始时期的盈利模式并不能带来利润的提升以弥补成本的支出，所以需要一轮又一轮不断的投资，这就造成了科技类小型企业需要不断进行融资操作，从人员安排到组织形式都尽量简洁以减少管理成本的支出。但是面临的最大风险就是将研发成果打造成市场产品的过程，这一过程是飞跃的过程，从产品初试成功到不断适应市场需求并促进产品的成熟都是极具风险的步骤。

发展期的小型科技类企业处在初步实现科技成果的市场化阶段，接下来就是不断地占领市场，将市场的关注吸引到企业科技创新供给的最终结果上，这个过程也有两个需要重视的层面，第一是集中精力降低成本、提高利润，第二是不断创新科技供给能力，提高自身发展的基础。这两个层面对科技研发的费用需求变大，但是企业环境得到改善的方面是融资能力有所增强，因为增加幅度不及需求幅度，所以仍然面临一定的资金缺口。比起初始时期的人员简单配备和职能安排，这个阶段的职能安排更加集约化，内部人员的沟通效率提升，整个组织结构变得更加灵活有效，同时，风险程度也发生了变化，从刚开始的技术成果转化为财务信用风险。在市场方面，小型科技类企业初步取得一定市场份额，为了提高销售额，应该重视营销能力。

形成期是企业实现稳定发展的时期，在此阶段，企业的盈利能力有效扩张，基本的条件得到基本发挥，市场份额也实现最大化，但是问题在于原始创新的技术面临市场模仿的风险。小型科技企业经历过前期的攀升，其形成期内的盈利能力越来越稳定，也已经形成了符合自身科学技术水平的企业规模，劣势在于经历了前期技术水平领先带来的利润之后，利用技术扩张的能力减弱，若稍不注意迎合市场变化就会带来发展的停滞。幸运的是，在整个市场环境稳定的前提下，这个时期的小型企业如果不继续大量投入来开发新技术，那么原有技术带来的日常盈利能基本满足企业的技术发展需要。如果继续大量投入研发，也需同发展期一样利用稳定的获得资金的渠道满足资金需求，企业运行依靠的组织流程基本不会发生变化，只是整个企业内部变得更加融合便捷。公司内部的制度也在一步步完善中，员工之间的配合度也逐步提升。企业在行业范围内的优势地位持续巩固，面临更多市场竞争压力，但是如果有针对性的营销寻求满足部分市场需要的产品，则可以帮助企业实现稳定的消费者吸引力。从外部因素来看，处于形成期的企业比起前期缺乏政策偏好支持，因为企业相对稳定后，就不符合政策扶持的条件，使用资金利用成本较低的融资方式显得不那么实际，所以这个阶段的企业将更多依靠自身技术创新的供给能力提升来稳固盈利。

最后阶段是衰退期，衰退期并不是每个小型科技企业都需要经历的阶段，是否经历衰退期取决于企业在上一阶段对新技术的研发是否成功、对市场份额的占有是否有利、资金能否实现顺利周转、人员安排是否促进核心业务的精进发展。处于衰退期的企业大致会有以下的经历：第一轮开发的技术已经不能满足企业发展，逐渐退出市场被其他先进、更适应市场需求的技术所替代。更糟糕的是企业内部随着经营发展的停滞，大量核心研发人员转移，企业内部留下大量研发人员空缺，使得原本陷入停滞的研发活动更加窘迫。如果原有技术不能维持企业生存，只能宣布破产。这时区别于前面两个阶段的资金收入变成了在资产清算时获得的收入，组织结构的工作效率由于核心人员的流出变得更加迟缓，沟通效率低下，企业计划逐渐撤退市场上的商品，通过变卖资产将所欠债款还清，这时企业外部也有一定风险，特别是金融风险，在初期起决定性作用的企业家功能也无法满足现阶段需要新活力来振兴企业的需要。同时，政策偏好也无法惠及这个阶段的企业，因为扶植一个处于衰退期的企业具有风险，比帮助一个新企业的风险更大，所以政策偏好也逐渐消失，退出后的市场空缺将会被其他同样类型的企业用更新的技术产品占领，就整个市场来说，从研发资源到消费者要素都实现了优化配置。

三、湖北省高校科研院所科技创新供给现状

湖北省是高等教育大省，每年有百万大学生入鄂学习，高等教育学校里的科研是科技创新供给的主要动力，弄清湖北省高校及科研院所创新能力的供给情况，并分析其存在的主要问题，有助于找到解决湖北省

科技创新供给的问题。湖北省拥有的高校数量在全国可以排到第五位，但是如此丰富的高校数量跟北京市的科研机构数量比起来还是有很大的差距，北京市高校设有1045个研发和实验机构，而湖北省不到800个。从科研人员来看，似乎湖北省的科研人力资源更加丰厚，但是反观科研项目课题数以及发表的科技论文就可以看到差距，北京市科研人员比湖北省少了近5000人，但是科研项目数多了4万项，发表的科技论文也多了3000篇，这不仅是数量上总量的差距还是质量上的差距以及科研人员应用效率的问题（见表2－8）。

表2－8 2017年北京市与湖北省高等学校研发活动情况比较

指标	R&D机构数（个）	R&D人员（万人）	R&D项目（课题）数（项）	发表科技论文（篇）
北京市	1045	8.44	96 187	127 627
湖北省	765	8.93	51 851	94 556

注：数据根据北京市统计年鉴和湖北省统计年鉴整理所得。

从数据上看湖北省高校科研院所创新供给能力弱的现状主要有两个问题。一是高校拥有的研发机构数量少，与北京市相比仍有较大差距。虽然科研机构数量不能代表一个省的科研能力，但是能显示科研供给水平。科研机构数量不应该冗杂，但应该多领域、全方位。现今中国共有921个行业，湖北省拥有优势行业集群103个。发展优势行业实现增长引擎的换挡发展以及补上短板行业，缩小行业差距都需要科研创新。二是科研人员的使用效率低，从项目中出结果的少。科研人员的效率不仅体现在科研成果的质量，还体现在科研人员的报酬。不能盲目追求论文数量，还要追求论文质量。提高科研人员利用效率，切实发挥湖北省科技人才的作用。

一些对企业、对能进行科学研究的相关组织提供科技咨询信息的单位也是科技机构里不可或缺的一部分。不同层面或是不同的经济主体都应该有对应的科技信息机构来提供相关的科技管理与咨询。政府在制定宏观政策的时候，除了现有统计数据的机构需要对全国科技发展情况按照一定衡量科技发展水平的指标进行统计分析外，还应该由一些从事科学技术研究的专家，在科学技术行业、科学技术研究方法、科学技术研究应用领域等对国家宏观的科学技术研究走向和分布提供专业的指导，由此设立相关机构专门从事这类型的服务工作。政府层面为科学研究提供咨询服务的机构应该具有多种类并行、特点突出、专业水平高的特点。在集中发展某一产业或行业的科技水平时，除了一些为侧重于研究某一点的研发机构提供信息和管理服务以外，还要有整体性的眼光，为大型、综合的研究项目提供服务。这类服务型机构应该具有产业发展的预判性眼光，能够准确判断未来产业的发展方向及特点。

在为科学研究提供信息服务方面，应设立专门研究各国科技发展情况的信息分析机构。这类机构是新型机构，所以应该有突破传统企业运营工作形式的新方法和新举措。这类组织设立之初应该由一些有独特分析问题视角的工作人员组成。人的因素始终是机构的重要因素，工作人员对问题的捕捉、调查、解释和解决充分体现出人的主观问题导向能力，多维度分析解决问题弥补组织结构设计上的漏洞，填补各类具有科学研究能力的机构和企业的管理空白。

不同层面的科学技术信息咨询和管理的组织机构都是现存的需要改进的机构，这些机构的升级将会进一步促进湖北省科技创新的供给水平。因为具有专业性的特点，从业人员应该由具有专业知识、专业表达、专业思考的管理型人才组成，在文案写作上也要有既能满足专业性高的读者的需求，也要有为社会大众提供科普性质的文章构思能力。归根结底来讲，这类机构也是一种服务型机构，所以在企业运行过程中，对参与人员也要有服务性质的引导。参与人员在专业素养具备的同时，也要有一定的行动力和高尚的思想品德。行动力是适应科技行业快速发展和实时信息需求的重要能力，它保证了一个科学技术信息提供和管理机构存在的合理性和盈利能力，所以是基础性的人员必备技能。高尚的思想品德则是机构延续的重要保证，这类机构具有一定的特殊性，应该保证对现有资源和服务对象的机密性信息提供很严格的保密服务，这就要求从事人员的品德高尚。人员能力得到有效发挥、思想道德得到保障才能使为科学研究机构提供信息和管理服务的职能类组织发挥应有的作用，弥补空白。

第四节　基于 SWOT 分析的发展策略

基于本章前三节对湖北省科技创新供给侧能力的分析，接下来我们建立一个分析矩阵，针对四个方面提出相应的策略，具体内容见表2-9。

表2-9　湖北省科技创新供给侧能力分析矩阵

优势	劣势
1. 高校林立，人才总量大 2. 科技创新，综合水平高 3. 产业特色，科研投入高 4. 科技创新活力足，区位条件独特	1. 源头创新能力有待提高 2. 创新供给侧结构短板 3. 企业主导的创新能力不足
机会	**威胁**
1. 创新驱动国家发展战略 2. 自主创新示范区 3. 国家区域建设重点 4. 新一轮科技革命 5. 科技创新新条规	1. 省内发展不平衡 2. 科研创新环境需完善 3. 对中小企业的创新发展平台需优化

一、优势——机遇策略

将湖北省科技创新供给能力的优势与外部宏观环境的机遇相结合的策略主要有以下三方面。

（一）落地人才机遇政策，全面发挥人才优势

武汉作为全国第一大高校集聚地，人才数量巨大，近年来武汉市一直推行的人才留汉战略取得良好进展，高校的科研成果也有重大突破，诞生了许多国家级科技事件。例如，华中农业大学的水稻科研团队近五年来培育出了65个利用现代新技术与传统栽培相结合的绿色性状的水稻，这种“绿色超级水稻”抗旱、营养丰富且优质。

经过前期的铺垫，湖北省为促进全省产业改造升级，构建新的产业布局，将产业发展和研究成果的融合以及企业的创新主体责任提到首位，在

2010 年 6 月湖北省与中科院共建产业技术创新与育成中心[1]在汉成立。这一为促进湖北省产业发展创新的机构自建成以来，已经组建了 180 人的人才队伍，多次接受中科院等领导部门的调研，其人才队伍目前服务于全省范围，其中主要包括武汉总部、襄阳、黄石、黄冈四个地区。该机构有着独特的建设思路，为适应湖北省科技发展的布局，遵循“快速启动、重点推进、超越发展”的思路不断实现自身突破，依据“成熟一个、启动一个、建设一个、成功一个”“启动快、先支持，发展好、多支持”的原则，根据机构现实履行情况将发展步骤规划分为前期和后期。前期强调平台建设，将产业研发、转移转化网络放在首要位置；后期按照新的需求，加强湖北省在光机电产业、智能制造业方面的研发建设，重视专业有效的人才培养，在湖北省固有特色的基础上寻求中部地区的发展经验，引进适合湖北省建设目标的产业技术研发项目，将创新技术和创新成果打造成市场化的创新技术和创新商品，促进湖北省进一步发挥在中西部的示范作用。

（二）落实科技成果转化局职责

2017 年，为促进科技成果的转化效率，武汉市设立了科技成果转化局，这也是全国为促进科技成果转化而专门设立的第一个服务平台。通过贯通产业服务链，重视产权保护和科研奖励体系，提供中介服务，促进专业服务更好地推动创新成果落地，该平台的服务目标是将科技资本化，实现科技成果与企业需求精准对接，更深层次实现科技成果产业化。同年，为促进科技创新优势资源转换，湖北省科技厅为落实第十一次党代会精神，明确要求尽早打造促进“四个对接”的新机制，着重县域科技创新的方向是缩小县域之间经济发展差距，将对外开放和科技创新相结合，在湖北省“一主两副多级”的战略部署中将湖北省建设成科技成果丰富、创新转化效率高的领先省份。在湖北省内，武汉、襄阳、宜昌是经济发展水平排前三位的城市，所以在布局创新发展上，将武汉、襄阳、宜昌建设成国家创新型城市，将黄冈、孝感、黄石等打造成国家创新型试点城市，将县级 30 个县市区设立为科技创新示范地区。这一战略格局将会缩小县市之间的发展差距，建设合理完善的各级科技研究发展策略，为实现科技进步的

[1] 2012 年 11 月成为第四批“国家技术转移示范机构”。

突出成果，培养从青少年到科研机构再到企业的科技创新团队，将湖北省的科技创新提高到重要发展阶段。

（三）乘国家政策东风，发展优势产业

湖北省有固有的创新特色产业，在全国范围内占据产业领先地位，作为国家中部重点建设城市，政策偏好明显，为发展光电、生物制药等产业的创新提供了肥沃的政策土壤，这些产业也是带动就业创业的高附加值产业，为湖北省建设科研科技大省奠定基础。同时，利用优势产业将该产业上下游范围内的服务、设施和支撑体系打通，形成以该产业为核心的链式网状发展，充分发挥科技产业的带动作用。首先，要明确建立适合湖北省科技创新发展的体系建设层级。先要获得更多国家层面的创新资源，所以应该建设满足国家科技创新资源落户条件的基础设施，将省内已有且发展迅速的实验室、项目、科技创新平台升级为国家级水准，发挥湖北省内高校林立的优势，特别是武汉大学作为综合性研究型大学在科技创新方面的领导作用，联合现有的高校创新资源优势，合理布局，重点攻克初始创新能力瓶颈。其次，重视湖北省在中部地区的科技创新领导作用，根据区域特色将湖北省具有产业特色的科技创新研究院、技术中心建设为区域创新高地，扩展创新的发展链。最后，要筛选出具备代表性的科技研发平台，打造具有新成效、新特色的专业团队，将领先队伍的建设放在突出位置。

二、劣势——机遇策略

将区域劣势与外部机遇相结合，改善劣势、发挥利用机遇的组合优势。

（一）多元化创新主体

科研成果不能落地的重要原因是科研成果的效用与企业追求的经济效益存在差异，中间平台能做的就是减少差异，将企业效益与科研成果连接起来，进而促进科研成果的应用。培育以企业为主导的科技创新主体，减少科研成果到推广的失败率，因为企业更了解市场需求，商业化运作模式更能促进科技创新成果的推陈出新。不同市场主体有不同的科研成果需求，成熟的企业创新带来既能大规模造福社会又能实现经济效益的商业科技成果，其科技投入的计划安排也能在成本最优的前提下实现有效转换，更能经得起市场实践的应用。对宏观环境加以引导，既能实现创新成果的效益性，又能发挥政府作用，加强核心产业建设、弥补弱势产业崛起、缩小发展差距。湖北省庞大的科研团体、学生组织也能通过了解该层级的需求，利用学科优势发挥出科技成果的原创能力，大学生积极进行创新创业也有利于高校毕业学生留汉一环。

从企业角度出发，目前企业经济的发展离不开不断更新的技术创新。特别是在传统的生命周期理论已经不适应现代高新技术产业发展的情况下，企业对核心技术的需求越来越敏感。湖北省的科技创新供给需要寻求新的供给端，这样的供给端是高投入高产出的效益型供给水平，还可以是解决高校、研究机构与效益化企业联合型供给端。随着学科融合的加深，科技创新供给也越来越综合化，不再是单一行业甚至是企业的单独需求，而是跨行业多领域的全局合作。这是由于科技创新的成本太高，将新研究应用于更广的范围才能获得规模经济、获得多种收益来源。像湖北省这样高校林立、具有丰富创新人力资源的省份，应该有一批促进创新人力资源汇集的科技研发网络，将武汉市的优势利用成本降到最低，吸引更多低污染高产出的科技型企业在武汉生根，还可以利用湖北省政府对科技创新创业的政策支持，发挥小型科技类企业的带动作用，将科技创新供给提升到新水平。

（二）改善科研供给结构性短板

2015 年湖北省城镇化水平率已达到 56. 6%，对高新技术和现代服务业的发展需求也与日俱增。湖北省应该注意加强高新技术产业和现代服务业的科技创新，将市场需求设为风向标，将学术科研成果和科技成果的转化率纳入科研奖励范围，为各创新主体打通束缚创新成果发展的关键环节，促进监督领导完善各类型创新主体对科技发展的需求建设服务平台，改善科研创新供给的结构矛盾，满足市场需求、提高人民生活水平。实现科研创新供给能力发展的重要环节是提高企业的科研经费投入。企业为追求成本经济，在科研投入上主要集中于模仿创新而不是初始创新，这就导致部分领域创新成果长期落后于全国供给水平，企业做好市场调查、了解市场需求，政府做好科研经费投入补贴、减少企业科研投入成本压力，从而使得科研投入的成本效益得到有效发挥，使科研投入和产出比迅速增长以及短板领域的供给水平有效提升。

三、优势——威胁策略

（一）合理的人才布局

湖北省内高校林立，人才总量大，但是地级市之间人才分布不均衡导致科技创新成果分布不均衡。地级市之间教育资源、经济资源有所差距，所以不同地级市有不同的产业特色和区域短板，对科技创新的需求也是不同的，不能一概而论。所以，首要任务是将不同类型的人才根据各地级市的需求精准、有效地引入各市，通过合理化人才分布实现科技创新水平的综合提升。全省范围内还应该吸引高水平的专家或是自主培育一批高级人才。人才的引进也讲究策略，不能看资历看辈分，应该看实力看潜力，为建立更加广泛、开拓的人才体系奠定基础，学习人才管理行业的先进思想。针对地级市人才的缺口，省政府也应该积极倡导“人才下乡”活动，利用主动和被动因素吸引人才在地级市进行科技创新，同时各地级市也应该加强对创新型人才的培养，从基础教育做起，提供适合科技型人才成长的教育体系，强调科学文化的重要性。吸引外部人才只能解一时之渴并不是长久之计，关键还是要培养扎根于本地区的科研人才，他们更了解本地情况和特点，更能适应当地市场的需求。人才培养是一项时间长、投入大、效率高的工作，在未建立本地区的专业专用人才之前还是要注意吸引外部人才，比如海外高级人才、国内顶尖人才，依托他们的学识，不仅在科技成果方面吸收优势，还要学习其建立学科知识获得高水平研究成果的经验，将成果和经验留下来，根植于该地区的特色土壤。只有全省合理合适分配各类科研技术人才，才能充分发挥全省人才总量大的优势，从而解决省内科学技术研究发展分配不均的问题。

（二）丰富科研资金来源

科研成果需要大量的资金投入，只靠政府、企业进行资金投入是不够的，也是不合理的，引入更多更丰富的资金来源才能解决科技创新投入不够的问题。科研成果不能切实落地的重要原因之一也可以归结到科研资金的来源上，高校研究人员靠申请国家级、省级政府部门、校级、企业的科研项目资金支撑自己的科研成果发展，项目一旦设立实际上花在研究上的时间成本支出、经济成本支出小于预算中的支出项目，造成投入产出效率低下。这里的丰富科研资金来源不是要求增加科研投入的绝对值，而是将科研投入市场化。投入成本不能由项目申请人或是项目拨款人确定，而应该由市场认定，研究成果是否适应市场需求，科研投入是否可以由市场定价，这都是提高科技成果转化的重要手段。科研投入还可以金融化，这也是科研投入市场化的方式之一，国家、政府、企业可以是科研投入的重要主体，但市场应该和企业一起成为科研投入的主导，科研人员的科研经费应该按照不同学科的特点由企业或政府支持一部分、金融机构借贷一部分，形成良好的激励机制和刺激研究人员的工作效率，这也有利于人文社科类高校管理科研经费的报销和支出。科技研发有风险，在减少风险、扩大科技研发效率方面可以参考金融行业的风险管控方法，将科研投入产出金融化，利用金融衍生工具调节产出效率、控制风险程度、经济科研投入，最终实现高效的科技研发。

（三）调整经费投入结构

在国家层面的创新发展战略中，对不同的科研方向有不同的重视程度，对于国家劣势产业以及亟须建立科研优势的产业应该给予重点支持，将不同科研机构类型区分开来给予不同程度的支持，如基础研究类、社会公益类的投入应该增加。目前，湖北省科研经费投入强度[1]总体维持在1.9%的水平，低于经济发展水平较高的省份，但与国家总体投入强度类似，这就要求在满足政府财政支出计划的前提下，随着经济发展水平的提升，在同步增加科研投入的基础上，将科研经费用到刀刃上，在重点领域和一般领域区别投入。中国整体经费投入的总量已经有一定的体量，但是将经费投入分领域分析可以发现，在具有创造性基础性研究方面的投入却有一定缺陷，这一部分投入按照横向比较经过折算，日本是中国的 10 倍，美国在基础性研究的投入更是中国的 25 倍，所以结构的不足越来越明显。同时从研发经费走向来看，日本有一半以上的经费总额由企业直接支出，美国更是将这部分资金合理分配，其中两成是科研机构负责支取，三成是科技型企业的额度，最后五成全部是高校的份额，对比发现中国的科研经

[1] 科研经费投入强度：科研投入经费支出占同年人均生产总值的比重。

费走向过于偏重学术类科研机构，企业的资金需求没有得到满足，对企业的创新活力刺激不足。

除了激发基础创新的科研经费投入外，直接能将科技成果应用于市场的经费投入与发达国家的差距也越来越大。这也是因为在促进科研发展的资金安排上，中国的资金来源结构单一。除了传统的企业与政府对科技研发投入的重视以外，政府需要有效提高研发效率和水平的投入策略，不能直接依靠补贴来激励企业创新，这样企业没有内在自主动力，所以政府在提高投入的同时要讲究方式方法，寻求多渠道多方法投入研发资金。社会资本也应该参与到科技融资的环节中，社会资本来源更加多样，对效率的促进作用也更大。对于需要资金支持的研发机构乃至企业来说，社会资本的进入将是科学技术应用到市场的直接推动力。

四、劣势——威胁策略

（一）缩小省内差距

湖北省各个地级市的科技创新供给水平参差不齐，成为湖北省总体创新供给能力的约束，合理布局优势产业在省内的分布有利于提高湖北省整体的科技创新供给能力。根据省内不同地级市的发展特点，针对性地引入科技创新的新层面。如荆州、襄阳这类极具历史文化和地理位置关键的城市，有着多年的建制历史，是中华特色文化的发祥地，历史文化特色的开发利用将会是该类城市未来发展的新起点。这类历史文化名城需要引进具有历史文化产品开发技术的先进人才，打造城市的文化名片。黄石、宜昌、恩施这类资源丰富、地形特色明显的城市，开发环境保护型资源产品、提升城市整体发展水平将会是未来发展的重点，这类自然资源丰富的城市需要引进技术型人才，改善贫困地区的粮食生产问题、经济作物培育问题、资源合理利用问题等。神农架林区这类国家级重点森林资源的保护地，虽然经济发展水平不高，但是对科学技术的需求不减，需要引进专业人才对重点树木的保护、珍稀植物的研究、森林火灾等问题进行专项研究。中国在科技创新领域具有统筹发展、重点优先的战略安排，湖北省在国家安排的重点领域也应该有所重视，将省内地级市需求与国家重点领域相结合，节能低耗发展科技创新、突破自然资源局限条件、打开关键领域的关键技术，将湖北省的优势资源应用到最高水平，缩小省内差距。

（二）激发中小企业创新

中小企业也是重要的市场创新主体，中小企业的成本压力大，自主创新动力不足，加大对中小企业的创新激励将有利于创新主体的多元化和创新成果的效益化。据《经济参考报》2018 年 2 月的相关报道，中国研发经费投入总量仅次于美国，居全球第二，投入强度已达到中等发达国家水平，其中政府主导的科研经费占总规模的 20%，企业科研投入占总规模的 78%，虽然企业已经成为研发经费的主要投入对象，即中国科研经费的来源结构已经转变为企业的单一主体结构，除了前面已经提过的研发投入市场化促进科研投入的发展外，鼓励大型企业以外的中小企业扩大研发投入也很重要。目前，将科研投入按照行业划分可以看到，工业、信息技术业的研发投入在总投入中的比例超过 50%，大型企业的研发投入占营业总额的比例大于中小企业，所以为了激发科研投入、转化科研成果，应鼓励中小企业在不同行业进行创新投入，中小企业也可以根据自身发展空间和能力与高校科研机构合作，共同发展将基础研究成果落地到市场环境。

（三）适应小微企业生命周期，激励小微企业科技进步

众多小型科技类企业为了谋求生存寻求多方扶持，但仍需要符合成长生命周期的规律，如前文所述这类小型企业的成长规律主要有初创期、发展期、形成期和衰退期。在初创期，企业赖以生存的根本是创新技术，所以这个时期的企业应该形成鼓励内部创新的活跃氛围，形成创新意识浓厚的企业文化。除了加强意识层面的建设外，企业员工福利制度的安排也要适应创新需要，形成以科技研发人员为核心、强化创新信息引领作用的企业组织形式。这样就能充分发挥湖北省大量优质科研人员集聚的区位优势，汇集有利于企业创新发展的信息，为小型科技类企业的成长和发展保驾护航。同时在初创期，小型科技类企业还可以利用湖北省的人才集聚和现有的能够提供市场化创新技术的专业研发团队合作，利用各自在专业领域的优势，企业发挥市场营销能力、管理能力和资金汇集能力，研发团队致力于技术的开发，这样的合作既符合政府促进科技成果市场化的目标，也符合双方团队在较低成本下的经济利益。

由于发展期的小型科技类企业逐渐具有市场吸引力的核心技术，虽然

此时企业有一定的盈利能力，但是获得外来资金的能力是维持企业顺利开展新技术研发和营销的基础。将获取的资金用于研发和营销，还要注意对外部条件的改善作用。湖北省政府不仅要重视初创期的科技型小企业，还要加强对处于发展期的小型企业的帮助，主要是减少其在信息交流方面的障碍。

对于处于形成期的小型科技类企业，它们有一个特点是长期稳定的发展使其缺乏外部刺激，所以在外部影响中，湖北省政府应该重视对小型企业的激励，应该不定期抽查小型企业对财政补贴资金的利用率和主要利用方式。建立一套完整的评估体系对接受帮助的企业进行调研，以期促进小型企业在外部条件饱和的情况下内在发展动力的持续性。

同时就企业自身来说，重视自身技术产品与市场需求的适合程度也很重要，对于市场的开发和发展应该是不断跟进的过程。这就要求在企业的组织建设中，要尽量缩短技术研发人员对市场信息的接触长度，减少接触长度有助于技术研发人员迅速察觉产品缺陷，及时调整。

处于衰退期的企业应该看到自身发展的不足，企业创始人应该迅速调整发展的战略目标，精简机构，提高企业内部组织的运行效率，特别是要进行改革，减少效率低下、技术问题得不到落实的问题。政府这个时候也要关怀处于衰退期的小型科技类企业，合理引导这类企业处置资产，或者引导其和其他优秀企业进行合并合作，这样既能拯救衰退的企业，也能使得优秀企业完善产业，做到市场资源的二次分配。

（四）把握小型科技类企业的成长因素，提高小型科技类企业的存活率，内外结合才是实现科技创新供给在不同类型企业之间均衡的条件

1. 把握小微企业内部因素。影响中小企业成长轨迹的内部因素有团队能力、技术、资源、组织结构等。团队能力与前文分析的对科技创新团队的要求是基本一致的，但是中小企业的团队能力有一定特殊性，那就是领导者能力。领导者是中小企业进行创新能力扩展时的关键因素，领导者对自己所引导的创新团队应该有明确的定位、规划、指挥，让科技型企业按照既定目标稳步前行，牢牢盯准前进机会，在一次次技术创新中实现企业的发展。技术是企业进行科学技术研究的立本根基，没有技术，科技型小企业就没有生命力。中小企业在进行技术创新时与大型企业的作用不同，

中小企业发展规模不大，在技术研发时能掌握的资源并不能和大型企业相较量，所以中小企业的技术创新和科技供给能力往往是现有技术的改造创新，原始创新能力的提高对资金不足、人力资源水平不高的小型企业来说有困难，但是也有一些小型企业另辟蹊径，在改造发展现有技术的同时对原始创新能力的提高也有重视，但是这更像是投入一切人力物力的“赌博”，风险大且回报具有不确定性。

资源包括人的因素和物的条件。人的因素是极具创造性的因素，在科技创新供给水平中起着“心脏”的作用，为科学技术的创新提供源源不断的进步之力。同时人的因素还起着交流连接作用，信息之间的传递、各个部门之间的沟通都是人的因素在其中发挥作用。物的条件主要是资金问题，小微企业普遍面临的问题就是钱的问题，提供科学技术的小微企业也是如此，它们的资金应用更具风险性，除了一般的经营活动消耗，在科研投入方面资金投入能否得到有效回收和利用的风险更大，这也是这类型企业在进行活动的时候能否生存下去的关键。组织结构是维持企业顺利高效运转的重要因素，起着企业活动的润滑剂作用。可以将外界的因素、资源通过层层理解、应用之后转移到提高科技型小企业的核心业务能力上；也可以将企业创新的技术成果经过层层智力的包装更好地为外部市场接受，将技术成果换回的经济效益发挥到最高水平；还可以让企业的制度安排、资源结构在内部合理化分布，将组织结构与计算机类比，组织结构像是计算机的“程序”，管理整个机器的有序运转，同时也像是无形物质的载体，是将无形但有价值的东西转换为具有创造性能力的显示物质性结构。

2. 把握小微企业的外部因素。进行科学技术研究的小微企业不仅有自身独特的生命轨迹，还有赖以生存的外部环境，需要把握并加以利用。就哲学上的系统性概念来说，小微企业的科技创新外部因素也是有着系统性的影响因素存在，包括规则、金融创新区域环境、企业行业规模经济、基础设施。规则，简单理解就是企业进行科技创新时应该遵循的法规和行业规则，政府颁布的新的指导方针也是重要影响因素。湖北省科技创新在这方面有着别具一格的优势，不仅是国家层面对中部地区的扶持政策，还包括省政府对整个湖北省科技创新供给水平的重视政策。自从“科技十一条”出台之后，湖北省科技创新的政策支撑力越来越大。

金融创新区域环境包括整个金融行业生态性发展对企业科技创新成长

的作用。适合科技型小微企业的科技创新发展的金融生态链对科技创新的促进作用比优渥的政策促进作用更大，对企业和省内科技发展的促进作用是联动性的，一个产业的科技发展会带动另一产业的协同创新提示。湖北省可以在认识到我国现存金融生态域不够宽、产品种类不够完善的基础上，有针对性地开发，为科技创新的小微企业提供支撑服务。企业行业规模经济包括小微企业抱团合作、共同分享各自拥有的科技资源、遵循整个产业链的发展环节在相同链条下不同领域的科技创新贡献成长成果、共享资源信息。科技型小微企业聚集在一起还能交流自身成长过程中面临的困境，团结起来争取外部有利于科技创新的资源，在不同的行业发展阶段水平和产业发展特点等条件下，通过构建良性竞争关系获得属于小微企业的科技创新竞争实力，加速科技创新资源信息在小企业组成的集体中传递，改进小微企业成长速度慢、发展环节不够优化的问题，从而向科技型大企业的实力靠近。

3. 针对小微企业的社会关怀。不仅科技从业人员需要得到财政补贴和激励，小微企业在发展自身科技实力的同时也应该受到社会的关怀和支持，包括社会提供科技类帮助的中介机构、科技型小微企业之间组成的组织团队乃至政府供应的基础设施。这类小微企业就像是刚出生的婴儿，除了自身每日投入研究谋求成长发展外，社会的哺育也不可或缺，这样才能促进这些发展科技创新供给水平的小企业实现长期的、稳健的、有效益的成长。社会服务能力的提升对这类小企业的发展能力有一定的“加厚”作用，如果能带给一些小企业需要的科技支持，这就相当于是对这类企业发展过程的保驾护航。

通过把握小微企业的外部因素，将会使湖北省企业层面科技创新供给水平全面均衡发展，对社会就业与和谐安定发展也有促进作用，是不可多得的具有社会效应的策略。

第三章　科技创新供给高质量发展能力提升内容研究

基于全球创新链的治理思路，创新主体、创新投入、创新产出、创新绩效、创新环境、创新体制机制等都是影响创新供给能力的重要因素。在供给侧结构性改革的背景下，提升科技创新供给能力，本质上是通过科技创新成果供给增量提升、存量激活、结构优化与供给质量提高的根本途径来驱动产业升级，进而带动经济增长。围绕这个基本思路和本质，我们需要建立相应的保护带，针对湖北省科技创新供给存在的主要问题，以及当前提升科技创新供给本身需要重点关注的方面，对科技创新供给能力提升的具体内容进行分析与研究，从而为湖北省科技创新供给能力的提升指明基本方向。

第一节　湖北省政府科技资源配置能力提升研究

科技资源泛指所有支撑科技活动资源的总称，是开展一切科技创新活动的物质基础。科技资源包括有关科技创新的人力资源、财力资源、物力资源、信息资源等基本类型资源，也包括科技成果、科技市场、科技制度、科技文化等。科技资源配置能力是指由资源配置方式取得的配置水平与效率。如何对科技资源进行优化配置，直接影响到科技创新供给能力的高低。而政府是配置科技资源的重要主体。政府对科技资源的配置主要体现在“官产学研用”之间的交互作用。产学研的有效结合需要政府发挥相应的作用，其中政府对科技资源的配置是最重要的影响路径。在“官产学研用”的联动上，将政府作为创新活动的主体之一，从产业创新链角度出发，政府如何引导科技资源在其他主体间的分配，如何根据市场现状提供相应的科技资源，是提升科技资源配置能力的重点。

一、政府科技资源配置原理分析

政府合理配置科技资源的实质就是科学处理计划与市场在科技资源配置中的比例与作用，在政府的行为边界之内解决好科技创新活动中市场所无法应对的外部性问题、产权界定问题和交易成本过高的问题。Arrow（1962）指出，技术和科技创新活动，在某些方面部分地具有公共物品的属性。公共物品具有非排他性和非竞争性，若由市场主体来提供这些产品的话，必然导致实际供给水平低于市场最优供给水平。况且科技这种公共物品往往具有正外部性，如果靠个人提供则技术外溢的收益得不到补偿，个人收益曲线和社会收益曲线不一致，也会导致企业没有积极性从事相关的科技创新活动。

另外，科技创新活动中也会产生交易成本过高和产权界定不明晰的问题，例如，市场主体获取科技资源产生的交易成本、技术扩散和转让的交易成本、产学研合作间的交易成本、维护创新成果知识产权的交易成本，等等，都存在成本过高的问题。产权界定不明晰主要是对知识成果和科技成果专利的界定和保护不充分、不合理。针对交易费用和产权界定，市场无法完全解决这些问题。

科斯曾于 1937 年和 1967 年分别发表《企业的性质》和《社会成本问题》两篇论文，论述了交易成本的问题。这些论断在 1966 年被斯蒂格勒规范地总结为科斯定理。科斯定理的解释是：在交易成本为零和产权界定清晰的条件下，市场机制会自动使资源配置达到最优状态，也就是帕累托最优状态。现实的科技创新活动中，交易成本为零和产权界定清晰的状况都不可能完全存在，也就意味着市场机制在科技资源配置中会失效。这是市场的固有缺陷，政府作用部分则在于弥补市场缺陷，解决市场失灵的问题。但是在社会主义市场经济体制的大环境下，在以生产资料公有制为主体的生产资料所有制前提下，应该不同于资本主义政府在科技资源中的定位，政府不再是市场的守夜人。

市场赋予了市场主体进行科技资源配置的强大动力，但是波特也指出，当竞争的基础转为创造和知识积累时，国家的作用就会显得日益重要。十九大报告在论述政府与市场关系中的突出点，不仅在于强调市场在资源配置中要起决定性作用，也在于强调了要更好地发挥政府作用。当前科技资源配置当中存在“官产学研用”结合不紧密以及由于产权界定不明晰和交易成本过高影响科技创新活力的问题，从科技创新活动的这些特性来说，政府应当成为科技资源配置的主体，既发挥科技资源配置“强市场”的作用，也要发挥科技资源配置“强政府”的作用。此外，企业普遍未达到具备竞争力的相应的科技创新投入标准，也不能在市场化条件下把控科技资源配置的信息，更得不到鼓励科技创新的制度保障，这一切都只有靠强有力的政府来推动。政府需要利用自身职能提升科技资源配置能力，提高政府服务质量，进而提高科技创新的质量。

二、政府科技资源配置能力分析

当前，湖北省政府在科技资源配置中还存在和面临相应的问题。首先，政府对科技的投入远远不足，配置规模总量较小。2017 年湖北省 R&D 经费支出占当地生产总值的比重仅为 1.92%，而同期北京、上海 R&D 经费支出占当地生产总值的比重均已超过 3%，全国平均水平超过 2%，反映出湖北省政府的科技投入强度仍然偏低。研发人员投入虽逐年上升，但增速趋缓。2017 年湖北省财政科技支出占财政总支出的比重仅为 3.44%，也远低于同期北京、上海等城市。

其次，政府科技资源配置失衡，配置结构亟待优化。政府用于基础研究和应用研究的投入比重偏低，在高端产品技术研发和关键技术以及自主创新方面的科技资源配置欠缺。在地区分配上，呈现出武汉市一家独大的局面，地区科技资源配置不够均衡。在产学研协调上，技术、人才、财力、知识等科技资源在产学研之间的流动受阻，产学研衔接不紧密，缺乏政府引导。

再次，政府进行科技资源配置的机制不完善。湖北省政府针对企业科技创新没有建立起完善的激励机制，未建立以企业为主体的科技创新体系，未建立高校、科研机构和企业之间协同合作的长效机制以及相应的考核评价体系，也缺乏人才发展机制和流动机制，区域间、行业间的科技信息资源共享机制等。

最后，政府在科技资源配置方面的效率需要提升。当前湖北省科技成果转化率不高，表现在创新产品带来的收入偏低、创新成果利用效率不高、科技成果增量不足的同时，也面临成果存量激活动力不足的问题。因此，政府要提升科技资源配置能力必须提高科技资源配置的效率。

三、政府在科技资源配置中的角色定位

提升政府科技资源配置能力的前提是对政府在科技资源配置中的角色进行定位。首先，政府应当是科技资源的主要投入者。这要求政府必须以科技资源的投入来实现，最主要是依靠资金投入。其次，政府应当是科技资源配置的制度供给者，政府应当以有效的制度供给激励企业科技创新，以合理的机制协调资源流动和实现科技资源不断积累，同时以相关政策引导资源配置的方向。最后，政府应当是科技资源配置的主要引导者和协调者。政府应当规划科技资源配置的重点方向，优化科技资源配置的结构，应当协调科技资源在高校、科研机构与企业间的流动和分配，对科技资源的利用效率进行评估和考核，不断进行资源配置的管控和调整。

四、政府科技资源配置能力提升路径

针对政府角色定位和当前湖北省政府在科技资源配置上面临的主要问题，提升政府科技资源配置能力，需要从以下几个方面着手。

（一）加强科技资源投入强度

当前，政府的科技创新投入主要有科技三项经费（新产品试制费、中间试验费和重大科研项目补助费）、科学试验费、科研基建费和科技成果推广应用费等形式。而湖北省政府部门在主要的科研经费投入上存在比重明显偏低的情况。为此，政府需要进一步扩大科技创新财政投入，在积极争取国家财政科技经费投入的同时，主动增加省级财政科技经费的投入，每年设定相应的投入标准和投入增速标准。政府不仅要加强直接资金投入的比重，在间接投入上也应加强力度和促进投入形式的多样化。政府鼓励企业设立研发机构，加大研发投入，应建立企业研发投入补助制度，根据企业研发投入情况、人才队伍建设情况及综合效应对企业进行奖励和补贴，按研发投入占比对企业实行税收减免等优惠政策。构建科技经费多元投入体制，鼓励社会资本、民间资本投入企业创新研发活动，形成政府、企业、社会的多元化基础研究投入格局。政府自身除直接经费投入，还可以贴息、担保、风险投资及偿还性补助等间接形式增加投入渠道。一些科

技创新项目，政府可通过自身主体身份参与并进行经营性科技活动投资。在人力资源投入上，政府应加强人才培养引进，提升人才增量。

湖北省应当将本省教育资源优势转变为科技创新供给能力的竞争优势，培养与引进符合本省科技创新导向的高层次创新人才。提高创新人才待遇，制定合理的科研人员项目经费标准，加强科技人员培训。为增强产学研之间的联动，鼓励科技创新人才在高校、科研机构和企业之间无障碍流动。全方位打造人才教育体系，鼓励职业教育的发展，培养多领域人才。在科技信息投入上，政府应打造科技信息大数据及信息共享平台，提供创新信息服务、研发服务、人才服务、成果转化服务，引导规范科技创新主体的科学投入。政府可通过信息平台建设，对接科研机构研发成果输出信息与企业及市场科技产品需求信息，对接人才供应和人才需求信息，保证资源得到最优化配置。

（二）优化科技资源配置结构

当前，湖北省科技创新的结构性问题依然突出。政府应当在投入上更多地向基础研究方面倾斜，以提升原创性知识的生产供给能力。提高原创性知识的生产供给能力是科技创新供给侧高质量发展的基础，基础研究能力也影响到科技成果的转化率水平。湖北省政府在利用外部技术资源的同时，应当更多关注基础研发能力，增加基础研究人员人数与经费投入，补齐核心技术缺失短板，打造更多的湖北省自主品牌。要通过相关政策积极引导高校和科研机构更多致力于战略性、前沿性基础研究，鼓励国有企业和大型龙头企业承担基础研究的责任。

围绕湖北省科技发展的战略性需求，政府要通过资源投入进行实验室和研究院建设、研究中心建设、科技基础设施建设，强化创新源头供给，要聚集科技资源大力发展高新技术产业和战略性新兴产业，在生物医药、人工智能、新能源、信息技术等领域实现重大技术突破。要将科技资源更多地配置在高端产品技术和重点共性技术研究上，提高高端产品技术和重点共性技术的开发能力。在区域科技资源配置上，以武汉市科技创新发展为重点，同时通过政策引导更多科技资源向省内中西部地区和其他市州转移，市州政府牵头进行产学研各主体间的人才交流与信息交流，以及相关的科技创新对口资金援助。针对产学研之间科技资源配置不合理、资源流动不通畅的问题，政府应当积极促进产学研之间的人才流动、资金流动和信息流动，鼓励企业对高校及科研机构的研发进行经费投入，鼓励高校、科研机构人员进企业任职，鼓励企业职工进高校、科研机构学习。另外，政府要通过信息平台对接产学研之间的供需信息，避免科技资源投入过剩或者不足。

（三）完善科技资源配置体制机制，提高资源配置效率

政府是科技创新的主要制度供给者。首先，政府应当从宏观经济形势出发，把握全省科技创新发展方向，从大局上提供总的制度设计。针对创新动力不足的问题，政府要建立有效激励科技创新的工作机制，对积极推动科技研发和创新的企业，应当予以奖励和各种补助。在产学研协同合作上，政府应当积极推动产学研各主体间建立科技资源流动机制，实现资金、人才和信息的互联互通。同时，政府定期进行科技创新成果考核，按社会贡献度建立对各主体的综合评价机制。为了提高资源配置效率，政府应当促进科技成果顺利转化，一方面通过建设科技成果转化服务部门促成成果迅速转化，另一方面提供政府采购的合同保障，分阶段进行采购和投入，保证整个创新链条的全覆盖。政府也可以组建部门承担一定的技术研发项目，保障高质量成果产出。

第二节　湖北省原创性知识生产供给能力提升研究

原创性知识，指个人、企业或高校科研机构自主研发或者构想的科技知识理论和实际产品产出。原创性知识生产供给能力，衡量的是一个社会自主创新的能力。与国外相比，我国当前的科技创新成果还更多地处于“跟跑”与“并跑”的追赶局面，自主创新基础薄弱，自主研发和设计的能力薄弱。一些核心技术和关键技术，我们还要依赖于从国外进口，没有形成自己的竞争性优势。我国在世界创新链和产业链中都一直处于较低端的位置，产品利润大多数被拥有核心技术的国外厂商赚取。进入新时期，我们进行科技创新的首要任务也是要从模仿创新的时期进入到自主创新的时期。对于湖北省而言，要打造更多的湖北品牌，建设更多从湖北走出去

的科技理论和科技产品，进而树立区域性竞争优势。

一、湖北省工业企业原创性知识生产供给现状

长期以来，东中西部地区经济发展一直呈现分割化格局，东部经济利用自身的政策优势、区位优势和要素禀赋优势率先发展起来，而中西部地区发展则相对迟滞。近些年，国家经济发展战略开始向中西部地区倾斜，先后实行“西部大开发”战略和“中部地区崛起”计划，贯彻全国经济协调发展的理念，力求统筹经济发展。中部地区的经济发展情况对于全国经济的走势具有举足轻重的作用。然而，目前东中部发展差距仍然存在，科技发展之间的鸿沟短时间也难以跨越。在科技创新方面东部遥遥领先，中部一直呈追赶状态，而由于发展潜力和制度体系方面的各种原因，科技创新资源仍然向东部省市聚集，科技创新呈现虹吸效应。而自主研发能力也呈现东强中弱的局面。为提升湖北省等中部地区的自主创新能力，防止出现科技创新马太效应，需要对区域间原创性知识生产供给能力进行比较分析。

由表 3－1 可知，湖北省研究机构数量、机构人员数量、R&D 项目经费支出、参与 R&D 项目人员数量和 R&D 项目数量均处于中等偏下水平，与江苏省、浙江省和广东省差距较大，最终的 R&D 项目数量略显不足。

表 3－1　2017 年主要省市规模以上工业企业研究机构和 R&D 项目情况

省市	研究机构数（个）	机构人员（人）	R&D 项目经费支出（万元）	项目人员折合全时当量（人年）	R&D 项目数（项）
湖北省	1266	66 379	4 679 242	83 754	12 968
北京市	657	47 605	2 688 522	46 830	7904
天津市	561	38 381	2 408 278	52 270	13 456
上海市	621	69 410	5 395 134	82 293	12 557
江苏省	22 007	601 425	18 303 078	425 512	67 205
浙江省	10 893	366 936	10 291 973	322 823	69 180
广东省	20 030	911 119	18 625 129	441 338	73 439

注：数据来源于《中国科技统计年鉴 2018》。

由表3－2可知，2017年湖北省规模以上工业企业新产品开发项目为12 460项，略高于北京市和天津市两个直辖市，但是与上海市、江苏省、浙江省和广东省相比，新产品的开发数远远落后。尤其是与江苏、浙江、广东等省份相比，湖北省的规模以上工业企业新产品开发数还相差甚远。从新产品销售收入的指标上看，2017年湖北省规模以上工业企业新产品销售收入为75 234 883万元，上海市、江苏省、浙江省、广东省规模以上工业企业新产品销售收入均高于湖北省，江苏省、广东省优势明显。从新产品出口上看，湖北省规模以上工业企业新产品出口额仅为3 591 500万元，高于北京市，但低于天津、上海、江苏、浙江和广东等省市，且相比其他指标，差异更为明显。

表3－2　2017年主要省市规模以上工业企业新产品开发及销售情况

省市	新产品开发项目数（项）	新产品销售收入（万元）	出口额（万元）
湖北省	12 460	75 234 883	3 591 500
北京市	10 490	41 192 831	2 861 883
天津市	11 373	40 949 317	8 433 010
上海市	16 121	100 681 518	13 040 804
江苏省	69 653	285 790 192	57 081 068
浙江省	72 083	211 501 500	41 552 462
广东省	103 149	348 630 305	110 517 202

注：数据来源于《中国科技统计年鉴2018》。

表3－3反映了2017年各主要省市规模以上工业企业申请专利的情况。在专利申请数上，2017年湖北省规模以上工业企业专利申请数为22 244件，高于北京市和天津市，略低于上海市，与江苏省、浙江省、广东省差距较大。再从发明专利数上看，湖北省规模以上工业企业发明专利持有量高于天津市，略低于北京市和上海市，远低于江苏省、浙江省与广东省。而从有效发明专利数上来看，湖北省仅略高于天津市，与其他省市差距都较大。

表 3－3　2017 年主要省市规模以上工业企业申请专利情况

省市	专利申请数（件）	发明专利数（件）	有效发明专利数（件）
湖北省	22 244	10 112	25 568
北京市	19 653	10 119	34 497
天津市	15 770	5463	22 346
上海市	27 581	12 329	43 416
江苏省	124 980	45 719	140 346
浙江省	85 639	21 817	49 158
广东省	199 293	86 724	289 238

注：数据来源于《中国科技统计年鉴 2018》。

表 3－1、表 3－2 和表 3－3 数据说明湖北省企业自主创新的能力十分薄弱，主要体现在企业 R&D 项目研究机构、人员和经费投入较少，导致项目数量不足。自主开发的新产品数目少，导致新产品销售收入和出口落后于其他东部主要省市。同时，企业专利开发数量与东部主要省市差别较大，甚至落后于一些直辖市区。另外，对新产品销售收入进行单位折算，可以看出湖北省每单位新产品带来的平均销售收入远高于其他省市，说明湖北省开发的已有新产品科技价值更高，自主创新质量并不落后。

二、湖北省研究与开发机构原创性知识生产供给现状

从表 3－4 反映的数据来看，2017 年，北京市、上海市、江苏省和广东省研究与开发机构承担的 R&D 课题数均远超湖北省。与此同时，湖北省在 R&D 课题上的人员和经费投入也低于北京、上海、江苏等省市。

表 3－4　2017 年主要省市研究与开发机构 R&D 课题情况

省市	R&D 课题数（项）	投入人员（人年）	投入经费（万元）
湖北省	3434	11 856	558 294
北京市	33 726	91 331	5 312 959
天津市	1991	11 313	384 493
上海市	9395	25 836	2 494 527
江苏省	7257	24 250	1 331 364
浙江省	3460	7226	217 648
广东省	8034	11 623	463 905

注：数据来源于《中国科技统计年鉴 2018》。

表3－5列举了2017年各省市研究与开发机构科技论文与著作产出相关数据。可以看出，北京市在各项指标上都处于遥遥领先的地位。相比之下，湖北省发表科技论文数处于第五名，论文国外发表量处于第五名，出版科技著作量处于第六名。三项指标并不占优。

表3－5　2017年主要省市研究与开发机构科技论文与著作产出情况

省市	发表科技论文数（篇）	国外发表（人年）	出版科技著作（种）
湖北省	6407	1521	151
北京市	57 974	22 797	2274
天津市	2857	381	72
上海市	10 003	4683	222
江苏省	10 368	3138	182
浙江省	5335	1518	166
广东省	8510	3471	214

注：数据来源于《中国科技统计年鉴2018》。

表3－6反映了各省市研究与开发机构专利开发与转让情况。湖北省专利申请量、发明专利量和有效发明专利量分别为2062件、1471件、5175件，这三项数据仅高于天津市和浙江省，低于其他省市，与北京市、上海市差距明显。从专利转让数来看，略高于天津市，与其他省市相比，数量明显不足，专利转让及许可收入仅为141万元，与其他省市相比水平相差很大。以国家专利标准来衡量，湖北省申请专利中，达到国家标准的数量为118件，高于天津市和浙江省，低于北京市、上海市、江苏省和广东省，处于中下游水平。

表3－6　2017年主要省市研究与开发机构专利开发与转让情况

省市	专利申请量（件）	发明专利（件）	有效发明专利（件）	专利所有权转让及许可数（件）	转让及许可收入（万元）	形成国家标准数（件）
湖北省	2062	1471	5175	30	141	118
北京市	14 436	12 431	43 857	874	39 665	1573
天津市	1604	1238	2594	22	3917	70

续表

省市	专利申请量（件）	发明专利（件）	有效发明专利（件）	专利所有权转让及许可数（件）	转让及许可收入（万元）	形成国家标准数（件）
上海市	4239	3526	10 501	190	11 158	247
江苏省	3407	2611	6998	84	2975	171
浙江省	1638	1267	3540	122	6505	106
广东省	3522	2444	6552	170	1774	309

注：数据来源于《中国科技统计年鉴 2018》。

通过表 3－4、表 3－5 和表 3－6 的数据比较可知，湖北省研究与开发机构在 R&D 课题、科研论文与著作产出以及专利开发与转让三项指标上均处于劣势地位，与东部一些省市差距较大，反映出湖北省研究与开发机构在原创性知识生产上的供给能力还不够高。

三、湖北省高等学校原创性知识生产供给能力

从表 3－7 可以看出，2017 年湖北省高等学校取得 R&D 课题总数为 44 870项，明显低于表中东部五个省市，而且从具体分类来看，理工农医类和人文社科类取得 R&D 课题数也低于东部五省市。

表 3－7　2017 年主要省市高等学校 R&D 课题情况

省市	R&D 课题数（项）	理工农医类 R&D 课题数（项）	人文社科类 R&D 课题数（项）
湖北省	44 870	23 323	21 547
北京市	96 187	55 880	40 307
天津市	23 157	13 282	9875
上海市	56 674	33 197	23 477
江苏省	70 982	37 869	33 113
浙江省	70 024	33 133	36 891
广东省	79 050	43 749	35 301

再从高等学校发表的科技论文与著作来看（见表 3－8），2017 年湖北

省高等学校科技论文发表量与国外发表量仅高于天津市和浙江省，科技论文国外发表量略低于广东省，与北京市、上海市、江苏省则差距较大。相比之下，湖北省科技著作出版量相对占优，在所有列举省市中居第三位。根据相关统计来看，在全国居第四位，仅低于北京市、江苏市和河南省。

表 3－8 2017 年主要省市高等学校科技论文与著作产出情况

省市	发表科技论文数（篇）	国外发表（人年）	出版科技著作（种）
湖北省	77 258	26 085	2747
北京市	127 627	47 755	4830
天津市	28 644	12 608	785
上海市	84 386	38 200	2648
江苏省	121 988	44 306	2903
浙江省	53 471	18 380	1949
广东省	87 815	28 716	2654

最后，统计各省市高等学校专利开发与转让情况（见表 3－9），2017 年湖北省专利申请量和发明专利数量在所列举省市中处于中等偏下水平，现有有效发明专利不足，仅高于天津市。从专利转让上看，转让数量和转让收入与北京、上海和江苏等省市都有不小差距。

表 3－9 2017 年主要省市高等学校专利开发与转让情况

省市	专利申请量（件）	发明专利（件）	有效发明专利（件）	专利所有权转让及许可数（件）	转让及许可收入（万元）
湖北省	17 063	9606	13 214	249	9051
北京市	15 270	12 879	47 511	429	49 377
天津市	7877	5571	8409	111	631
上海市	10 517	8576	21 534	381	11 747
江苏省	41 190	24 330	43 088	1620	18 811
浙江省	18 319	10 090	24 579	613	9751
广东省	20 401	11 847	13 710	438	2615

总的来看，湖北省高校林立，教育资源与其他省市相比并没有形成较大差距。但从表3－7、表3－8、表3－9反映的各项指标来看，湖北省高等学校取得各类R&D课题数量少，科技论文数量不多，专利量明显不足。相比之下，科技著作量指标更为合格。通过数据对比得出，当前湖北省高等学校原创性知识生产供给能力还不够强，没有充分发挥自身的教育资源优势形成原创性知识成果产出。

四、湖北省高技术产业原创性知识生产供给能力

高技术产业的研发能力更能反映一个地区的原创性知识生产供给能力。从表3－10反映的数据来看，2017年湖北省高技术产业中研究机构数、R&D人员数、R&D项目经费及R&D内部经费支出都略低于北京市，远低于江苏、浙江和广东三省。而从最终R&D项目产出来看，湖北省R&D项目数落后于其他省市，排在垫底的位置。

表3－10 2017年主要省市高技术产业R&D活动情况

省市	研究机构数（个）	R&D人员折合全时当量（人年）	R&D内部经费支出（万元）	R&D项目数（项）	R&D项目经费（万元）
湖北省	237	21 000	1 136 648	2765	1 134 605
北京市	264	23 611	1 317 647	3495	1 316 984
天津市	111	16 234	665 098	2990	663 949
上海市	160	25 334	1 449 217	2885	1 447 632
江苏省	3710	112 019	4 161 442	14 721	4 155 678
浙江省	1422	71 347	2 329 266	11 183	2 327 246
广东省	5316	200 057	9 837 799	20 713	9 826 849

从高技术产业开发项目上看（见表3－11），2017年湖北省新产品开发项目数为2885项，略高于天津市，但新产品销售收入和出口额低于天津市。同时新产品开发项目数、新产品销售收入和出口额同北京市、上海市、江苏省、浙江省和广东省相比，差距均较大。

表 3-11　2017 年主要省市高技术产业新产品开发及销售情况

省市	新产品开发项目数（项）	新产品销售收入（万元）	出口额（万元）
湖北省	2885	9 483 931	1 234 361
北京市	4658	17 568 462	1 702 187
天津市	2570	12 100 448	5 763 777
上海市	3700	11 760 238	5 886 005
江苏省	16 321	88 516 881	30 001 061
浙江省	11 742	34 170 442	7 865 851
广东省	32 392	186 931 452	77 916 109

注：数据来源于《中国科技统计年鉴 2018》。

最后，通过各省市高技术产业专利比较（见表 3-12），可知除了天津市，其他省市在专利申请数、发明专利数和有效发明专利数指标上均要优于湖北省。总的来说，湖北省高技术产业原创性知识生产供给能力低，无论是研发、新产品制造销售还是专利申请都有很大的提升潜力。

表 3-12　2017 年主要省市高技术产业专利情况

省市	专利申请数（件）	发明专利数（件）	有效发明专利数（万元）
湖北省	6213	3961	7787
北京市	7187	4715	19 561
天津市	2928	1349	6250
上海市	8273	5795	15 553
江苏省	29 302	12 602	36 228
浙江省	15 059	5791	15 374
广东省	84 084	48 148	194 118

五、湖北省原创性知识生产供给能力提升路径

（一）确立企业自主创新主体地位，为企业自主研发助力

企业在创新链中居于核心位置，是原创性知识的最终产品和服务的供给者，提升企业自主创新能力是实现创新驱动发展的关键。而湖北省企业

总体自主创新能力不强。究其原因，一方面，企业自主创新能动性较差。企业过多注重短期经济效益，缺乏创新投资的长远眼光。另一方面，虽然省政府近几年出台政策鼓励企业进行科技创新和自主研发，但是对企业创新激励不足，整体创新环境不佳，难以真正改变企业急功近利的局面。为此，需要真正确立企业自主创新的主体地位，以企业为核心推动整个创新链的发展。从结构上来看，企业研发经费、研发人员、发明专利等指标还需要进一步提高。从效率上看，企业实际原创性知识成果产出、原创性知识成果收入需要进一步提高，同时对接社会需求进行循环往复的自主研发。政府要按企业每年的研发经费投入设立补贴或基金，并以税收减免等形式进行偿还。设立企业自主研发低息或无息贷款，鼓励社会资本参与企业研发。对企业各项重大发明专利进行奖励，按企业每年科研产出贡献进行奖励，对企业建立各项研发中心或通过高新技术企业认定也应进行奖励与扶持。

另外，要打破人才单位所有制，鼓励高校和科研机构研发人员进企业参与科研项目和活动。采取订单式培养方式，加强青年科技人才队伍建设。同时，建立科技信息共享平台，将市场需求及时反馈给企业，激发企业研发的积极性，提高研发效率，避免资源浪费和研发失败。鼓励龙头企业和科研机构共建重点实验室，减轻企业科研投入压力，并直接利用科研机构知识产权进行成果开发。对于拥有自主品牌和高技术产品、稀缺性科研成果的省内企业，政府要重点培养与打造，并积极宣传，扩大企业影响力，加快企业创新增收，从而对更多企业起到研发激励作用。

（二）创新科研机构管理，培养科研机构自主研发能力

湖北省研究与开发机构自主创新能力还不够强，主要在于科研机构的管理体制不科学。首先，是经费人员管理不科学，投入强度不高，成果效益不好。其次，科研机构仍着眼于单项专利技术开发，申报课题原创性程度不高，且没有与市场需求对接，影响成果转化。最后，对科研机构的考核不够严密，导致科研机构缺乏真正做研发的自主性。

为此，省政府应当积极利用财政资金，设立科研机构自主研发专项，围绕省内和当前重大科技难题成立研发团队，采取集约式研究，扩展研究方向、领域和学科，丰富研究成果形式。鼓励科研机构开展能产生潜在原

创性知识成果的课题，设计研发能产生重大市场效益的科技专利。更多开展中长期重大科研项目的研究，在紧缺型科研成果上敢于投入和攻关。鼓励更多青年科技人才进科研机构，提高人才待遇，在按科研项目立项、论文及著作产出、专利开发、成果获奖等进行奖励之外，应当更注重让青年人才在科研机构中承担、领导更多研发项目，释放科研机构的研发活力，培养科研机构自主创新后备军。

科研机构要重视人才培养，一方面敢于让人才“走出去”，进入国内外顶尖研究机构交流学习；另一方面敢于将人才“引进来”并“留下来”，按人才级别和在科研机构中的贡献率设立等级薪酬制。对取得重大科研成果突破的个人，应当破格晋升职称。要建立健康、科学、有效的科研机构评价与激励机制。打破原有的按科研任务完成量和科研成果数量进行考核的单一标准，更加注重按科研质量和科研成果转化水平、重大科技成果研发水平、自主创新能力进行考核评价。在建立考核评价制度方面积极听取和吸纳科研人员的建议和看法，突出考核评价的民主性。积极促进科研成果转化，了解市场科研动态，与企业对接，促成机构科研成果直接转化为生产力。完善转让收入分配制度，使科研成果转化最终能反哺科研，提高科研机构原创性知识生产的积极性。

（三）深化校企合作，打造高校科研平台

省内高等院校由于利益取向差异，盲目注重出论文、出专利和出课题，忽视参与科研成果研发与理论知识创新。高校与企业之间协同机制不完善，导致原创性知识生产供给能力不强。进行校企深度融合，应当让在校大学生参与了解企业进行研发、生产的全过程，发现企业科研面临的问题，运用自身理论知识参与企业科研项目，进行科研联合攻关。要通过进企业培养学生科研思维能力和实践能力，让学生具备仪器操控和数据处理的能力。

高校要提供更自由的培养环境，教师的科研项目可以分割成各个子课题让学生去申报课题和撰写论文，为学生提供原创性科技知识产出的方向和指引。教师也应具备一定的科研能力和创新能力，并将该指标纳入教师考核体系和聘任标准当中，让具有优异自主科研能力的教师能够更快取得晋升并鼓励教师打造专业科研团队，高校每年提供相应的科研经费支持。

高校教师要深入企业了解研发现状，企业优秀研发人员也可进入高校承担高校更多科研项目，并举办科研交流会为高校学生和教师进行原创性知识产出提供思路。

目前，省内高校缺乏科研平台，一方面政府要着手搭建高校科研基础平台，另一方面应鼓励校企共建研究实验室和研究中心，省内重点实验室也可向高校开放，为高校提供良好的科研环境。同时高校要积极申请省级和部级科研经费，加强科研基地建设，满足高校科研硬环境需求。

（四）增加高技术产业投资，重点发展优势产业

湖北省近几年高技术产业发展势头良好，根据数据调查显示，2017 年湖北省高技术产业增加值为 5937.89 亿元，较 2012 年实现增加值翻番。平台投入方面，湖北省继续保持中部领先的势头，2017 年湖北省国家级高新区数量达到 9 个，居中部首位，国家重点实验室、国家工程技术研究中心、国家级高新区和国家级科技企业孵化器数量稳居中部第一，为高技术产业发展营造了良好的环境。但是由于投入不足，高技术产业发展动能依旧偏弱。2017 年湖北省高技术投资 1618.1 亿元，居全国第七位，但从中部排名来看，仍低于中部江西、安徽、河南等省。湖北省高技术产业投资额仅占固定资产投资的 11.5%，规模以上高技术制造业占规模以上工业的比重只有 8.4%，低于全国平均水平。

当前省内高技术产业发展规模还不够大，投入不足是影响高技术产业规模的首要问题。高技术产业自主研发与创新对资金需求量大，省政府应当在财政经费布局上更多侧重于高技术产业投资，继续支持高新技术产业园的建设。可以通过信贷和证券的方式保证高技术产业资金来源。优化高技术产业发展结构，以省内大型企业为主体，联动中小企业，完善高技术产业发展链条。目前湖北省在光纤通信、激光、先进制造、空间地理信息、病原微生物、植物功能基因等重要科技领域的科技创新实力较强，形成了以电子信息、先进制造、新材料、生物医药等为代表的重点优势特色高新技术产业群。焊接钢轨、北斗 40 纳米定位芯片、超大容量光传输系统等一批自主创新成果达到国际领先水平。省内要以优势产业为主导，建立产业集群，继续增强在这些领域的高水平原创性科技成果产出，建立高技术产业优势。促进产学研融合，高校学科设置和科研机构项目研究应当与

高技术产业发展需求同步，并进一步实现与人才培养的对接。

省内要营造良好的创新氛围，加强对原创性高技术产品的知识产权保护，将高水平的自主研发产品推向国内和国际市场，获取市场认证，打造更多湖北品牌。要以更加包容开放的心态吸引国际高技术企业在鄂投资，并提供良好的营商环境，促进内外资交流，鼓励内外资合作研发，积极吸收和推广外资企业自主研发产品。

第三节　湖北省创新环境供给能力提升研究

创新环境，是指在创新过程中，影响创新主体、创新动力和创新效率的各种外部因素的总和。从创新环境的识别上看，它既包括基础设施建设、交通设施建设、科技企业孵化器建设、办公设施建设、网络建设等硬环境要素，也包括区域经济环境、金融环境、市场环境、人才环境、创新文化氛围、创业水平、国家及政府对创新的战略规划和对创新研发的态度等软环境要素。“创新环境”最早由欧洲创新环境研究小组提出。他们认为，企业是环境的产物，创新环境是培育创新和创新性企业的场所。环境是创新所必需的，在环境中能否以更低的成本获取创新所必需的知识、人才、资金，是否接近市场，是否能得到地方性的支持与投入，是否有便利的基础设施条件，这些都是决定创新成败的因素。湖北省政府要提高科技创新供给能力，必须首先增加有利于推动创新的环境供给，整合和优化省内环境资源，提高创新环境培育供给能力。

一、创新环境供给能力分析

从基础设施建设来看，2017 年湖北省固定资产投资总额 31 872. 57 亿元，比上年增长 11%。全年完成货物周转量 6589. 58 亿吨公里，比上年增长 7. 0%。旅客周转量 1601. 97 亿人公里，增长 4. 9%。邮政业务和电信业务相比 2016 年分别上升 38. 3% 和 66. 6%。以上数据反映出湖北省基础设施环境在不断优化。交通建设上，截至 2017 年年底，湖北省公路总里程、农村公路里程、高等级航道里程均居全国第三位。近年来，湖北省打响高速公路、干线公路、“四好公路”和水运发展攻坚战，并力争在 2020 年年底全省综合交通总体达到中部领先、全国先进水平。省内铁路建设取得飞速进展，总里程已突破4000公里，高铁建设正有条不紊地展开。湖北省综合交通网的形成为科技创新提供了良好的环境支撑。

同时，与东部省份比较，省内硬创新环境建设方面仍存在诸多不足。2017年湖北省互联网普及率为53%，仅相当于全国平均水平，明显低于东部其他省份。2017年湖北省固定资产投资总额虽然较高，但其中高技术产业投资仅占固定资产总投资的11.5%，规模以上高技术制造业占规模以上工业的比重只有8.4%，低于全国平均水平，科技创新动能依然偏弱。2017年湖北省在统孵化器数量176个，孵化器内企业总数为11 919个，在孵企业数9066个，居全国前列，但仍低于江苏、浙江等东部科技强省。湖北省人均拥有公共图书馆藏量仅为0.61册，低于全国平均水平，远低于北京、上海、江苏、浙江等省市[1]。

从软创新环境发展来看，湖北省相比其他省份显得更为滞后。社会经济环境上，2017年湖北省GDP总量达到36 523亿元，居全国第八位，人均GDP仅为61 882元，居全国第十一位。湖北省经济实力和居民消费水平同东部发达省份相比，仍有较大差距。人才环境上，湖北省拥有教育资源优势，人才供应相对充足。全省高校、科研机构规模较大，各类在校大学生、毕业生以及科研人员数量众多。但应该注意的是，每年的毕业生中，留在湖北省内的毕业生占比偏低，人才流失相对严重。目前已有的经济实力、工作待遇和政策环境对人才吸引力不强。金融环境上，对于科技型企业和高新技术产业的金融投资不够，科技创新企业的融资来源中，金融贷款占比较小，民间资本参与程度不高，融资渠道单一、狭窄。政策环境上，湖北省政府正着力推进创新强省建设，制定《湖北省科技创新“十三五”规划》，实施“百万大学生留汉创业就业”“科技创新成果转化”“创新主体培育”等工程，率先推出“支持双一流高校建设”“科技创新20条”等创新政策，为科技创新供给侧发展蓄力。但是，在具体的人才培养机制、产学研长效合作机制、创新激励机制和考核评价机制上，缺乏有效的政策环境构建措施。市场环境上，从技术合同成交量来看，湖北省

---

[1] 数据来源于湖北省统计局（2017年）。

2017年技术合同成交量为24 742项，成交额为1066亿元，两项指标均居全国第二位，应用转化的合同比例超过50%。与此同时，在副省级城市技术流向情况统计中，武汉市2017年技术输出总额达到594.96亿元，居全国副省级城市第二，技术吸纳总额达到430.27亿元，居全国副省级城市第二[1]。以上数据反映出湖北省技术市场相对活跃，产学研合作和科技成果转化快速发展，但技术成交量和成交额与北京相比，仍然有较大差距。从政府对创新的态度来看，存在以下几个问题：（1）对科技创新投入力度不够，政府财政资金对科技创新的投入过少；（2）对自由研发的许可范围偏窄，同时对创新尝试失败的宽容度不够，创新风险大；（3）对知识产权的保护力度不够，导致创新积极性不高。

综上来看，湖北省在硬创新环境和软创新环境上发展不均衡，相比东部发达省份和自身科技创新瓶颈都有相应提升的空间。因为软创新环境与科技创新供给能力的相关性更强，湖北省应当将软创新环境的培育放在更加重要的位置。针对已有问题，湖北省应在创新环境培育供给能力的提升方面狠下功夫。

二、创新环境供给能力提升思路

（一）打造健康的金融环境

科技创新需要源源不断的资金支持，健全的金融市场是创新型企业获取资金的保障。湖北省应该鼓励金融机构向创新型企业提供低息贷款，降低相应的企业贷款标准，银行可单独拓展科技创新专项借贷业务。对具备一定发展前景的企业，政府可作为贷款担保人。要通过政府、企业、金融机构之间的金融合作，组建起能承担一定风险的股份制风险投资公司，建立“政企金”联合投资创新体系。加快完善金融体系，鼓励私人金融机构和民间借贷机构向创新型企业进行贷款。积极吸纳私人资本参与科技创新投资活动，拓宽融资渠道。近年来，湖北省吸引外资总额不断增加，应抓住机遇将外商投资作为新的科技创新融资增长点，提高外资利用率，并更多地向科技创新方面分流。加强科技创新保险服务，设立创新基金降低创新风险。

---

[1] 数据来源于湖北省统计局（2017年）。

（二）培育良好的人才环境

湖北省优化人才环境面临的主要障碍是对人才吸引力不强，人才流失严重。因此，对科技创新的高端技术人才和科学研究人员，湖北省应该提高其待遇条件，改善其生活和工作条件。同时对高层人才、高水平科研人员应加大人才引入力度，提供更全面的就业保障、收入保障、住房保障和社会福利保障。

（三）构建完善的政府政策环境

湖北省政府除了提供鼓励创新创业和创新成果转化的政策外，还应在人才培养机制、产学研长效合作机制和创新考核机制上增加制度供给。要加强法律制度建设、维护创新成果知识产权，同时政策应当鼓励高校、科研机构和企业进行自由研发，放宽研发领域和范围，减少政府过分干预和限制。

（四）营造优秀的创新文化环境

全省应当加强宣传创新发展的核心理念，引导全省转变经济发展的观念，彻底转变三大观念。（1）文化价值观：从创新为己科技价值观转向创新为民科技价值观。（2）经济发展：从追求高速增长转向追求高质量发展。（3）科技成果：从追求数量转向追求质量。要突出创新竞争的价值观，弘扬创新的高校文化和企业文化，建立产学研协同合作创新的价值观。加强杰出科技人才和科技成果的宣传与推广，尊重省内顶尖人才和一切创新成果，定期进行科技人才评比和成果考核，并予以奖励。对创新要有更大的宽容度，建立创新容错机制，对创新失败的企业、高校、科研机构进行鼓励，并进行适当的补助。

（五）加强各项硬创新环境建设

继续扩大全省交通综合网建设，进行合理的交通规划与设计。湖北省应推动互联网全覆盖，继续发展通信邮电业务，利用网络平台整合各项科技资源，实现信息共享。在固定资产投资上，应更侧重于高技术制造业投资，在全省投资建立更多企业孵化器和创新园区。积极进行科技文化站和公共图书馆建设，在全省范围内普及科学文化知识，形成浓厚的科技创新文化氛围。

第四节 湖北省科技创新成果产业化能力提升研究

科技创新成果产业化，按《中华人民共和国促进科技成果转化法》中的定义，是指为提高社会生产力水平而对科学研究与技术开发中已经产生的具有实用价值的科技成果所进行的后续试验、开发、应用、推广直至形成新产品、新工艺、新材料，以及发展新产业等活动。科技成果产业化最终是实现科技为产业发展服务，即创新链与产业链顺利对接，通过最初研发技术应用于产业达到规模化生产，获取商业利润并形成区域竞争性优势的过程。科技创新成果产业化是实现创新驱动发展的根本途径。只有将科技成果转化为生产力，才能有效驱动经济增长。这一过程包含技术概念设想产生、技术研发、技术开发、技术示范应用、产品开发和可持续商业化等重要环节。实现这些环节的顺利衔接，离不开有效的制度安排和政策设计，也需要各创新主体间的协同合作，更需要将创新链与产业链进行深度融合。

一、科技创新成果产业化能力分析

从已有科技成果来看[1]，2017 年湖北省科技论文发表量为 94 556 篇，相较于 2010 年的 84 660 篇增长较缓慢。科技专著和科技项目增长也趋于平稳。高校科研经费投入和科研人员投入较 2010 年有大幅度增长，课题数量逐年攀升。专利申请方面，湖北省近几年专利申请数量增长迅速，专利受理量从 2010 年的 31 311 件上升到 2017 年的 110 234 件，专利批准量从 2010 年的 17 362 件上升到 2017 年的 46 369 件。此外，湖北省 2017 年登记的省部级科技成果量为 1600 件，约是 2010 年的 2. 1 倍，增长较快。总体来说，湖北省科技成果近些年一直呈上升趋势。对于湖北省企业进行科技成果转化的现状，可通过规模以上工业企业进行分析。数据显示，2011—2017 年，企业新产品销售收入从 3099. 42 亿元上升到 7523. 49 亿元，上涨

---

[1] 数据来源于湖北省统计局（2017 年）。

了 143%，这一增幅也远高于同期企业主要经营收入的增幅。从新产品销售收入占企业主营业务收入的比重来看，湖北省新产品销售收入占主营业务收入比重逐年增长，2017 年这一比重达到 19.2%。虽然科技成果转化率在不断提升，但是从新产品销售收入占主营业务收入的比重上看，仍远低于浙江等东部省份，反映出湖北省科技创新成果产业化能力仍有较大提升空间。

二、科技创新成果产业化制约因素分析

科技创新成果产业化受多种因素的制约，对科技成果利用率不高、科技成果转化困难实际上造成了经济与科技“两张皮”、创新链与产业链脱节的结果。

科技创新成果受阻，主要可归结于：

（1）科研活动缺乏资金支持。高校和科研机构中一些具有广阔前景的科研成果缺乏启动经费，导致成果难以完善和成熟，最终无疾而终。高校企业由于利益不对等和信任缺失，从而对校企合作缺乏观念上的认知，不愿意对创新成果研发和转化投入大量经费。另外，科技成果转化也缺乏金融支持，形成了对政府资金的路径依赖。

（2）企业创新动力不足。大部分企业只注重短期盈利目标，并没有把自主创新作为企业盈利的主要手段，出现重生产轻研发的现象。按照发达国家的测算，企业在研发上的经费如果占主营业务收入的 5% 以上，企业将是具有竞争力的。如果低于 1%，企业将难以生存。企业投入内部科研的经费偏低，阻碍了一些科研项目的顺利实施。2017 年，湖北省规模以上工业企业 R&D 经费支出占主营业务收入的比重仅为 1.2%，既低于全国同期平均水平，也远低于有竞争力的企业标准，表明企业对于研发投入的支持力度尚缺，导致企业竞争力和创新能力不足，直接影响企业承接科技成果转化的能力。

（3）科技成果转化缺乏平台、服务体系和人才支撑。一方面，与产业技术开发密切相关的工程技术研究中心、重点实验室和相关实验设施配套不到位；另一方面，科技创新成果转化的中介服务体系发育不成熟。国家虽制定了与科技中介服务体系相关的法律法规，但目前中介服务体系建设仍不完善，由于人员、机制、经费等原因没有建立起有实力、高质量、职能完善的中介机构。再者，中介服务机构缺乏人才支撑。发达国家科技中

介服务机构任职人员多是工商业领域的具有丰富经验的专家，而湖北省内从事科技中介服务的人员并不是专门化的人才，缺乏行业从事经验。

（4）产学研协同合作不充分。2017 年湖北省规模以上工业企业 R&D 经费外部支出总额达到 227 961 亿元，其中对境内研究机构和境内高校支出总额为 118 200 亿元，占总支出的 51.85%，这一占比与 2010 年相比下降了 17%，反映产学研合作遭遇瓶颈。湖北省产学研合作存在的问题是：利益取向差异导致科技创新成果转化不通畅。企业对高校和科研机构的科研项目尤其是处于前中期的科研项目投入意愿低。高校和科研机构只注重成果产出不注重质量，导致成果无法满足市场需求。企业与高校、科研机构的合作程度还不够高，信息、人员流动机制不完善，缺乏共建共享的技术研发中心和实验室。

（5）科技创新成果产业化的制度环境亟待优化。对知识产权保护力度不够，导致高校、科研机构缺乏研发动力，企业缺乏科技成果产品化的动力。省内对创新成果产业化还缺乏各项鼓励政策，影响科技创新成果产业化的积极性和实际效果。

三、科技创新成果产业化能力提升路径

打通科技创新供给侧的“最后一公里”，真正把科技创新成果变成实实在在的产业化活动，需要打破经济与科技“两张皮”的现状，实现创新链与产业链的深度融合。提升湖北省科技创新成果产业化能力，要根据问题导向制定符合本省科技创新发展的措施。

（一）加大科研活动的资金投入

湖北省要对省内高校和科研机构的研发活动提供稳定的资金支持，对科技创新课题和项目增加经费投入，对政府科研经费按市、区、县制定最低投入标准，扩大科技成果转化专项资金规模。将省内创业投资更多引向科技成果转化领域。发挥科技金融工具的作用，引导私募股权资金和社会投资机构投资于科技成果转化项目。实施科技金融试点，在各地区推动科技支行试点和组建科技小额贷款公司。

（二）培育企业科技创新成果产业化能力

引导企业加大科技研发投入，通过财政补助和税收优惠进行激励。政

府要帮助和支持具有实力的企业率先建立高水平研发中心和试验室，形成企业完善的产业技术开发体系。

（三）构建科技成果转化的支撑体系

在平台支撑上，在创新园区基础上增创各类科技成果转化示范区和专业园区。加快创新园区建设，同时提升园区发展质量，对引进的科技成果转化项目进行事先评估，提高转化效率。同时打造科技成果转化信息平台，集聚各类科技成果和市场需求，成功对接创新链与产业链。建立高质量的技术转移中介服务机构。鼓励高校、科研院所建立负责科技成果市场化工作的专业服务机构，鼓励建设更多的科技成果转化的市场化服务机构，保证技术转移中介机构在全省重点高校的全覆盖。通过培训、招聘等方式形成服务于科技成果转化的技术经纪人队伍，引进专家和工商业领域的专业人才开展技术转移中介服务业务。完善中介服务机构职能，在科技咨询、成果评估、知识产权管理、技术转移等方面建立相应的机构分支，能提供技术转移的各项服务。以产业化发展为目标，培养引进先进管理人才与核心技术人才。增强技术人才的交流互动，高校和研发中心向科技转移企业输入专业人员，并参与整个产业链的运作，提升专业人员进行成果产业化的经验，真正建立起技术转移人才智库。

（四）大力促进产学研合作

企业要在产学研协同合作上起牵头作用，要在科技创新重大课题、项目、平台基地建设上更多起领导带头作用。要建立高校、科研机构与企业之间协同合作的长效机制，按照高校、科研机构对企业及社会的贡献度来形成科学有效的考核评价体系，对科技成果转化进行动态监测，并按各单位转化情况进行考核评价。鼓励企业工程技术人员和高校、科研院所教授进行双向兼职，定期进行科技转化信息交流。重点支持高校、科研机构与全省企业开展的科技创新合作项目。积极探索以利益机制为核心，结合全省高新产业、新兴产业及不同区域特色产业，建立产业技术创新联盟，积极探索“校企”“校产”“校地”等多种产学研合作模式。

（五）优化科技创新成果转化的制度环境

健全湖北省知识产权保护条例，建立专门的知识产权保护机构，保护科技创新成果产业化的积极性。对科技创新成果转化的项目，应出台更多鼓励政策，从税收优惠和财政补助上提高企业承接科技成果转化的积极性。

第五节　湖北省创新人才培养供给能力提升研究

人才是提升科技创新供给能力的“核心要素”。实施创新驱动发展战略，首先应面对市场需求培养一批符合科技创新要求的创新人才，创新人才资源是当今国家经济发展人才需求中最有价值的资源。创新人才概念具有丰富的内涵，它既指具备创新能力的某类人才，也指将创新内化成自身品质和人生追求并且创造出增进社会福利的创造成果的某类人才。创新人才包含理论型人才、应用型人才、技术型人才等不同范畴，与创新意识、创新精神、创新思维和创新能力密切联系，核心是突出创新人才的全面发展。提升湖北省创新人才培养的供给能力，应当从追求人的全面发展的角度出发，打造具有综合素质的高质量创新人才队伍。

一、创新人才供给能力分析

创新人才供给能力，不仅包括人才数量的供给能力，还应包括影响创新人才进行创新成果研究和产业化进程的各项要素的供给能力。湖北省拥有得天独厚的教育资源优势。2017 年，湖北省拥有普通高校 128 所，在校学生数 139. 88 万人，招生数 40. 67 万人，毕业生人数为 39. 44 万人，其中研究生人数为 35 403 人。2017 年湖北省拥有各类科研机构 2340 个，科研机构 R&D 人员已达 76 297 人，相较 2016 年上升 10%[1]。这反映出湖北省人才供给相对充足，产学研创新资源丰富。但是，应该注意的是，每年的毕业生中，留在湖北省内的毕业生比例偏低，以武汉市为例，毕业生留在武汉市的比例仅为 10% 左右，人才利用率不高，人才流失率偏大，人才吸引力不强。

湖北省对创新人才缺乏“拉力”，主要是在人才机制上的活力不足。首先，湖北省缺乏完善的创新人才培养机制。对创新人才的投入不足，

---

[1] 数据来源于湖北省统计局（2017 年）。

2017年湖北省教育投入为1382.18亿元，占省内GDP的3.8%，低于全国教育投入的占比。教育投入强度较低对本省创新人才培养产生阻碍。政府和企业科研经费投入比重没有达到最优水平，远低于发达国家的相应标准。在人才培养结构上，不注重基础研究科学技术人员的培养，基础研究投入较低。在高校人才培养上，社会需求与人才培养脱节，人才培养与社会需求缺乏有效的交流，主要反映在高校招生规划没有考虑社会人才需求状况，不合理的专业设置导致培养的创新人才偏少。高校工科类专业重理论轻实践，导致毕业生素质与能力不匹配，缺乏创新能力等综合素质。高校自身人才培养观念落后，对创新人才概念认识不强，只注重应用人才培养，没有从创新意识、创新精神、创新思维上去培养全面发展的高素质创新人才，缺乏创新人才培养理论体系。高校进行创新教育转型成本过高，不愿打破现状，认为创新人才仅限于理工科，仅限于名牌大学和成绩优异的学生，观念狭隘落后。省内创新氛围不强，学生面临的创新创业环境差，扶持政策不够，缺乏创业技能和培训。

其次，湖北省人才使用机制不健全。完善的人才使用机制要求做到人尽其才。而当前湖北省自身自主创新能力不足，高端技术产业发展基础薄弱，未能给创新人才提供充足广阔的发展空间。对人才利用率不高，没有均衡匹配各类创新人才与创新产业的发展，没有对接人才链与产业链。缺乏人才流动活力，产学研之间人才交流不通畅，没有充分发挥创新人才在各方面各领域的才能。一些地区、行业、岗位人才紧缺，人才配置不够完善，湖北省脱贫攻坚需要更多创新人才的参与。

再次，湖北省的人才激励机制仍存在优化空间。完善的激励机制要求创新人才竞相成长、各展其能。近些年，湖北省在人才激励上采取了一系列的政策措施，先后推出“百万大学生留汉创业就业”“高端人才引领培养计划”等政策，各市州也印发《科技创新领军人才扶持计划》等文件，旨在为打造科技创新的“湖北军团”蓄力。但是，省内人才激励机制仍存在各方面不足。高层次人才的收入分配机制、住房保障、社会保障等各方面人才保障政策不完善，尤其是对海外人才的吸引力不足。对于创新人才的创新项目启动经费偏低，对于创新项目获取收益的科研人员奖励力度过小。省内科研自主性不够，政府对科研项目干预过多，影响创新人才积极性。对创新人才的知识产权保护有待加强。

最后，创新人才竞争机制的培育还不成熟。创新人才竞争机制最终的目标是实现各类创新人才的脱颖而出。人才评价机制是人才竞争机制中的重要组成部分。当前湖北省对创新人才的评价和考核都缺乏完整的量化体系和标准的定性分析、评价标准以及模式模糊。创新人才绩效统计工作进展缓慢。人才进出机制僵化，创新人才监管不到位。对优秀创新人才和创新成果的宣传力度较小，没有形成全省尊重人才、激励创新的良好氛围。

二、创新人才供给能力提升路径

提升湖北省创新人才培养供给能力，重点是做好人才体制机制的设计，促进人才链、创新链与产业链的高度融合。

（一）加快创新人才培养，完善创新人才培养机制

根据省内科技发展需求制订人才培养目标。省内应用型高校要按照市场需求调整专业设置结构和教学课程体系，以就业为导向尤其是高技术产业就业为目标，改革人才培养模式。加强创新理论教育，鼓励学生在创新基地和创新型企业进行实习实训，树立创新意识，培养学生创新能力。理论型高校和专业要鼓励学生和教师开展创新理论研究。鼓励政府、企业、高校联合培养人才，对参与创新人才联合培养的企业提供税收减免、财政补助和优先培育的政策。定期进行企业与高校之间的科技交流，向高校反馈科技成果信息和人才需求信息，并对高校开展理论研究和创新人才培养提出建议。政府应选派人才在国内外知名大学、研究机构、跨国公司进行轮训，并增设人才培养基地。省内要加大教育投入和科研经费投入，尤其在培养基础研究人员方面加大经费投入，每年应公开年度科技创新投入信息。

（二）优化创新人才配置结构，完善创新人才使用机制

继续发展全省高新技术产业和各类新兴产业，扩大产业规模，加快经济发展转型，为创新人才的利用和发展提供空间。建立创新人才培养协调机构，整合市场人才供需资源，平衡产业间、区域间的人才供给，定期对企业创新人才培养进行监测和评估，发布人才培养评估报告。各地区应发挥人才在决策咨询、承担重大项目、高校学科建设上的重大作用，鼓励创新人才到企业、高校和基层开展各项科技服务，举办科技交流学术活动，

进行科技知识培训和科技咨询活动。选拔创新人才担任科研机构重要负责人、重大课题负责人和重大科技创新项目的主要评审人。鼓励创新人才去农村和贫困地区，开展脱贫攻坚工作。加强产学研之间的人才流动，发挥创新人才统领全局、打通整个创新链和产业链的作用。

（三）提高创新人才待遇，完善创新人才激励机制

应完善创新人才收入分配体制。对于技术转让所得，在一定数额内可免征企业所得税和个人所得税。通过科技成果产业化取得的收益，高校、科研院所和企业要按较高比例分配到科研人员身上。企业可按股权、分红等形式激励创新人才的科研积极性。湖北省政府应提高科研项目的启动经费，设立创新人才培养经费补助。政府要放开技术项目管制，给予部分技术项目转让和处置的自由权。放宽外籍人才在省内的限制，积极引进海外优秀科学技术人才。对省内引进人才，提供相应住房保障和生活补贴，建设一批高质量的人才公寓，同时解决创新人才家庭的社会保障、配偶工作和子女教育问题。对于高端人才的创新成果，设立成果数据库，加强知识产权保护。

（四）加强创新人才考核，完善创新人才竞争机制

对于创新人才在培养期达到一定时长后按成果贡献出台考核报告，实行创新人才培养动态进出制度。成立创新能力评价小组，对创新人才的日常科研工作和重大事项进行跟踪和监管，建立科学的绩效评价体系。扩大优秀高端人才和科研成果的宣传力度，通过省内媒体、期刊等进行滚动宣传，从而鼓励创新人才系统内部开展竞争。

第六节　湖北省创新体制机制供给能力提升研究

创新体制机制供给能力也就是与创新密切相关的各种制度的供给能力。制度的重要性，在制度经济学中已经得到完整的论述。在制度经济学家看来，合理有效的制度安排和设计能够降低市场上的交易费用，从而增进企业和个人的福利，促进经济发展。良好的制度能使产权更加明晰，同时具有激励功能，能激发市场主体的积极性。当前的供给侧改革，并不是

简单地强调经济发展思路从需求管理直接转向供给管理，其核心内涵应该是提供有效的制度供给，以制度供给促进结构优化，提高全要素生产率。提升科技创新的有效供给，其核心也是围绕科技创新的体制机制做制度设计，前提是增加科技创新的制度供给，然后以制度供给带动其他相关要素的供给，以制度供给为体制机制的供给提供保证，最终提高科技创新成果的有效供给能力。从实质上来讲，科技创新带来的是生产力的巨大变化，创新体制机制是对生产关系的进一步调整。中共中央、国务院印发的《国家创新驱动发展战略纲要》提出实现创新驱动发展要按照“坚持双轮驱动、构建一个体系、推动六大转变”进行布局，而两个轮子就是科技创新与体制机制创新。创新驱动发展要求科技创新与体制机制创新两个轮子协调发力，始终保持在同一个轨道上。

一、创新体制机制供给能力分析

当前，湖北省提升创新体制机制供给能力的主要任务是破除科技创新体制机制的约束与抑制，这需要破除当前省内科技管理的制度藩篱，靠制度这根传动轴协调体制机制与科技创新的运行。湖北省作为全国经济强省，正在为打造科技强省协同发力，进行了科技创新成果转化、创新人才培育等方面的体制机制改革，激发了全省创新创业的活力。但是，湖北省在科技创新上仍存在较强的体制机制约束，制度供给不足，导致整个制度环境还不够完善。

（一）省内科技管理体制需调整

政府在科技创新中的职能定位不明确，在省内众多科技项目中政府都是直接管理者的角色，没有给予高校、科研机构和企业一定的科研自主权。而在创新平台打造、创新人才培养、创新成果转化等创新服务上，政府存在一定的“缺位”现象。没有重视企业创新的主体地位，缺乏科技创新市场化导向。另外，在国家重大科技创新战略和政策的落实上没有到位，缺乏有效监督机制。

（二）创新协同合作机制亟须健全

湖北省近些年企业外部科研经费支出占总支出比重下降，产学研反而遭遇瓶颈，企业与高校、科研机构互动较少，缺乏关联枢纽，利益导向不一致，应当构建产学研协同合作机制促进创新链与产业链的融合。区域科技创新发展不协同，创新资源配置省内差异化过大，成熟产业对幼稚产业、发达地区对欠发达地区、引领型城市对县域经济的科技创新带动作用普遍偏弱。

（三）人才培养、使用、激励、竞争机制不完善

人才培养、使用、激励、竞争机制不完善导致湖北省对人才缺乏吸引力，对人才真正服务科技创新缺乏内在动力，对全省尊重科技创新和创新人才的氛围缺乏营造力。

（四）科技成果转化机制不足

产学研合作不紧密阻碍了创新链与产业链的对接。转化收益分配不明确，对成果转化缺乏激励，转化中介服务体系不成熟，知识产权保障不到位，导致省内科技成果转化率和利用率不高。

（五）科技与金融结合机制欠缺

省内服务于科技创新的金融工具种类稀缺，配套的金融体系没有与科技创新及时跟进，导致科技项目缺乏资金支撑。科技型企业从银行融资困难，来源广泛的社会资本参与度不高。

（六）创新治理机制不协调

政府部门之间的沟通协调机制、科技创新咨询机制、创新政策审查评价机制、科技项目资金管理制度、科技创新报告制度等都没有形成完整的制度体系。

二、创新体制机制供给能力提升路径

提升湖北省创新体制机制供给能力，国家在进一步深化科技管理体制改革过程中应以解决“经济科技”两张皮为改革目标，以明确政府定位为改革起点，真正建立起“企业为主体、市场为导向、政府搭平台、官产学研金介协同科技创新体系”。明确政府定位，更多的是要处理好政府作用与市场机制间的关系。在当前特定的经济环境和科技创新供给侧发展现状下，湖北省要建立健全“强政府与强市场”双强交互合作体制机制，更多更好地发挥市场在科技创新资源配置中的决定性作用。一方面，要强化战

略导向和目标引导，强化科技创新体系能力，加快构筑支撑高端引领的先发优势，加强对关系根本和全局的科学问题的研究部署，在关键领域、卡脖子的地方下大功夫，集合精锐力量，做出战略性安排，尽早取得突破。另一方面，要推动企业成为技术创新决策、研发投入、科研组织和成果转化的主体，培育一批核心技术能力突出、集成创新能力强的创新型领军企业。要发挥市场对科技研发方向、路线选择、要素价格、各类创新要素配置的导向作用，让市场真正在创新资源配置中起决定性作用。政府要继续扮演好科技资源主要投入者、科技创新制度主要供给者、科技创新过程引导者的角色，进一步简政放权，积极落实国家关于赋予科研机构和人员更多科研自主权的政策。积极营造良好的创新环境氛围，加强知识产权保护，制定各项人才培养战略，积极打造国家重点实验室、科研中心和基地等各项创新平台。改革政府财政支出体制，扩大财政经费中科研经费的比重。

在创新协同机制的构建方面，一方面建立产学研长期合作机制，从收益分配、人才流动、科技交流、信息共享等方面进行机制设计，采取“校产”“校企”的新模式，构建产业技术创新联盟。另一方面深化产业和区域协同创新体制改革，发挥创新龙头企业的引领作用，扩大企业之间的技术交流，鼓励企业之间进行人员、信息输送。发挥创新示范区、创新试点城市的辐射和带动作用，设立县市之间科技援助机制和信息资源共享机制。在人才机制方面，应当从人才培养、激励、使用、竞争等方面健全各项体制机制。以培养高质量、多层次的创新人才为目标，提高高校教学质量，改革教学模式，推进校企之间人才互动。完善科技人员的分配体制，保障科技人员的待遇水平，促进创新产出收益向科研骨干倾斜。创新科技奖励制度，设立多种科研奖项标准和奖励形式，突出省内科研杰出人才宣传，使崇尚创新、尊重创新人才在全省蔚然成风。将创新贡献与人员职称和薪资挂钩，激励创新人才不断创造高质量成果的积极性。对于科技成果转化，完善省内技术转移机制，鼓励科技成果以多种形式进行转让和交易。改革创新成果处置机制，赋予科研机构相对自由的科技成果处置权。创新产业化收益分配制度，将产业化收益纳入科研人员绩效工资。建立科技成果转化统计与评审制度，按创新贡献对科研人员与企业进行年度评定与奖励。在科技与金融融合机制设计方面，推进全省金融配套体制改革，构建以企业投入为主、政府投入为辅、金融机构和社会资本广泛参与的综合投入体系。健全资本市场体系，深化注册制改革，使资本市场建设有利于创新型企业发展。建立创新型企业独特的信用担保体系，拓宽创新型企业融资渠道，降低融资门槛。在创新治理机制方面，建立创新政策实施督查机制，保障国家和省内各项创新政策的落实。建立部门间科技创新沟通机制，提高科技资源配置效率。创新科技创新评价机制，设立合理的评价指标体系，实行科技创新成果开发与转化情况公开报告制度。

第七节　创新链治理视角下湖北省科技创新供给能力提升研究

一、科技创新供给能力提升的创新链治理理论分析

（一）创新链概念界定

随着创新在社会经济发展中的作用被逐渐认知，创新链的内涵也不断丰富和完整。当前创新的主体不断拓展，创新涉及的领域不断延伸，难度不断加大，各链条之间的协同机制也愈发重要，建立高效、科学、规范的创新链治理体系是提升科技创新供给能力的关键路径。综合国内外学者的定义，创新链是指将基础的科研成果和科学知识转化为实际产品，并进一步演化为规模经济，最终从市场上获取经济效益的完整创新过程。从创新活动来看，它包括知识构想和产品概念产生、技术研发、产品试制、产品与技术扩散、产业化和商业化最终形成等创新活动与阶段。从创新主体来看，创新链是某一创新主体为了实现利益目标而将其他主体连接起来，共同完成创新活动的创新结构模式。总的来看，创新链是各创新主体为了自身或共同利益而协同开展创新活动的一种关系结构。创新链蕴含复杂的协同机制和联动机制，意味着各创新主体不是单一地追求自身利益最大化，而是有利益交互的激励主体之间合作开展创新活动。同时为了发挥创新链整体的创新效率，需要进行资源在各主体间的合理配置，收益需要在各主体间适当分配，实现创新链整体效益最大化而不是个别主体利益最大化。

创新链上有众多创新阶段，每一阶段上创新主体的地位和作用不一样，在到达创新节点后，创新主体的作用开始进行转换。由于创新链主体众多，创新活动丰富且每一创新活动需要顺利衔接，因此创新链具有较强的复杂性和脆弱性。这要求创新链之外的其他链条为创新链提供坚定的人力、物力和财力支撑，需要政府等制度供给者完善制度体制机制，才能建立完整的科技创新体系。在这个体系之中，创新链是提升科技创新供给能力的最主要拉动力，其他链条互为补充，服务于创新链，也成为提升科技创新供给能力的重要力量。

（二）创新链治理内容

当今，创新链不再是从概念构想到产业化的单一线性结构，而是创新环节之间不断反馈并且跨越创新主体内部的组织间互动的循环链式结构[1]。在循环链式结构中，除了原始一系列创新环节之外，知识贯穿整个创新过程。企业之间的互动和学习不能满足创新活动的需要，需要政府、高校和科研机构提供更多的专业化支持，需要与市场及商业化世界互融互通，形成创新影响市场、市场反推动创新的闭环。因此，这种循环链式结构更关注创新主体之间如何建立协作机制，更强调政府如何采取政策手段引导支持创新，保证创新的循环有序进行。同时这种循环链式结构更注重怎样加速产品的市场化和对接市场需求进行下一阶段研发的调整。创新的最终目标是通过产品市场化而获利，而创新链呈现网络化和循环开放的特点，任何一个环节都需要和前后的环节顺利连接，需要其他链条相关的人力、物力和财力供应，以防出现创新链的断裂，导致创新失败。因此，创新链治理需要以打通创新链为手段，从而实现技术价值化和资本化的目标。其中，打通创新链，需要创新链内部环节之间的协调，也需要创新链之外的各个链条的参与，各链条互为动力，相互驱动，提供平台、资金、基础设施等物质支撑。对于创新链中的薄弱环节，需要政府进行政策设计，补齐创新短板。

总之创新链治理应以制度创新为核心，强化体制机制供给，建立有效的政府科技资源配置机制、产学研协同机制，形成科学的产业链、创新

---

[1] 吴东．论创新链之间的系统演化及其政策过程［J］．自然辩证法研究，2008（12）：58－62.

链、人才链、环境链、资本链等各链条融合机制，辅之以各种创新激励机制，从而促进创新链的循环。

（三）创新链治理模式

创新链治理从创新链内部来看最重要的目的是打通创新链，保证从构想到成果之间各环节的畅通。因此治理的任务是优化各环节科技创新资源的配置，最大化科技成果的产出，提高科技创新供给能力和质量。国内学者通过总结企业实践，归纳了包括正向推进、逆向推进、中间突破、瓶颈诱导等四种模式[1]。正向推进遵从创新环节的正常顺序，它分为先前端后线性推进和成果转化两种形式。先前端后线性推进更加注重前端关键技术的研发，研发的形式可分为自主创新、合作研发与技术引进，从而线性推进创新链的发展。成果转化则注重于创新链的后端，实现从技术到产业化的“惊险的一跃”。逆向推进也就是注重从后端到前端、先生产后技术的模式。采用从后端到前端的方式，即从下游向上游延伸，从低端向高端扩展，先突破难度较低的技术，再向难度较高的技术进发。先生产后技术，是指先引进技术进行生产，满足市场需求，再在生产的过程中逐步培养自主创新能力，占领核心技术高地。逆向推进要求市场形成了对产品的需求，而中间突破模式是在正向推进和逆向推进模式前提都不具备的条件下可采取的一种新的模式。在某一领域进行生产的同时，一方面开展新技术的研发，另一方面以产品引领市场为目标，激发市场需求。瓶颈诱导模式是适应创新链动态演化的一种模式。创新链发展的阶段不同，创新面临的瓶颈也不一样。瓶颈诱导就是以突破某一阶段的创新瓶颈（制度、技术等）为主要目标和导向，实现创新链与产业链的深度融合，双向互动。

而从外部来看，创新链治理的主要思路是强化其他链条对创新链的资源供给能力，以多链融合的模式来服务创新链的发展，并反哺其他链条。多链融合中最重要的是五链融合的模式。一是促进产业链与创新链的融合。这其中又包括产业链拉动创新链和创新链推动产业链两种融合模式[2]。

---

[1] 吴贵生，林敏．打通创新链的模式研究［J］．工业技术创新，2014，01（01）：99 – 103.

[2] 韩江波．创新链与产业链融合研究［J］．技术经济与管理研究，2017（12）：32 – 36.

创新链推动产业链，即先有技术创新后有产业发展。创新链推动了产业链之后，面对产业链端萌发的潜在需求，刺激新一轮的技术研发与创新，创新链进一步升级为新的创新链，新的创新链一旦形成，为了与之适应，产业链升级为新产业链，与新创新链顺利相融。产业链推动创新链则初始点相反，采取先产业后创新的路径，产业链端的需求促进创新链的升级，最后再推动产业链发展为新的产业链。先产业后创新适用于缺乏关键技术的地区，前期产业链发展所依赖的技术主要靠引进。二是促进人才链与创新链的融合。人才链与创新链需要有机衔接，基础研究人才、应用研究人才和技术转化人才应成比例，人才培养质量应当满足创新链发展的需求。通过创新链端的人才需求，倒逼人才链发展，提高人才培养质量，增强人才与产业发展的匹配度。三是促进资本链与创新链的融合。在创新链的每一环节上都能保证充足的资本供给，优化创新链各环节各主体的资本布局，促进创新质量的提升。创新链发展为资本链提供源源不断的效益，保障资本链进一步服务于创新链的能力。四是促进制度体制机制链与创新链的融合。制度链应当纳入与创新链融合的链条体系当中去，开创制度链与创新链融合的新模式。制度链推动创新链中各环节的有机衔接和各主体间的互动协同，激发社会创新动力，创新链不断升级发展促进制度链不断升级并与之适应。

二、湖北省科技创新供给能力的创新链分析

（一）创新链治理视角下湖北省科技创新供给侧发展现状

1. 治理成效

“十二五”规划以来，湖北省紧抓“创新湖北”建设，科技创新供给能力得到极大提升。这一时期湖北省科技创新综合实力不断增强，科技对经济社会的支撑力不断增强，实质上是创新链治理和改善的结果。

总的来看，湖北省这一时期治理的成效主要体现在：创新链各主体间的科技创新供给能力迅速提升，并且主体间的协作机制逐步建立。创新环节上衔接更为紧密，科技资源配置更加高效。同时，政府在科技创新中的引导力度加强，发挥了制度供给者的作用，政策制度对省内科技创新产生了一定程度的激励效果。科技创新的成效凸显，市场反馈良好，科技创新

带来了效益提高。省内科技创新更加注重从前端正向推进，通过加强自主创新能力，形成了一批国内外领先的高端科技成果，创新链发展质量和水平实现了较大跃升。

而湖北省各链条与创新链的契合度也更加紧密。从产业链与创新链的融合来看，湖北省积极打造高技术产业，一方面高技术产业增加值不断扩大，增幅在中部地区处于领先水平，高技术产业产值占 GDP 的比重快速提高。另一方面湖北省已培育出一批具备科技创新竞争优势的高新技术产业群，一大批水平领先的高科技产品走向国内外。总的来看，产业链不断升级正与湖北省新的创新链相适应，产业链发展支撑创新链的进一步发展。而在创新链端，湖北省逐步强化企业创新主体地位，加快科技成果转化进程，大力支持创新创业等，创新体系与湖北省产业体系在互动融合。在人才链与创新链的融合上，湖北省两院院士、国家“千人计划”、国家“973”首席科学家等各类科学人才、学者数量在全国处于领先地位，在创新链发展对更多高层次人才的需求下，湖北省对人才的吸引力度也在逐渐增强。在资本链一环，湖北省加强科技创新财政方面的投入，设立了科技创新地区专项补助，同时实行“科技创新 20 条”，每年拿出百亿元资金支持重大科技创新项目，并开始在科技创新示范区推动科技金融创新，保证了资本链对创新链的供给能力。制度体制机制链与创新链的融合度也在不断增强。“十二五”时期，湖北省重视强化科技创新的制度供给，出台了多项鼓励创新的政府政策，修改和完善了科技创新方面的人才制度，在建立产学研协同机制、科技创新评价审核机制等方面取得了一些成效。另外，湖北省积极打造各类创新平台，创新园区、重点实验室、工程技术研发中心、科技创新高新区以及各类科技创新基地在鄂建立起来。目前省内经济发展态势良好，基础设施条件显著改善，在环境链端也巩固了对创新链的支撑力。

2. 治理问题

进入“十三五”这一打造湖北创新强省的机遇期，湖北省在创新链治理端必须更有作为，才能抢占先机率先迈入中部创新“第一梯队”的行列。从目前创新链治理现状和供给侧结构性改革的角度来看，仍存在以下几个方面相对突出的问题：（1）科技创新持续投入不足。人员投入增速下滑，尤其是基础研究人员投入不足，原始创新能力不高。湖北省科技创新经费投入在逐年增加，但对基础研究的投入仍旧偏低。科研经费支出占本省生产总值水平过低，远低于北京、上海等地区的水平甚至全国平均水平，反映出科研投入力度欠缺。（2）自主创新能力薄弱。基础性创新成果缺乏，科技投入在增加，供给质量却没有同步提高，不能满足省内科技发展的战略性需求。从技术吸纳来看，较依赖技术引进，侧面突出自主创新能力不足。（3）企业创新能力不强。一方面经费支出占主营业务收入比重过低，未达到企业具有竞争力的相应标准，另一方面企业新产品销售收入占主营业务收入比重远低于东部部分省份，企业发明专利申请量与东部差距大。高技术产业发展不足，在中部地区也不具备优势。（4）产学研分离依然突出。企业与高校和科研机构未实现良好互动，企业未能主导整个科技创新活动，与高校、科研机构未能展开充分合作，科技创新供给体系亟须加强。（5）科技创新体制机制约束较大。政府配置科技资源的能力不强，体现在省内科技支出占财政支出比重偏低，政府在科技创新的财力投入上欠缺力度。政府未能协调发挥“官产学研用”之间的交互作用，未能引导科技创新形成有效供给。（6）创新环境有待优化。湖北省整体经济发展环境、基础设施环境、政策环境以及人才环境发展向好，但人才流失严重，政府、高校、科研机构和企业都未能形成良好的创新氛围，同时对科技创新“软环境”的构建明显落后于其他科技强省。（7）科技创新成果产业化水平不高。创新产品带来的收入偏低，创新成果利用效率不高，湖北省未来需将丰富的科技成果转化为直接现实生产力，提高科技成果对经济的贡献率，加快形成科技成果产业化竞争优势。

总之，湖北省目前科技创新成果供给数量不足、供给质量不高、科技创新供给侧结构不合理、科技创新能力不强、动力不充足，反映出创新链内部发展不通畅、外部与其他链条融合度还不够高的现象，这是当前湖北省要实现科技创新供给侧高质量发展需要突破的瓶颈。

（二）创新链治理视角下湖北省科技创新供给侧发展对策

1. 创新链内部治理

当前经济发展进入新常态，科技创新也要追求高质量发展。从供给侧方面来看，湖北省应当更多地追求以前端推进创新链发展为核心方向，加大基础研究投入力度，大力开发稀缺性、关键性科学技术，重视原创性知识成果供给，提高省内自主创新能力。要围绕本省优势产业和学科建立一批重点实验室和各类研发中心，鼓励产业间、学科间互融互助，开发共性技术，延伸开发领域。创新环节衔接上要更为紧密，以提高创新链整体发展能力、优化科技资源配置为最终目标，这主要依赖产、学、研、用、金各主体间的协调发展。重点打破高校、科研机构和企业之间的人才流动限制，废除原有人才单一所有制。鼓励三者共建实验室，共同承担科研项目，更多地支持高校、企业和科研机构的合作项目。构建产业技术研究院，协调基础研究、应用研究与产品开发研究，解决共性技术和核心技术发展的瓶颈。推动湖北省区域间的技术交流与合作，鼓励产业链相异环节间的学习与互动。各级省政府和地方政府要发挥政府职能，引导科技资源配置，提供更多制度保障。重视最终成果产出，继续完善技术转移服务体系和市场科技信息平台建设，打造专业技术服务机构和团队。

2. 创新链外部治理

在与产业链的融合方面，应加大高技术产业投入，以提高高技术产业产品销售收入占省内总的生产总值比重为主要出发点，以打造更多高端特色优势产业为目标，同时带动、升级省内更多中小企业，形成产业发展的合理布局。加快科技成果转化，推进大转化工程的实施。以拥有明确战略目标的科技创新工程或企业创新计划做牵引，以分层化组织方式在政府、高校、科研机构、企业间进行成果研发，保证有效科研成果产出，并顺利对接产业发展。更多地发挥政府采购的作用，建立政府和创新主体间的研发合同制度，分阶段提供科研经费支持和分阶段采购科研成果。培育从基础研究、应用研究、创新成果研发到成果产业化应用的完整链条，系统整合省内创新资源，打造更多创新平台。

在与人才链的融合上，继续推进海内外高层次人才引进项目的实施，更加注重掌握核心技术，引进具有先进管理经验，能够引领行业发展的各类人才及团队。实行高素质科技人才累进税制改革，设置合理的科研经费标准，提高科研人员收益在科技创新收益中的比例。促进资本链与创新链的融合，应继续推广科技金融试点，对落地科技示范区的各类金融机构提供落地补贴和营收补贴，对贴息贷款的科技型企业提供贴息奖励。另外，也要完善制度体系建设，提升科技体制机制供给能力。重点建设人才流动机制、发展机制和评价机制、产学研协同机制、科技创新考核评价机制，形成湖北省科技创新制度红利。

三、归纳与小结

提升科技创新中政府的科技资源配置能力、原创性知识生产供给能力、创新环境培育供给能力、创新成果产业化能力、创新人才培养供给能力及创新体制机制供给能力，根本目标是实现科技创新成果供给增量提升和结构优化。提高科技创新成果供给能力，更加注重从供给侧角度入手去分析问题，整体遵循创新链治理思路及模式。创新链是实现科技创新供给侧高质量发展的最主要拉动力。在创新链条中，企业、高校院所、科研服务机构是打通整个创新链条的主体，是科技创新实际成果的供给者，在整个创新链中起枢纽作用。因此，要以建设完整的科技创新体系为核心，确立三者的创新主体地位，深化产学研融合。要以加快科技成果产业化作为重点，真正发挥科技的生产力作用。人才链、教育链、政策链、制度体制机制链、环境链等也是实现科技创新供给侧高质量发展的重要推动力，贯穿整个创新环节，影响创新质量和效率，因此要提升每一个链条服务于科技创新的能力。科技创新应当更加强调供给侧，当然也不能忽视需求侧。产业链、金融链、地产链、债务链是影响个别创新环节的重要因素，必须发挥这些链条对科技创新的支撑作用，早日打破科技创新的资金瓶颈、平台瓶颈、产业瓶颈等。总之，科技创新各链条应互为动力、相互驱动，形成科技创新各链条的联动机制。

第四章　科技创新供给高质量发展国际比较与借鉴

19 世纪以来，以美国为首的西方国家通过科学技术创新先后开启了四次工业革命，在一次次的产业变革与组织变迁中奠定了其在世界发展中的领先地位。通过对近百年来全球发达经济体的研究，毫无疑问，科技创新带来了新的技术变革、经济增长与全要素生产率的提高。在全球数字化与信息化的时代，对全球创新资源的有效利用即是把握了科技发展的命脉。对于全球各科技创新中心而言，创新的本质不仅仅是研究思想领域的新探索，还应当包括对社会效率的提高和已有资源新价值的发掘。国际上许多大都市都已开始积极谋划自己的科技创新之路。值得注意的是，高新科技园区的出现促进了全球科技革命的发展，带动了一系列产业的转型升级，其中最有代表性的便是美国硅谷、美国 128 公路高技术园区、日本筑波科学城、英国剑桥科学园等。为了构建新兴产业集群链以及创新生态链，加快产业聚集对经济发展的推动作用，各国及地方政府纷纷建立以科技园区、经济开发区以及高技术产业发展基地作为孕育现代制造业和战略新兴产业的摇篮。

近年来，对于国外科技园区科技资源配置的研究主要从宏观和微观两个视角进行，即政府视角和企业视角。政府层面下的研究主要集中于科技资源的投入状况、研发活动的配置、科技政策效果等角度；企业层面，主要以研发资源的优化配置为目标，对企业的资源配置优化进行研究，以提高资源配置的效果及效率。在高新科技园区发展的过程中，政府的作用至关重要。不同于中国的是，西方发达国家政府通常对科技园区都未曾专门制定科技创新政策或发展战略，反而是扮演规则制定者的角色。这一间接方式对于科技园区的发展起到了重要的推动作用。这种间接制度带来的好处，大致分为四个方面：一是人才自由流动政策的实施；二是有利于产权互动机制的转化；三是构建了信息技术自由流动的社会网络；四是有利于制定风险投资的税收和金融政策。

尤其是在风险投资方面，出现了两大新的发展趋势——风投类型的多样性和投资工具的创新性。全方面多方位的投资给予了创业者莫大的支持，新的投资工具的出现也为企业带来了新的融资机会。微观层面上，高新科技园区中的企业都善于利用极少的资源去大规模地研发和生产受市场欢迎的新产品，围绕一项或多项科研成果能够催生出许多高技术公司，如英国剑桥园的卡文迪什实验室和西普数据公司。而研究中心的集中和并购孕育了高新技术领域的集群效应，使得高新科技园区原有的新兴产业战略优先地位更加突出。由英国剑桥园衍生出的 Abcam 公司便是生物医药领域创新发展中领先的范例。

事实上，无论是欧美发达国家还是发展中的新兴国家，在科技园区产业的建设发展中，都离不开政府的积极引导作用和有效的政策激励。以美国 128 公路高技术园区为例，它是美国最重要的科技创新中心之一，毗邻麻省理工学院与哈佛大学，环绕波士顿市，遍布有 700 多家研发机构中心，被誉为“美国技术的高速公路”。而美国 128 公路高技术园区的迅速发展，离不开马萨诸塞州史上任期最长的州长迈克尔·杜卡基斯实施的经济政策的激励。这份激励主要来源于“产业政策”中对特定行业和特定公司给予财政与金融方面的支持。而其中最有效的产业政策，即鼓励和支持产学研合作，提倡工业园区多产业发展，发展交通事业。由于政府的大力支持，美国 128 公路高技术园区企业合作的财政来源多样化，并通过联邦政府建立科学与开发局，由学术界人士主导，将大批拨款用于大学的科学研究。学术界、产业界、联邦政府的相互作用和良性促进，为美国 128 公路高技术园区地区的科技创新提供了可持续性的发展动力，在三个部门的相互协调下，多业并进的转型也为创新科技的发展带来了无限可能。

从各国在创新科技方面的投入情况来看，以美国为例，美国历来重视高密度和多元化的研发投入，毫无疑问地以压倒性的技术优势居于世界科技发展之首。而奠定硅谷作为全球科技创新中心地位的条件之一，首先在于专业精英的聚集为硅谷提供了源源不断的生机和活力——斯坦福大学为硅谷孵化了大量的优秀人才和企业。同时，政府、大学和科学研发机构定期举办的一系列交流活动帮助科技创新和创业者迅速进入硅谷的人际网络，赋予了硅谷人才和企业间无处不在的广泛合作和信息共享氛围。另外，政府对于高端科技人才的一些保护政策，如宽松的劳动法规、移民法和就业法的调整，为硅谷提供了自由流动的人才资源；高度开放、尊重创造的企业文化也极大地保护了精英们的创新热情，这是目前我国的人才市场环境中所缺失的。在产业政策的调整上，作为区域性的科技创新中心，纽约在生物科学、数字信息化发展、航天领域以及纳米技术等领域都有其独特的优势，但是在科学技术的应用和专利成果的转化等方面效用不高，因此近年来，纽约政府借鉴全球发达科技园区的经验，调整了其科技创新发展战略，提出了打造以科技创新为主的“东部硅谷”战略，并于纽约罗斯福岛上建立了“康奈尔科技园区”，其目的就在于促进纽约地区科技成果的转化。

同样，为了弥补科技成果转化的短板，近年来，德国柏林市政府致力于创新创业园区的设立发展，通过与谷歌的合作，打开了全球各大科研机构、企业及风险投资公司向德国进驻的良好开端。德国的工业园区建立40年来，已拥有了规模不同、产业聚焦方向不同的科技园区和创新中心300余个，企业约1.5万家，企业的创业成功率达90%以上。科技园区和创新中心在德国也是一种相当成功的模式，集生物技术、制药、环境技术、信息技术和有机电子学于一体的海德堡科技园便是高效资源配置的典型。在支持创业方面，海德堡科技园与科研机构和商会共同发起了名为“海德堡创业伙伴”的提议，对于生物科技领域的创业活动提供一些直接的经济支持，企业也可以向“海德堡创业伙伴”直接申请房屋租赁补贴和水电减免，这就为人才储备和创业资源的汇聚打下了良好的基础。同时，海德堡科技园的建设和经营采取的是公司部门合作的形式。由企业帮助政府遴选商业前景较好的企业，用多方投资和分工协作的方式来分散风险。另外，资金问题也是一直困扰高科技中小型企业发展的因素。因此，海德堡科技园通过成立“海德堡创新与生物投资基金”专注于向生物科技和医药方面的企业进行投资资助和资金管理。以多层级的投融资体系满足企业自身的资金需求，为园区企业带来了大量的融资。不论是创新文化、资金支持还是资源协调配置方面，海德堡科技园都为园区的成员提供了有力的支持。

而今，世界范围的高新科技园区科技创新中心已逐步实行由传统化向新兴科技化发展的趋势，新一轮的科技革命和产业变革正在孕育之中。纵观全球高新科技园区，许多发达国家已逐渐形成了广泛分布、功能各异的高新科技发展网络，力求以产业集群产生的巨大的力量推动整个城市及地区的经济发展。如澳大利亚在每州都至少设立一个高新科技园区，由州政府开发和主导建设，设有科学园和各行业的技术中心，以加速当地的科研成果商品化，使得学术和科研有机结合，创造新的增长点。通过对各地区老企业的转型、新企业的培养、科研技术的提高，这些科技园区成为大学科研单位的中试基地和新兴企业的成长摇篮。

另外，大多数国家都会为本国科技研发创新发展选择合适的战略位置及战略伙伴。日本京都研究园设立在距离大阪国际机场百余公里之处，距离东京国际机场也仅仅需要 2 小时的车程，利用科技园的产业集群效应推动东京和大阪高科技产业密集发展；坐落于旧金山以南、北临斯坦福大学的硅谷以及背靠剑桥大学而立的英国剑桥科学园构建起当地研发机构、企业和政府间的桥梁，并使之相辅相成，这些著名的学府和优秀的设计创新能力能够不停地为地方及全国的产业发展输送新生力量。

从上述例子来看，全球许多著名科技园区已经开始实现从科技园区走向科技创新中心的转化。随着全球科技园区数目的迅速扩张，其聚集的研究机构、企业以及发展的产业越来越多，影响也逐步扩大，发达的科技园区已经不仅仅是为企业和研发机构提供科研产品和技术的地方，更是城市乃至国家的科技创新命脉。硅谷以及世界各地相继崛起的科技园区，在其发展方式上有很多相似之处，这些科技园区发展如此迅速的主要原因在于它们善于利用独特的区位优势，与各种创新机制相结合，在充足的人力资源条件下为企业生存与发展提供了良好环境。

第一节　美国硅谷——技术创新的发源地

作为世界上第一个高新技术园区，美国硅谷（Silicon Valley）也是目前发展最成功的高科技园区。20 世纪 70 年代，美国的西部经济实现了由追赶美国东部经济到引领美国高新技术产业的转型发展，硅谷成为发展全球电子产业和计算机产业的王国，被世人冠以“全球创新大本营”的称号。然而，20 世纪 50 年代初期，美国硅谷还仅仅是一个经济落后的农耕地带。第二次世界大战结束后，时任美国斯坦福大学工程学院院长的弗雷德·特曼教授返回西部，创建了世界上第一个工业园区——斯坦福研究园，同时发展起来的还有肖克利晶体管公司以及其分离出的英特尔公司等，社会技术的创新与发展成为硅谷以及美国乃至世界产业发展与转型的奇迹。以“硅”为材质的半导体产业的发展使得这个以“斯坦福研究园”为核心的小科技园逐步发展成美国乃至世界高新技术发展的重要技术创新发展模板。20 世纪 90 年代后，硅谷成为孕育互联网核心企业的摇篮，形成了通信、网络设备、半导体和生物科技等高科技的产业集群。半个多世纪以来，“硅谷模式”在世界各国高新技术园区和高新技术产业的发展中流行开来，成为现代高新技术产业的象征与各国争相模仿的典例。

作为当今世界最富有竞争力和创新能力的高新科技园区，硅谷如何保持它经久不衰的活力，不仅仅是靠着它早期发展的机遇，更多的是多年来不断更迭的新兴科学技术和高速发展的科研机构。从整体上来看，全球各地的科技园区虽然也为本地区或本国的经济发展带来了增长，但是与硅谷的成就相比，未免有些相形见绌。曾经有学者提出简单的“机械三合一”论，认为硅谷的成功不过是著名学府、知名企业和充足资金汇集而成的产物，然而，随着世界各国高新科技园的兴起，硅谷模式在不断被复制的同时却难以被超越，这必然不是简单的“机械三合一”因素在作祟，我们需要更多考虑到其外部环境及内部因素的多重激励作用。

一、地理条件

世界上的主要科技园区大多位于发达城市附近交通便利、科技发达的地带，在为科技园区提供安静的研究环境的同时，更方便地是提供配套的生产服务、优秀的人才以及丰富的资源。从便利的交通来看，世界上一些成功的科技园区均拥有此项基本条件。“硅谷”坐落于旧金山市的东南部，背靠太平洋海岸山脉，与旧金山湾相对。温暖湿润的地中海气候使得“硅谷”四季如春、冬暖夏凉，宽广的旧金山海湾地区堪称最理想的工作环境和居住地之一。同时，发达的通信、便利的交通，使得加利福尼亚北部的居民相比世界上其他绝大多数地方的人民拥有着较高的生活质量。

二、流动机制

硅谷是世界上高尖端人才密集度最高的地区，除了当地大学培养的优秀学士与研究生人才，硅谷包容的创新环境与文化效应吸引着全美乃至全世界的高尖端技术人才、科学院院士与工程院院士以及科技、工程、信息与数学等各领域的科学家和工程师。在境外高学历人才的聚集与流动方面，萨克森宁（1999）指出在美国境外出生的科学和工程工作者占硅谷总就业人数的1/3，其中印度人和华人占比约75%。仅2016年一年，就有2万多国际人才到硅谷创业，带来了人才、资金与创意的流动，硅谷的境外人才占比已经高达40%[1]。来自全球各地的人才，他们的文化背景和专业知识都存在较大差异，思想与技术的交流碰撞产生了新的技术与管理的创新火花，成就了硅谷科技创新的繁荣。而这些科技浪潮中的中流砥柱之力，驱动着硅谷的技术创新与更迭，同时吸引着更多的人才流动与聚集，不断地为硅谷的发展注入新鲜的血液和源源不断的活力。在世界其他地方的某些企业中，在某家公司任职过的工程师辞职后会被要求不得使用在该公司所学到的技能或资源，由此，知识等其他资源只能在本公司内流动。而在硅谷，工程师的职位不会被永远限制于自己的固有技能，他们可以凭借自己的本事向更好的公司、更高的职位流动。与此同时，知识和人才能够在硅谷的公司间自由流动。

此外，硅谷的企业都在从事世界一流技术和产品的研发、生产销售及提供配套服务。技术创新一直都是硅谷公司生存和发展的首要前提，也是在硅谷工作的每一位技术人员的追求目标。在硅谷的公司，无论其规模大小，一旦其技术和产品水平无法排到世界前三位，就必然会面临被淘汰的结局。由此，硅谷在产业升级与变迁中不断地保持科技领先地位。

三、资金供给

资金是技术提升与创新的决定因素。对于硅谷而言，美国联邦政府对硅谷的研发机构、大学和私人企业研发经费的投入成为促进硅谷关键技术

[1] 王辉耀. 国际型人才与面向未来的创新城市［J］. 中关村，2019（2）：34－36.

发展的催化剂，加快了硅谷地区的技术创新，尤其是在国防、材料与通信等战略新兴产业的基础研究与高技术科技成果应用研究方面，政府还通过采购与低息贷款等方式鼓励企业与大学联合进行创新研究。另外，硅谷银行（Silicon Valley Bank，SVB）的设立为硅谷的创新型高科技企业提供了长期、稳定的金融服务。由 SVB、SVB 资本和 SVB 全球等组成的 SVB 集团不仅负责硅谷内部的风险投资，同时在全球 4 个国家中高科技产业发达的城市（中国上海、印度孟买和班加普尔、英国伦敦以及以色列荷兹利亚）设立 5 个办公室，并与多家风险投资基金及私募股权投资基金建立了紧密的联系，为之提供银行融资服务。许多新创的、发展速度较快的新兴高科技中小企业可以凭借高利率从 SVB 迅速获得贷款，开放的金融环境为硅谷营造了良好的创业氛围。硅谷的风投公司和科技创新公司在一定程度上是同呼吸、共命运的，在各种交叉学科领域骨干精英的协作下，硅谷的创新供应链有了坚实的资金后盾。

四、知识资源

自 20 世纪五六十年代起，战争引起的美国国防工业的巨大需求从另一方面刺激了硅谷技术的更迭与发展。美国国防机构从硅谷地区所订购的半导体数量占全美半导体总产量的 2/5，企业家由此产生了投资热情，一大批金融家为以研究为基础的企业提供资金，力求利用在战争中开发的新技术。在这些高水平的大学和研发技术的双重作用下，硅谷成为高素质劳动力的聚集地和全球高新技术发展的摇篮。来自各大高校的学术推动同时也是推动硅谷经济发展的直接因素。在斯坦福大学等高校的带领下所研发出的晶体管、集成电路核心技术、微信息处理机技术等一大批技术创新成果促进了硅谷的迅速崛起。此外，硅谷的所在地还拥有加州大学伯克利分校、圣克拉拉大学和圣何塞大学等 8 所大学、10 余所专科学院及 30 余所技工学校。这些大学往往都鼓励学校教师及科研人员自主创业或是在企业中兼职，一方面可以保持学校与企业之间的联系，不仅教师可以在实践中开阔眼界和更新知识，更有助于企业和大学完成科技成果的转化对接，完善产学研协作创新机制；另一方面，成功的创业者往往也会以不菲的捐赠回馈学校。

五、政策支持

一个有活力的高科技园区想要发展起来，并不仅仅是企业和大学简单的人才和技术的更新，同时，各园区政府通过优惠政策、政府采购、研发投入等多种形式支持和促进科技园区的发展。美国政府向来都是硅谷最具有影响力的政策设计者。美国的创新发展历来遵循市场调节为主、政府干预为辅的体制，其政府部门、大学科研机构以及企业并不是处于领导与被领导的关系之下，而是一种相互补充、相辅相成的“官产学研”网络机制。1933 年美国国会颁布了《购买美国产品法》，要求美国联邦政府采购美国产品，并明确原产地规则具体界定美国产品，扶持了美国中小企业的发展。相关资料显示，2012 年美国政府给予各类中小企业 10 万美元以下的政府采购合同，通过价格优惠方式对中小企业分别给予 6%、12% 的优惠幅度，同时增加就业机会，保护特殊产业，实行对外限制等。与此同时，美国政府颁布了《中小企业技术创新法案》，利用研发抵税政策激励中小企业的研发创新，并实行宽松的人才引进机制，为吸纳国外优秀人才而实行 H-1B 签证计划；同时，完善硅谷的风险投资体系，设立中小企业局为中小企业提供信用贷款担保，利用信用担保、贴息等金融政策吸引投资者向高风险高回报的创新领域投资。另外，美国还有着完善的市场及法律保护政策，强有力的反垄断政策为企业保持了公平的竞争环境和稳定的竞争秩序。在各类政策的支持下，硅谷的中小企业如雨后春笋般拔地而起并迅速成长。

六、创新文化

硅谷最能区别于其他科技园区的地方是，它从骨子里就携带着“不同凡响”“质疑权威”“改变世界”的创新模式[1]。首先，来硅谷工作或创业的人大多具有一种不服输的叛逆思维和冒险精神，这是吸引来自世界各地的硅谷移民聚集于此的根本原因，而最具有创造力的地方往往是具有多元文化的地区。其次，硅谷宽松的创业环境使这里成为企业成长的摇篮。在硅谷没有企业会过于苛刻地计较员工是否将公司的资源变为己用，反而会

---

[1] 阿伦·拉奥（Arun Rao）. 硅谷百年史（第一版）[M]. 北京：人民邮电出版社，2014：450.

对员工之前所创办的具有潜力的新公司给予投资，甲骨文、思科和谷歌都是诞生于这种包容的创新环境之中的。

硅谷之所以成功，并不在于它为美国的经济增长做出了多少贡献，也不在于硅谷科技团队有多强大的科研能力，而在于它孕育出了许多伟大的公司，如英特尔、思科、谷歌、苹果等❶。硅谷没有发明电话和智能手机，也没有发明电脑、互联网、浏览器、社交网、集成电路或晶体管，它最大的功劳是在世界的历史进程中催化了这些企业与产品的使用和推广。硅谷的企业总是能以独到的眼光发掘世界上具有发展潜力的“颠覆性技术”，并理解和激发它们的潜能，这也是人们将硅谷称为“创新工厂”的原因所在❷。在一百多年的发展下，硅谷已经拥有了一批如IBM、谷歌、苹果、惠普等高新技术产业中的领军企业，并在政府的推进下形成了积极探索的创新文化。

第二节　日本筑波科学城——现代科技乌托邦

20世纪50年代末期，日本政府为了实现“技术立国”的目标而建立了日本筑波科学城（Scientific Town of Tsukuba）。典型的高新科技园区通常处于繁华都市，拥有完整的资金链和丰富的顾客群，有稳定的资金来源，能够为科技园的发展注入源源不断的活力。同样地，筑波科学城坐落于东京东北方向约60公里的筑波山麓，自然环境优美，占地面积广，距东京成田国际机场约40公里，交通便利，是日本发展科学技术产业的最佳选址。为了给筑波科学城营造良好的科研与生活环境，日本政府在筑波世界科技博览会后大量建设公园绿地、广场，打造了高度人性化、自然化、系统化的城市环境，为当地的交通运输、城市商贸、卫生条件、人文发展都打下了良好的基础。值得注意的是，筑波科学城不是由各类企业或大学园区自主建立，而主要是通过政府扶持而发展起来的，筑波科学城的发展资金也基本都由日本政府承担。与硅谷成长历程不同，筑波科学城的诞生可谓是

---

❶ 吴军．硅谷之谜［M］．北京：人民邮电出版社，2016.

❷ 阿伦·拉奥（Arun Rao）．硅谷百年史（第一版）［M］．北京：人民邮电出版社，2014：449.

“众星捧月”。在筑波科学城的规划、选址与筹建的全过程中，政府都竭尽所能为其出谋划策，由此使得筑波科学城无论在资金方面还是在政策方面都具有较高的起点。在之后50余年的发展建设中，筑波科学城逐步成为日本最发达的科学工业园区。筑波科学城作为日本的科技中心，为整个日本的科技振兴做出了巨大的贡献。

一、起源

20世纪50年代，为了缓解东京的压力，也为了寻求一个足以承接日本科学技术发展的载体，日本政府成立了筑波科学城，并将30%的国立科研机构都搬迁到科学园区内。封闭式远郊园区的状态已经无法满足如今的企业对于高尖端人才发展的需求，与繁华都市的结合成为科技园区吸引高尖端人才的重要手段之一。而富含城市文化的科技园区，也更有利于人才的引进与交流。同时，便利的物资运输和信息流通也为人才提供了极具吸引力的生活环境，也是近年来传统的科技园区转型的目标之一。由此，与区域中心城市和国际化都市相融合的区域优势，是科技园区转型发展和加强资源配置的有效手段。尽管日本筑波科学城仍未实现缓解东京都市压力的初衷，其人口增速远低于东京，但是截至2016年年底，筑波科学城已然拥有约20万人口、31个国立科研机构、300余个民间科研机构和企业❶，高技术产业的高质量转型发展使得筑波科学城一跃成为世界著名的科技园区之一。

事实上，筑波科学城成立之初，政府投入大量资金却并未换来理想的回报，筑波科学城的产业发展遭遇种种挫折，政府研究机构的建立速度较为缓慢，科技创新产出效率不高，筑波科学城一度被外界冠以“科学乌托邦”的戏称。筑波科学城建立后的十多年，与工业界联系较少，也不太注重科技成果的产业化与商业化，导致其实际产出并不高，尤其是高技术产业在筑波的产值比重有限，大部分产值都为农业产出，甚至很长一段时间筑波的经济主要来源为农业发展，与其“科学城”的称号严重不符。不过，日本逐步将重心转移至发展高科技产业，此前日本的高新科技产业发展基础是引进外来技术，通过引进、模仿和吸收欧美各国先进技术，日本

---

❶ 王海芸. 日本筑波科学城发展的启示研究［J］. 科技中国，2019（3）：20－27.

在第二次世界大战后的技术发展中节省了大量资金，也为其工业赶超世界水平争取了时间，从而使日本经济在短短十年内实现了成倍增长。

然而，在经历了高速扩张之后，政府主导失灵以及体制机制落后使得筑波科学城的发展开始受限，高度垂直管理模式下的日本筑波科学城逐渐显现出了它的发展弊端。日本政府所设立的综合科学技术会议由国家主管，享有科技政策的领导权，这样的管理模式减少了权力多项分割的弊端，增强了国家对科技管理体系的掌控，但同时这种模式又使得其发展活力较差，技术创新发展较为缓慢。高科技产业的主要特征之一就是高投入、高风险，科技园区的发展要求政府不仅要对园区基础设施建设投入大量资金，扶持和培育高新技术企业，而且还要积极进行改革，引导各方企业采取股份制并建立科技金融机构，为高新技术产业的发展提供多元化的融资渠道（李寿德和柯大钢，2001）。垂直管理模式也限制了研究机构与企业之间的交流，使得科研成果的产品时效性不高、应用不充分，研究人员本身的收入与其创造的价值回报联系不大，这些都极大地限制了筑波科学城的发展。

二、转型

1989 年，出于对筑波科学城发展的反思，也为了摆脱面临的发展困境，日本政府通过调整管理方式，出台新的政策，打破政府垂直管理这一模板，给予科技园区的企业更多的自主权，并通过政府、企业与大学“三螺旋结构”作用下的共同协作机制，不断研发和推广新的科学机制，通过制订新筑波计划，将发展重心转向高新技术产业，并强调从应用研究逐步转向基础研究，于是从 20 世纪 90 年代开始进入再创发展阶段。经过 30 余年的建设，筑波已经成为一个综合的研究城市，在生物医学、建筑建设与理工类研究方面齐头并进，从筑波科学城的技术研究与开发、人才与教育机构的数量上来看，成效颇为显著。2011 年，筑波科学城又迎来了新的发展契机，被日本政府定为国际战略综合特区，并进一步放宽对于筑波科学城的规章政策限制。现阶段筑波提出“面向未来推进全球化”的战略发展目标，提倡绿色发展，并大力建设基础应用研究。如今的筑波已经逐渐摆脱“科技乌托邦”的称号，由一个“先进技术的模仿者”转变为“开拓创新的引领者”，见表 4－1。

表 4－1 日本筑波科学城的公共教育、研究机构概况（截至 2016 年）

类别	主管部门	机构名称	面积（公顷）
文化教育类（7 家）	内阁府	（独）国立公文书馆筑波分馆	3
	外务省	（独）国际合作机构筑波国际中心	5
	文部科学省	国立大学法人筑波大学	258
	文部科学省	国立大学法人筑波科技大学	8
	文部科学省	大学共同利用机关法人 高能加速器研究机构	153
	文部科学省	（独）国立科学博物馆筑波地区	14
	文部科学省	（独）教师研修中心	17
建筑设计类（6 家）	总务省	NIT 服务系统研究所	22
	文部科学省	（国研）防灾科学技术研究所	27
	国土交通省	国土地理院	18
	国土交通省	国土技术政策综合研究所	146（3 家合计）
	国土交通省	（国研）土木研究所	
	国土交通省	（国研）建筑研究所	
理工类（7 家）	文部科学省	（国研）物质与材料研究机构	30
	文部科学省	（国研）宇宙航空研究开发机构	53
	经济产业者	（国研）产业技术综合研究所	140
	国土交通省	气象研究所	53（3 家合计）
	国土交通省	高层气象台	
	国土交通省	气象测量仪器检测实验中心	
	环境省	（国研）国立环境研究所	28
生物类（8 家）	厚生劳动省	（国研）医药基础・健康・营养研究所 灵长类医学研究中心	9
	厚生劳动省	（国研）医药基础・健康・营养研究所 药用植物资源研究中心	5
	文部科学省	理化学研究所筑波研究所	5
	农林水产省	农林水产技术会议事务局筑波产业合作支援中心	421（5 家合计）

续表

类别	主管部门	机构名称	面积（公顷）
生物类（8家）	农林水产省	（国研）农业食品产业技术综合研究机构	421（5家合计）
	农林水产省	（国研）国际农林水产业研究中心	
	农林水产省	（国研）森林综合研究所	
	农林水产省	横滨植物防疫所筑波农场	
共同利用类（1家）	文部科学省	研究交流中心	1
合计			1416

资料来源：筑波研究学园都市❶❷。

三、启示

日本筑波科技园区的转型发展历程，对发展中国家建设创新型科技强国有着重大的启示意义。

（1）在科技园区内，政府、企业与大学的关系应当是平等的，这是实现区域协调发展的关键所在。单一的科研机构在联系上必然会显得单薄，由政府主导的同时引入市场机制，重视基础研究，积极推动基础研究机构与应用研发机构之间的合作，落实科研成果产业化与市场化，促进科技成果的转化，加强产业链之间的流动，构建多元化的研究机构互助系统，才能在新一轮全球科技竞争中掌握更多的主动权。

（2）日本政府的高度干预使得筑波科学城的管理体制体现出浓厚的计划经济色彩。筑波科技园内的国家级研究所由政府相关部门直接管辖，园区管理也是完全由政府主导。烦琐的申请手续影响着研究所的研究效率，科研人员的研究成果与研究者的收入不直接挂钩极大地降低了科研人员的工作热情，许多企业尤其是国有企业逐步丧失竞争压力，从而导致内在激励机制的缺乏，也缺少“硅谷”中拼搏冒险的创业氛围。由于政府引导资

❶ 日本国土交通省网站。

❷ 王海芸．日本筑波科学城发展的启示研究［J］．科技中国，2019（3）：20－27.

金与人才资源大量投入在基础研究上，筑波的应用型研究发展不足、步履维艰，导致筑波科学城的科研进度和科研产值与其他世界科技园区相比大大落后，政府包办的形式下必然使得体制僵化，不利于营造良好的市场竞争与创新氛围。

（3）在研究机构和研究人员的培养和使用上，建立人才培养基地，由政府进行配置转为鼓励机构和企业自主选拔，使得企业和机构内部人员的流动性和积极性都有所提高。与美国不同，尽管日本在高等教育方面具有一定的优势，但是少子化和人口老龄化严重威胁着日本的科技发展和人才培养，并且由于性别歧视、就业不稳定和固化的教育体系问题，日本攻读博士学位的研究生正在逐渐减少，且难以就业，其学术系统中青年教员的吸收较低，教员人员老龄化趋势严重，长此以往，这种情况无疑会影响到日本国民的创新热情与创新能力。

（4）人才与环境国际化的对接是提升科技城国际竞争力的关键所在，这就要求科技城不仅要拥有国际化的设施，同时也需要营造国际化的文化氛围。2013 年，筑波科学城已经有约 2 万的科研人员，其中外国研究员超过 5000 人，分别来自中国、韩国、美国以及东南亚地区等 10 多个国家。其中来自亚洲的研究人员所占比例最大，约为 68%，北美及欧洲地区的科研人员占比为 16%，中南美洲占比达到 5%，非洲及中东地区分别占比 4.7% 和 4.2%[❶]。国际化人才的聚集不仅能加强国际间的交流，同时对于科研成果的研发与转化也有一定的促进作用。

21 世纪以来，日本已经逐渐意识到政府失灵所带来的问题，在筑波科学城的建设乃至日本全国的经济发展中不断地调整市场与政府的关系，逐步放宽规章限制，利用“产业集群计划”与“知识集群计划”开拓产业集群，支持创新型中小企业快速成长；同时，积极创建科技中介机构促进技术转移与技术营销，推动新技术和新产业的发展。此外，日本政府为博士后研究员提供稳定的工作岗位，并通过产学官协作推进促进女性研究工作者的科研活动，为研究员提供充足的科研经费支持，扩大了针对研究员评价机制的公开性和流动性，使得青年研究人员有了更多的晋升和发展空

❶ 许浩．日本筑波大学城发展经验及其启示［J］．江苏高教，2014（5）：151－153.

间，为日本的科技创新营造良好的环境条件。作为创新型国家，日本在战略制定、教育科研制度改革、人才培养和技术创新研发方面，有许多值得我们学习借鉴的地方。

第三节　韩国大德研发特区

韩国大德科技园（Daedeok Valley）被称作韩国的硅谷，1973 年成立，于 2005 年改名为大德研发特区。大德研发特区位于韩国中部腹地的忠清南道大田附近，距离韩国首都首尔约 160 千米，占地面积 27.8 平方千米，是韩国最大的新产业培育地和产学研基地。韩国曾经是一个典型的农产品出口国，第二次世界大战后开始逐步转向“科技转型”发展战略，并迅速崛起，由亚洲一跃而出，成为 20 世纪新兴工业国中一颗冉冉升起的新星。其目标是开发高尖端技术，成为培养高科技人才与新兴产业基地，加速科技成果的研发与转化，促使韩国早日跻身于发达国家的行列。韩国大德研发特区的建立象征着韩国科学技术迈向世界前沿，汇聚着韩国最顶尖的技术与人才。与其他地区相同的是，韩国大德科技园的建立也是追随着硅谷的步伐，以日本筑波科技园为蓝本，通过模仿硅谷的管理模式与先进技术，实现了由“追踪者”到“模仿者”再到“创新开拓者”的转型发展。1989 年，大德创办了第一家风险企业，掀起了大量企业家创业的浪潮，20 世纪 90 年代末期金融危机的爆发虽然引起了大量企业的破产与研究人员失业，但是从另一个角度来看，也加快了韩国企业对于国外引进技术的吸收与学习，加快了大德研发特区的重点产业由资本密集型向技术密集型转化的步伐。

一、阶段特点

韩国大德研发特区是以发展生命科学、新能源、通信、新材料等基础科学研究和国家战略新兴产业为目标，旨在为韩国经济社会的长远发展提供技术引擎并发挥重大引领带动作用。据韩国大田城市调查资料（2001 年）显示，大德研发特区的 776 家企业中，信息通信领域的风险企业约占

46%，机械制造类企业占整体比例的16%，化学领域以及生物科学、生命医疗领域各占10%[1]。大德研发特区内的研究所和大学研究院为韩国的科技发展做出了许多贡献，直到现在它的产出仍然以惊人的速度持续革新，其主导产业处于价值链上游，并且各个科研领域每年都会产出大量的前沿科技成果，如人造卫星“阿里郎”、黑猩猩基因图谱的发现以及超薄膜分析技术、动态随机存取存储器等。在韩国政府的主导下，大德研发特区形成了高度集约化的高新技术产业聚集区以及产学官研间的高度密切互动机制，并由最初的教育科研型科学园转型成为韩国最顶尖的技术研究开发特区，见表4－2。

表4－2　大德研发特区的转型历程

	第一阶段（1962—1989年）	第二阶段（1990—2004年）	第三阶段（2005年至今）
园区定位	国家级科学教育中心	教育科研与生产并重的科学园区	集产学研一体化的研究开发特区
主要职能	教育科研	教育科研、促进科技成果转化	教育科研、技术转移、科技成果产业化、风险投资、技术商业化
阶段特点	初期阶段——政府高度干预，地方产业发展较为缓慢，科技成果转化率较低	调整阶段——大量民营机构向大德科技园内搬迁，建立高科技风险企业，大德科技园开始向多元化、高科技的模式转变	发展阶段——高科技型公司数量增长、规模扩大；产学研体系逐渐完善

第一阶段（引进模仿阶段：1962—1989年），1962年韩国制订第一个经济发展五年计划，在此背景下政府领导人认识到科学技术在经济发展中的作用，开始筹备科技研究机构，1966年韩国科学技术研究所在汉城成立。随后受日本筑波科技园的影响，韩国政府在韩国中部腹地的忠清南道大田附近建立起大德研究园区。园区建立后，开始吸收引入各类高等院校

[1] 数据来源：王海卉，王兴平，李相斌．韩国大德研究开发特区探析［J］．国际城市规划，2009，23（01）：117－120.

和研究机构，并且引进模仿世界各国的先进技术和方法。经过多年的引进模仿历程，园区于 1989 年筹建并成立第一家风险企业。该企业的成立标志着大德研发特区引进模仿先进技术阶段的结束，也意味着园区发展开始走向成熟。

第二阶段（过渡转型阶段：1990—2004 年），1989 年大德研究园区第一家风险企业的成立吸引了诸多企业入驻，也刺激了企业家积极投资和创业。随着企业数量与外来投资的增加，原本引进的技术开始被消化吸收，成果逐渐在新诞生的企业中体现出来。因此，大德开始由引进模仿的发展阶段向研究开发的阶段过渡。截至 2001 年，园区聚集了 340 家风险企业，成为高科技产业的汇聚地，因而大德研究园区更名为大德谷。然而，金融危机的爆发造成了企业倒闭和大量人员失业问题，严重阻碍了园区的发展。但是，企业的减少在一定程度上降低了企业间的竞争力，更加有利于先进技术的消化吸收，因此促进了园区内企业由资金密集型向技术密集型转变。

第三阶段（研究开发阶段：2005 年至今），2005 年，为了鼓励企业和研发机构进行自主研发，并主动承担将其成果实现产业化、商业化的责任，韩国政府颁布了《大德研究开发特区法》，从而推动韩国大德谷形成以新兴产业为代表、集产学研一体化的重点研究开发特区，为韩国的科学技术发展注入新的活力。自此，园区内研究机构、高科技型公司和高科技人才数量不断增加，完成了由消化吸收向自主研究开发的过渡与转变。截至目前，韩国人造地球卫星“阿里耶 1 号”的开发、CDMA 方式的移动通信商用化以及“韩国型原子炉”等国家重点科研项目均在特区完成。到 2006 年，根据瑞士洛桑国际管理学院公布的结果显示，韩国的技术竞争力排名已升至世界第六位[1]，技术转移和科技成果商业化带来的驱动作用已经逐步显现，大德科技园区的产学研体系正逐渐完善。

二、发展模式

（一）技术发展带动产业集聚

韩国将大德研发特区建立在大学和科学研究院的密集地区，依托技术

---

[1] 崔松虎，金福子．从模仿到创新——以大德的进化过程看韩国的技术追踪之路［J］．生产力研究，2008（4）：54－55.

创新带动产业集聚发展，在最大程度上实现知识、数据信息、人才与技术的共享，并在大量科学研究机构的聚集作用下实现科技成果的快速转化，保证科技成果的高效产出。大田世博会举办后，大田市的主要生产基地第三、第四等工业区也被并入大德研发特区，这在一定程度上促进了大德研发特区与地方产业的融合。

（二）具有 R&D 基础的风险企业带动园区科技发展

美国硅谷的发展长期作为世界各国高科技园区发展的范式，因而大德研发特区学习硅谷，通过风险企业带动高科技产业和重工业的发展。作为韩国高科技产业的聚集地，大德以诸多政府研究所、民间企业研究机构及高等院校研究院为依靠，聚集了700多家具有 R&D 基础的风险企业。这些风险企业涉及范围广，基础雄厚，大部分是由相关研究机构的研究员创办，其中信息产业占比46%、环境机械占比13%、化学占比10%、生命医疗精密仪器占比10%、研究开发与服务占比8%[1]。随着园区的发展，R&D 投资不断增加，不仅带动了园区内高科技产业的进步，而且为整个韩国经济的发展创造了大量附加价值。据统计数据显示，大德研发特区的风险企业自2000年起，显著地增加了韩国的出口额，带动了韩国 GDP 的增加。同时，园区内的企业和科研机构创造了大量的就业岗位，刺激了需求[2]。可见，园区的风险企业从需求和供给两侧带动国内经济的发展，从而增加企业的经营资金和 R&D 投资，进一步促进园区高科技产业的发展。

（三）产学研间多对一互助

有硅谷与筑波科学城的发展经验在前，韩国在科技园的建设中非常重视产学研之间的紧密合作。大学是科技园区建设发展中的重要支撑因素，一方面，大学的技术研发是科技园区实现技术更替与转移的源泉，同时，能够源源不断地为科技园的发展提供优秀人才；另一方面，科技园为大学提供了技术创新与转移的场所，能够充分促进资源与技术贡献。这种相互促进的发展模式有利于技术链的转移与产业集群效应的充分利用。韩国大

---

[1] 赵大宇．北京中关村科技园区与韩国大田大德谷高新区政府规制比较［J］．制度经济学研究，2007（1）：186－207.

[2] 孙占芳．韩国大德研究开发特区发展模式探讨［J］．科技信息，2011（31）：87－88.

德科技园的周围汇聚着5所韩国最优秀的理工类大学——韩国科学技术院、韩国科学与技术大学、忠南大学、大德大学以及韩南大学。韩国科学技术院是专门进行科学研究的研究类大学，直属于韩国科学技术部，在2018年QS世界大学排名中名列世界第40位，在2014年的QS亚洲排名中名列第2位。在科技研发方面，韩国科学技术院的专利数每年占据韩国大学的专利授权总数多达40%[1]，并且在科技成果转化方面遥居韩国首位，在大德科技园的发展中扮演着不可替代的重要角色。同样，韩国科学与技术大学作为韩国顶尖级理工类大学之一，开设了许多将科技创新与经济发展结合的特色课程，如技术经济、计划管理与风险投资等，培养了许多综合型人才，帮助产学研创新体系实现对接与耦合，促进了科技成果的产业化和资本化。这些顶尖大学与科技园区之间形成了“多对一”的园区发展模式，为韩国大德研发特区的科技创新、技术转移以及科技服务和管理做出了重大贡献。

第四节　德国典型高科技产业园区研究

根据国际货币基金组织（IMF）的统计数据显示，21世纪以来德国的GDP水平一直处于世界前列，而经历第二次世界大战后的德国之所以能够快速发展成为世界经济强国，主要在于其重视高新技术的研发与高科技产业的发展，科技园区的建设在这个过程中更是发挥了至关重要的作用。受到美国和英国的挑战与启发，德国在1983年建立了第一个科学园区——西柏林革新与创新中心。虽然相比于英美等强国，德国的科技园区起步较晚，但是之后的发展非常迅速，形成了以“孵化中心”“技术园区”和“研发园区”为主要形式的科技园区，其中慕尼黑高科技工业园区、阿德勒斯霍夫高科技产业园区和海德堡科技园区比较典型。

慕尼黑高科技工业园区创建于1984年，由慕尼黑市政府和慕尼黑商会合作出资创办，位于慕尼黑的西北部，是世界十大著名高科技工业园之

[1] 数据来源：顾建平，陈鹏，李建强．韩国大德科技园区的发展及其推动技术转移的启示［J］．中国高校科技，2014（06）：58－61.

一，也是德国最为突出的鼓励高科技创业发展的科技园区。成立之初园区面积为2000平方米，由于园区发展符合高科技企业的技术创新与竞争力的提升，因此到1990年，园区面积为建园之初的2倍。慕尼黑高科技工业园区非常重视现代科技开发，以高科技跨国公司为核心，主要开发领域集中于工业产业、激光技术、纳米技术、生物技术等，作为全国高科技产业的孵化中心，先后孵化出宝马汽车公司、西门子电器公司等著名企业。此外，慕尼黑高科技工业园十分重视提升传统产业和扶持传统产业的发展。针对慕尼黑地价不断上涨、传统产业为降低成本被迫搬离市区的问题，政府在筹办园区的同时，通过降低地价的方式来扶持传统产业的发展。同时，政府出资对传统产业的从业人员进行技术培训并提升其职业技能，确保传统产业在转型中平稳发展。

海德堡科技园区创建于1985年，由海德堡市政府和莱茵奈克工商会共同投资成立，位于海德堡市大学校园及其他市区场所，占地面积达8万平方米，交通便利。园区以生物技术、生物信息学、医药技术和环境技术研究为中心，因而以生命科学中心著称。截至2016年年底，园区内拥有90多家企业和研究机构，员工2800多名，科研实力雄厚[1]。海德堡科技园区为欧洲分子生物实验室、海德堡大学高分子生物学研究中心、德国癌症研究所等多个研究中心提供灵活实用的研发实验室与基地，并与罗切医疗公司、诺尔公司、莱茵奈克生物科学研发三角地区以及另外80余家中小型生物技术和生命科学公司保持密切合作关系。

阿德勒斯霍夫高科技产业园区创建于1991年，园区面积为4.2平方千米，位于德国首都柏林东南部，生态环境良好，交通便利，周围聚集了5个高科技技术中心以及商业区、住宅区、媒体中心和公园等，地理位置优越，被称为“欧洲最现代化的科技园”“欧洲最大的综合性一体化技术园区”等。园区内以科技、经济和媒体为发展重点，拥有光电技术企业园、信息和技术媒体企业园、环境和生物技术企业园以及材料和微系统技术企业园4个高科技企业园。阿德勒斯霍夫高科技产业园区科研实力和产业基础雄厚，在光伏、信息技术、生物和材料等领域居于世界领先地位。截至

[1] 数据来源：同济大学发展研究院. 德国高科技产业园区的学习借鉴［EB/OL］.（2018－4－20）. https：//tdi. tongji. edu. cn/News_ show. asp？ id＝925.

2016年1月，数据显示园区内共有德国航空研究所、柏林洪堡大学等6所自然科学研究所，1013家研究机构，11家非大学研究机构和2个企业孵化器。企业孵化成功率高达96%，居于世界之首，并且企业产品技术含量高，园区内单位面积产值居高，是德国最成功的高科技产业园区之一[1]。

一、政府保障与政策激励

首先，政府直接参与高科技产业园区的建设，为创建和发展高科技产业园区提供资金与政策保障。自1983年以来，德国政府先后出资创建了西柏林革新与创新中心、慕尼黑高科技产业园区、海德堡科技园区和阿德勒斯霍夫高科技产业园等。为了降低传统产业在转型发展中的风险，政府积极提供技术支持和服务，降低企业用地地价和税收，通过优惠和技术创新鼓励等政策吸引高科技企业进入。德国政府还明文规定，政府投资的大学与科研机构必须积极与企业进行合作，从而加快了科技的研发速度。其次，德国政府通过联邦政府、各州政府及企业界大量投入科研经费，为科技研发提供资金支持。据统计数据显示，德国的研发经费占国内生产总值的比例一直维持一个较高的水平。即使是在财政困难的时候，研发经费仍然占比很高，这也是德国科技水平在世界居于领先地位的重要原因之一。最后，德国政府大力扶持和资助科技型中小企业。政府和各州政府致力于构建有序的市场竞争，防止垄断竞争与寡头企业的出现，从而为中小企业的发展提供良好的市场竞争环境。此外，德国政府重视产权与专利保护，对刚毕业大学生的科技成果提供申请专利的咨询和资金帮助，鼓励中小企业接纳应届毕业生，促进科技成果商业化和产业化。

二、高校协作与互补机制

世界典型的科技园区都依托于研发实力较强、特定学术领域成果显著的高等院校，通过与高等院校的合作，促进企业创新与技术研发。德国高科技产业园区也不例外，各高科技产业园以国内和世界高等院校为依托，甚至是园区创建的参与者。高校是人才培养的摇篮，是科技创新的发源

[1] 张彦莉．借鉴德国经验建设我国科技产业园［J］．高科技与产业化，2017（12）：78－82

地，没有高校的支撑，高科技产业园也如同虚设，无法发挥其真正的作用。园区之所以鼓励和倡导企业与高等院校合作互动，一方面，企业可以将学校的研发成果快速地转化为生产力并走向市场，从而提高企业的核心竞争力；另一方面，学校可以通过企业了解市场趋势，为学校科技研发和学生学习就业指导方向。

在科技园和孵化器的建设过程中，德国大部分高等院校都参与并发挥了极其重要的作用，不仅为企业的创新提供科研设备和实验室，而且很多老师也是高科技公司科研创新的骨干力量。例如，洪堡大学自 1997 年以来，6 所研究所和部分科研单位陆续进入科技园区，学校的科研设备和场所面向园区和社会免费开放，进一步加强了高校与企业的交流合作。此外，洪堡大学的毕业生会优先选择到科技园或孵化器中心从事科研工作，进而寻求创业的机会。这种大学—企业和研究院—企业的联合创办模式可以充分发挥资源的利用效率及产业规模效应，并且在此基础上培育特色创新竞争力，实现由企业间扩散到产业间的辐射力量，真正确保创新创业生态的良性循环，同时可以尽可能地避免由市场行业内部因信息不对称或不正当竞争所造成的资源耗损与浪费。

三、职能扩展与优化服务

德国高新科技园区内产业种类丰富，结构布置合理，涉及高端制造、微电子和机电、信息技术、光伏产业、材料科学、生物技术、绿色食品技术等诸多领域。而各园区的发展重点又大不相同，慕尼黑高科技工业园区以现代科技开发为主，开发领域集中于工业产业、激光技术、纳米技术、生物技术等；阿德勒斯霍夫高科技产业园区以科技、经济和媒体研究为重点，拥有 4 个高科技技术园；海德堡科技园区被称为“生命科学中心”，以生物技术、生物信息学、医药技术和环境技术研究为重点。因此，德国在传统技术和高科技技术领域实力雄厚，是世界第二大技术出口国，也是欧洲创新企业密度最高的国家。

德国高科技工业园的重要功能之一就是孵化企业，由于科技实力雄厚和政府对中小型高科技企业的扶持，企业的核心竞争力较强，因而入园的企业孵化成功率很高。据数据统计，高校、研究所等科研机构与企业的深度合作，在推动研究成果市场化方面发挥了重要作用，极大地促进了企业孵化。发展中小型企业是解决就业的有效途径。德国通过高科技产业园孵化中小型高科技企业，同时提供了大量就业岗位，如慕尼黑高科技工业园汇聚了西门子、宝马、日立等国际著名企业，为德国的就业率做出了重要的贡献，进而在经济增长方面也发挥着极其重要的作用。

四、合作机制与管理制度

德国高科技产业园区，一方面加强了企业与科研机构之间的交流合作，促进了企业的技术创新；另一方面，园区内设有专门的服务机构和完善的软硬件设施，为企业的技术创新提供了良好的外部环境。慕尼黑市政府和慕尼黑商会专门成立了慕尼黑高科技工业园区管理招商中心，对园区内的企业和有意向进入园区的企业提供全方位多层次的服务。管理中心实行现代企业管理制度，确保科技孵化楼的入住率达 80% 以上，并且定期要将园区的运作状况汇报监管会。阿德勒斯霍夫高科技产业园由 WISTA 公司统一管理，在此基础上各部门提供不同的服务。国际创业中心（OWZ）与创新和创业中心（IGZ）主要提供办公、实验和投资项目申请等直接或相关服务。凭借着园区的科研实力、区位优势以及完善的服务体系，阿德勒斯霍夫高科技产业园吸引着大量的中小型高科技企业入驻，从而为 WISTA 公司的长期经营提供了资金来源。同样作为德国成功的高科技产业园，海德堡科技园也拥有着完善的服务体系与统一的管理机构。海德堡科技园有限公司作为园区的管理者，为园内的所有企业提供全程服务与监管。此外，海德堡储蓄银行子公司与莱茵内卡房地产管理有限公司，在贷款和园区建设等方面长期与海德堡科技园有限公司保持合作。

五、风险投资及金融服务

风险投资的对象一般都是新创或者未上市的中小型企业，其凭借着充足的资本和成熟的管理经验来改善企业的治理结构，使中小企业稳健快速发展。从全球高科技产业园的发展状况来看，风险投资越完善的地方，高新技术产业化水平越高，企业的孵化成功率也随之越高；相反，风险投资较差的地方，高新技术产业发展较慢。中小企业规模和实力较弱，风险承受能力较小。因此，在完善风险投资制度的基础上，政府发挥着主体的作用。德国政府通过优惠的税收、优惠的资本投资等政策来积极参与并引导外来资本进行风险投资，由此德国的风险投资行业也得到飞速的发展。根据德国证券公司的统计数据发现，德国上市公司中有40%的公司是由风险投资发展起来的。这不仅仅是依靠德国多元化的投资机制，而且政府在此过程中发挥着重要的作用，为投资提供了良好的外部环境，这也是德国众多高科技产业园能够迅速发展的原因之一。

第五节　国际科技园区发展经验比较与借鉴

纵观上述高新科技产业园区建设发展的历史经验，我们不难发现，大学、科研机构与创新型企业已经成为建设国际化先进科技园、创新型城市乃至驱动一国战略新兴产业发展的核心竞争力所在。比较国际科技园区发展特点，分析驱动其科技创新的关键因素，以及如何借鉴这些高新科技园区的发展模式，对于我国的科技园建设具有重要启示作用。

一、明确定位，突出重点

已有经验表明，硅谷的成功是不可复制的，然而硅谷的“追随者们”早已不满足于单纯模仿的阶段，而是根据本国本地区的经济发展因地制宜，调整定位。首先，政府要明确设立科技园的发展目标，其重点是基础研究、应用研究、产业转型，还是孵化企业推动科技成果转化，对科技园未来发展方向进行明确定位、突出重点能够有效地减少资源浪费。另外，从地理位置上看，为了满足当地城市建设和产业发展的需求，科技园的选址大多位于离首都、特大城市或中心城市较近的区域。一方面，可以将城市现有的发展资源和发展要素充分利用起来，极大地提升科技园发展的效率，为科技园产业发展提供土地及劳动力等多方面的成本优势；另一方面，现代科技园大多远离城市喧嚣和拥堵地区，为了吸引人才驻留，在科技园规划过程中各管理部门都极为重视科技园周边地理环境、交通设施以及其他生活方面的基础设施建设，尽可能地为科技园的人才提供良好的生活环境。因此，政府要着重关注科技园的空间布局、土地利用等各项建设的统筹安排，避免给大都市再增添新的压力。

二、利用优势，扩大集群

在各工业园区准确定位自己的发展方向的同时，还应当注重积极发挥自身优势，与企业家、商业人才及服务部门组成人员网络，构建人才与资源之间的基础构架，建立好地方政府与企业之间的战略合作关系，将企业从约束中解放出来，更好地专注自身发展，充分利用当地资源及企业自身优势以谋求企业和当地经济生态的共同发展。另外，从国外高技术产业园区的发展经验来看，许多围绕大学园区所成立的以各类高新技术为主导的科技园，其定位不仅是由于该行业创新企业在适当条件和外界强有力的帮助下而迅速发展，更重要的是对当地高等学府以及周边优势产业的精确把握，如美国堪萨斯大学在美国国立卫生院的鼎力资助下，打造具有自身特色的生物科技产业集群，利用其在生物科学方面的独特优势，集中许多优秀人才，搭建生物科学实验室，有条件地促进生物医学类的创新研究和当地产学研间的良好合作。

目前，我国的各大科技园区大多只是依傍高校而设，实际发展中却独树一帜，产学官研缺乏紧密联系与合作关系；产业园区内各企业仅在地理空间上聚集在一起，未能形成产业规模，造成科技园产业产出效率低、资源严重浪费的情况。借鉴世界各高新科技园区的发展经验，我国各大科技园区应当充分利用当地知识与人才优势资源，因地制宜地发展具有竞争力的优势产业和创新集群，帮助企业与市场对接，打通科技成果转化的重要关节，加强产学研之间的合作，以促进大学、企业研究所的科技成果更好地转化。

三、搭好桥梁，服务创新

来自各高等学府所提供的科学技术研究机构以及技术和服务型人才是推动创新研发的核心驱动力。大学与企业之间的密切协作关系是提高技术研发与转移效率的重要组成部分。以硅谷企业与斯坦福大学的合作模式为例，尽管斯坦福大学并没有在硅谷内设立校办企业，但其师生所创办的企业的产值占硅谷总产值的50%~60%。比较各发达国家、地区的科技园发展经验，我们不难看出市场条件下催生的制度环境最适宜高技术产业的创新与发展。因此，我国政府也需要走出干预企业、政府包办的误区，充分发挥政府和市场的双重作用。

从发展策略上看，日本政府已经开始逐渐摒弃过去垂直型管理模式以及高度干预产业发展的形式，逐步放宽对科技园的规章政策限制，积极为企业营造宽松、包容的良性竞争环境。过去的经验表明，在政策的制定过程中，大多数政府更倾向于关注大型企业在地方经济发展上的推动作用，然而近年来各界政府开始逐步意识到中小企业和创业者在创新和创造就业机会中扮演着重要角色，进而不断制定和颁布新的法律法规为中小型企业的创新发展保驾护航。在融资体系上，政府一方面为企业设立多项科技援助资金，并优先支持科技创新型企业的发展，另一方面出台多项风险投资、金融、税收方面政策法规，完善和创新知识产权制度以形成有效的产权激励机制，搭建起产学官研间密切合作的桥梁，科学合理地在产业发展和技术创新上发挥政府导向作用。

四、以人为本，激励创新

高新科技园区作为整合要素资源与搭建产学研合作系统的重要平台载体，在培育创新创业人才、缓解就业压力等方面发挥重要作用，建设好高科技园区对于我国实现创新驱动的战略目标也具有重大意义。要构建完备的创新人才培养体系，坚持以人为本的原则，鼓励创新创业。加强对人才的理论教育和实践培训。鼓励高校和企业开设创新创业相关课堂培训，提升青年人才的实践能力与专业素养，同时利用对话成功企业家及案例教学分析等方式为其提供教育培训；通过实地设立大学生创业园、创办大学生创业就业培训基地等方式为在校大学生以及有创业需求的青年人才提供社会资源，打开创新创业的渠道，更好地激励青年人才进行创业活动。

在人才培育和引进上，一方面各园区需要建立及完善人才引进与培育机制，优化人才资源配置，针对园内重点产业领域引进和培育复合型高精尖创新创业人才。另一方面，政府应当出台具有竞争力的人才政策，提升人才政策的有效实施力度。目前，国内多个高新科技园区为高层次人才设定落户奖励标准，按照上一年度工薪个税额予以人才奖励，同时设立“人才特区”专项基金，用于补助人才引进和培养的各项经费支出。在人才引进与培育机制优化方面，应着重开发高技术复合型人才、青年创新型人才，以提升知识要素对地方产业的边际贡献。

五、合理分配，有效供给

在地区产业发展和空间布局上，实现要素时空上的资源优化配置是保障科技园规划有序实施、建立高效统一管理体系的重要保障。在科技建设过程中要注重大学、产业和人才的引入，初步实现人口以及其他要素资源的聚集。目前，科技园区已成为许多国家和地区用以促进产品更新换代、调整产业转型升级以及振兴区域经济和发展高科技的重要形式，它们在地区乃至国家的经济发展中扮演着不可或缺的角色。当前，我国的科技园区正在走承接跨国公司外包业务转向自主创新的转型之路，由单纯的加工制造走向创新生产之路。新产业、新业态、新模式不断涌现，促使国内传统产业园区向科技园、创新区以及生态工业园转型。

目前，我国的科技园建设中尚存在许多问题，如中小企业融资难、园区管理不善、优惠政策互相攀比、基础研究实力较薄弱、自主研发创新不强等问题。因此，在进行资源配置时，应重点突出扶持对象，构建持续、稳定的创新机制；在进行科研管理时，应致力于从制度创新着手，积极为企业和科研人员解压、松绑，给予企业更多的经费支配权、自主决策权和资源调配权，提高科技创新资源的有效供给与配置，为科研人员提供潜心研究的良好环境，让科技资源的有效配置更好地为企业创造创新活动服务。

第五章 科技创新供给
高质量发展战略研究

第一节 微观层面——供给侧主体战略

一、自主创新研发战略

在新一轮科技革命的背景下，科技成果的更新速度日益加快。单纯依靠技术引进、消化和再创新的模式很容易受到发达地区科技创新的制约。发达地区一旦垄断了核心技术，就会进入“引进—落后—再引进”的恶性循环。特别是近年来“以市场换技术”战略的效果并不明显，政府希望转移市场以换取技术，但往往只获得一些非核心技术，如20世纪80年代的上海汽车工业公司和大众汽车。作为合资企业成立的上海大众汽车有限公司，“市场换技术”政策在过去20年中并未奏效。合资企业的所有核心技术，如产品技术和规格，均由外方控制，中方没有发言权。就像一汽大众捷达（Jetta）的生产线一样，中方甚至无权移动一个螺丝。整个公司的知识产权都属于德国大众。即使在产品的推出上，大众汽车有限公司也没有拿出其核心产品，如桑塔纳车型还是德国早在20世纪60年代的车型。由此可以看出，大多数合资企业仅将中国作为生产车间和赚钱市场。

科技创新是一种知识聚合反应的结果，知识密度达到一定程度时才可能产生创新，核心技术往往就是相关知识体系中最重要的内容。同时，发达国家和地区以及跨国公司对核心技术的垄断制约了湖北省科技创新的供给能力。对于未来可能赶上但尚未具备竞争力的地区，应该建立一种纵向和深刻的科技储备意识，应该为长远利益做好准备。

（一）增加基础研究投入力度

基础研究是技术创新的总来源。一方面，基础研究促进了原始创新的萌芽，另一方面基础研究也为应用研究创新提供了理论支持。由于基础研究具有溢出效应，基础研究所形成的成果具有公共属性，不能排除他人的使用和学习，因此会为大量的应用创新提供理论依据。总的来说，政府投资支持基础研发的资金越多，新产品开发数量越会大幅增加，这说明，基础研究对提升企业创新意愿、创新能力以及企业竞争力具有重要意义。

（二）以开放性创新为原则

提倡自主创新的战略并不是要所有人都靠自己去闭门造车，而是要以自主原则为主导，充分利用全球资源的开放创新。湖北省自身教育水平高，学习能力强，对外接纳能力强，适合采用开放创新战略，积极引进人才、对外合作项目、跨国公司等，以求提高湖北省的自主创新能力。

（三）以整合创新为战略突破

集成创新本身就是产品创新与市场应用创新的结合，与原有创新相比，更贴近市场，更容易获得利润，比引进吸收创新更具有主动性。“互联网+”等相关行业就是集成创新的例子。湖北省作为制造业大省，在发展集成创新方面具有一定的优势。

（四）该战略的主要目标是提高中小企业的自主创新能力

中小企业是经济增长的重要推动力，贡献了我国70%以上的技术创新。因此，提高中小科技企业的自主创新能力，对提高湖北省整体创新供给水平具有重要意义。

二、协同创新战略

资源配置能力的缺乏制约了科技创新的有效供给能力，资源的分散是导致各技术创新主体相互封闭、缺乏信息和资源配置能力的主要因素。资源的分散主要体现在：（1）科技资源的配置是分散的、重复的。研发资金的分配是不合理的，资金的使用效率低下。（2）科技创新主体的分散与重复。企业、高校、科研机构等科技创新主体有自己的制度体系，创新凝聚力不够强，造成基础研究、应用研究、开发研究领域没有形成一个完整的产业链，导致湖北省科技创新有效供给能力受限。（3）科学仪器的分散和重复。科学仪器掌握在少数科学和技术实体中。许多创新实体没有能力也没有机会使用相关工具。很多科技设备利用率远低于发达国家。资源分散导致科技活动存在封闭性。在高校、企业、企业之间合作少、竞争多的情况下，这种分散化的科技创新体系使得科技高端领域和前沿领域难以形成合力，进而延缓了科技创新的进度。协同创新战略符合当下“合作代替竞争”的趋势。协同创新不同于自主创新的协调合作，也有别于引进—消化—再吸收模式下的知识技术等创新要素的整合，本质上协同创新战略是实现科技创新主体间的信息分享，使资源配置更有效率，从而提升科技创新有效供给能力。

协同创新战略的主要方式有以下几种。

（一）在科技实体之间建立创新的战略联盟

战略联盟由高校、科研机构、企业等组织组成。联盟的目标是提高技术创新能力，建立一个具有协同发展、利益共享和互补性的创新组织。联盟有利于引导创新要素集中靠拢，整合相关行业的创新资源，推动产业结构升级，促进集成化创新，实现科研与实践的结合和加快科技创新成果产业化的步伐；实现各类创新资源之间的配置优化；优化人才培养模式、推动技术革新与进步创新。该战略包括企业间的合作与创新、企业与高校、科研院所的合作等。鼓励湖北省企业、大学和科研机构建立创新战略联盟。目前产学研紧密互动的创新战略联盟还较少，学术界与产业界的互动不多，要多鼓励企业与高校研究机构以各种形式建立创新合作和联盟，进而提升湖北省科技创新供给质量和创新成果转化的效率。

（二）利用虚拟网络进行研发创新

虚拟研发中心是一种完善的网络组织结构，是组织、人力、技术、信息等资源的有效整合。虚拟组织的概念渗透到科研机构中，形成了一种新的研发模式。它是由多个独立的科研机构、大学和企业组成的网络结构，在一定时期内，为某种目的而形成动态联盟。[1] 除了与其他实体建立创新

---

[1] 梁长娟，朱克海．虚拟研发中心——汽车研发的新模式［J］．大众科技，2006（3）：54－56.

联盟外，传统企业还可以利用互联网技术实现协同创新，突破时空限制，提高创新效率。像如今的科技巨头公司，都是在自身控制核心技术的情况下，将一些项目或技术的研究通过外包和许可协议等形式，委托给其他主体进行研发。随着当今计算机网络和通信技术的发展，这些公司开始通过组合相应的虚拟研究网络来分享它们的知识、技术、方法和经验，而不必依赖于建立创新联盟等会议讨论和人员交流等传统手段实现。而不同于建立联盟的沟通与合作的对象是有限的，虚拟网络较为灵活。虚拟网络研发允许企业根据市场的需要和研发的需要，与不同专业的科研主体进行合作。

1. 虚拟网络的研究与开发对提高湖北省创新供给能力起着重要作用，主要体现在以下几个方面。

（1）组织结构是灵活的。虚拟网络的研究与开发一般采用平行化管理的组织，缩短了信息发布的时间，加快了决策的速度，信息的交流更加及时。同时，这种更快的响应可以根据市场需求的变化快速发展，以适应市场的变化。

（2）知识集成虚拟化。虚拟 R&D 本身属于一种合作组织，涉及企业中个人利益较少，可以避免因调整而引起的人员变动。虚拟网络研发本身也是一个信息共享平台，为各级各类人才提供不断学习和交流的机会，有利于科技人才的培养和探索。

（3）合理的时间资源分配。传统的研发机构按时间顺序进行研发，而虚拟网络研发活动基本上是平行的。其研发活动充分利用了数字技术并行操作，缩短了开发时间，加快了创新的速度。湖北省在科技创新方面，也像许多跨国公司一样推出了“24 小时开发”战略，即利用虚拟网络研发，利用世界范围内的科技资源，根据不同地区的具体情况，实施 24 小时不间断地发展一个研发项目，缩短开发周期，提高创新效率。此外，在这一组织结构下，必须将科研主体与使用者联系起来，使整个创新链从阶段性基础研究向应用研究再到技术发展转变，最终实现工业化在各个阶段的交叉、反馈和相互促进，使研发成果更加市场化，有利于科技成果的转化和产业化。

（4）降低研发成本。在虚拟网络的发展中，研发所需的资金由参与协同创新的各方共同筹集，研发投入的主体多样化，共担研发成本。同时，也有利于拓宽资金渠道，降低后续研发所需资金的融资成本。

（5）降低研发创新的风险。在虚拟网络的发展中，每个实体在其自身的优势领域开展合作，并且可以实现“1+1>2”的协同作用。其综合优势提高了技术创新的效率和成功率，降低了研发创新的风险；资源共享减少了反复创新带来的人力和物力等研发资源的浪费，提高了创新资源的使用效率。在虚拟研究与开发中，利用不同区域、不同领域单元的优势，共同收集信息，降低了信息不完全所造成的决策风险。

案例：温州虚拟技术研发中心

改革开放以来，浙江温州的经济实力一直处于中国城市的前列。当温州大量民营企业的资产超过1000万元时，新的发展主要集中在科技上，技术创新能力尤为重要，如当地优越的工业电器、复杂性汽车零部件等，也迫切需要技术创新，但由于地方科研基础薄弱，高校科研水平不高，温州提高创新能力遇到阻碍。

在此背景下，温州市政府推动了温州虚拟技术研究开发中心的建立，并邀请了华中科技大学、武汉理工大学、中国皮革制鞋研究院等数十家知名学校及行业研究机构。通过该平台，温州等地区的技术需求有了保障，实现了紧密对接。中国皮革制鞋研究院与当地日泰鞋业公司合作，在温州设立虚拟研发中心，解决了温州制鞋企业苯及其同类产品的危害和环境污染问题。实践证明，该方法具有投资少、选择性强、灵活性强等优点，提高了地方创新效率。

2. 虚拟研发策略有以下两种模式。

（1）单主体虚拟网络研发。单主体虚拟网络研究与开发是指研发组织存在于企业内部，常见的是跨国公司内部的虚拟研发组织。随着经济全球化的步伐，跨国公司将根据不同的需求市场在不同的地区开展研发活动，整合不同地区跨国公司的研发资源和成果显得越来越重要。

（2）多主体虚拟网络研发。多主体虚拟网络研发是指与多个实体的网络研发联盟，以计算机网络作为联盟手段和合同协议的保证。该组织通常由一个占主导地位的企业领导，负责制定网络研究和开发过程中的规则。

虚拟网络研发的战略重点放在具有传统优势的规模经济产业上，如汽车工业和钢铁工业。由于这些行业规模庞大，一些企业具有国有企业背景，并且往往具有复杂的管理系统。长期的制度约束导致信息传播和决策进展缓慢，严重影响了创新的效率。这个问题可以在虚拟网络开发下解决。因此，湖北省应把重点放在传统重工业上，在战略方向上，以汽车工业为例，汽车工业的网络化研究和发展应关注新能源技术、无人驾驶技术、发动机、变速箱等核心技术的研究与开发等未来趋势领域。

（三）创新链、产业链、资金链之间的协作联动

创新实体之间的合作可以集中创新因素，在科技成果产业化过程中，更是有必要在创新链、产业链和资金链中相互合作，使科研产品能够顺利流入市场。目前，湖北省三链一体化存在的问题为：（1）不完善的资金链导致创新链断开。首先是高校、科研机构的资金基本来源于政府的科研基金，研发成果基本上对基金负责，而不是市场。研发过程基本不与市场沟通，使科研成果与应用脱节，难以转化。其次，从企业的角度来看，虽然企业的创新意识在逐步提高，但湖北省的科技资源主要分布在高校，校企合作不多，获取资金渠道匮乏，发展创新风险大，导致许多企业灰心丧气。（2）创新链的脱节导致产业链的断裂，导致大量研究成果被搁置，科技创新长期得不到支撑。（3）产业链的断裂导致了资本链的崩溃。核心技术长期受控制，尤其是处于产业链低端的行业、利润低、公司资金链紧张，并且无法及时向创新链注入资金，阻碍创新活动的运作。

案例：飞利浦电子公司，2007 年在全球 28 个国家有生产基地。相关资料显示其每年在新技术研发上投资达到了 17 亿欧元[1]，其知识产权组合包括专利 8 万多项和无数的研发成果。在“医疗科技”“机电、器械、能源”和“计量”等技术领域成果丰富，申请专利数都高居行业榜首。为了实现科研成果的产业化，2014 年前后飞利浦电子公司推出了以下战略。

（1）各个产品的事业部出资实验室研究经费的 2/3，剩下的 1/3 由总公司支付。这样做的目的是使实验室科学家能够与各产品部门密切沟通，使实验室项目符合市场化的要求。当实验室的研发成果不符合市场要求，或者结果不佳时，就会影响企业对新技术研发的兴趣和资金支持。在这种资金配置模式下，市场需求和研究紧密结合，实验室自主研发和技术商业化的需求也很明显。

（2）设立业务发展官（CDO），派驻各个实验室，主要负责评估新科

---

[1] 数据来源：飞利浦 万豪敦 做一家敏捷的大公司［J］. 商学院，2012（11）：65.

技成果的转化、新技术的销售、推广和其他业务，并发挥研发部门和产品部门的中介作用。例如，德国化学公司（Merck）计划发展一种发光聚合体用在显示器当中，飞利浦电子公司的CDO得知后，就将实验室发展出来的聚合体技术转移给Merck公司，从而为实验室带来了巨大的收益。

（3）研发资金的分配与实验室产品市场的盈利能力有关。

结合飞利浦电子公司的情况，我们可以看到，要使创新链、产业链和资金链紧密结合，首先要确定创新主体的定位。企业作为技术创新的主体，应该联合大学和研究机构一起进行技术创新。具体来说，在创新链的关键环节，如创新研发项目的建立、成果的接受等，企业可以通过融资和配置的方式加入早期研发过程，充分发挥市场的作用，增强市场在创新过程中的发言权。还有就是创新资本注入模式创新。一个项目的财政支持从无偿转为持股经营或者间接参与，扩大社会资金，形成创新以市场为导向的发展。

三、关键技术长期培养战略——以核心技术为创新基点

关键技术的缺乏也是湖北省乃至中国科技创新供给方面存在的主要问题。核心技术是支撑产品甚至是行业的关键部分。核心技术的优势是不可复制的，具有较强的主动性，且大多数情况下无法购买。例如，在过去DVD行业的发展中，当时DVD制定的标准是SONY、飞利浦等跨国企业，国内DVD整体处于加工业状态。核心技术由国外研发公司控制。21世纪以来国产DVD就不断面临着各种专利集团的挑战，像飞利浦、SONY、先锋，法国的IC以及EMPEG提出向国产DVD收费，所有专利费平均下来达到了10美元，几乎占到产品成本的大部分❶，在巨额专利费的压力下，国产DVD产业的价格优势和市场竞争力明显下降。在缺乏核心技术的情况下，国产DVD的专利成本已成为企业无法形容的痛苦。

再比如，像我国光伏产业的生产能力远远超过目前的需求，生产过程中的重要原料多晶硅大多在四川省生产，但由于我国没有多晶硅的生产核心技术，该技术被国外垄断，导致生产成本和质量不如国外，从而使整个

---

❶ 数据来源：东方新闻．专利费再“咬”中国 每台DVD专利费高达十美元［EB/OL］．(2014-3-13)．http：//news.eastday.com/eastday/news/news/node4944/node14473/userobject1ai121160.html

产业链受到其他国家的制约。又比如，芯片制造业中，加工精度的芯片制造业的核心设备基本上完全由荷兰的阿斯麦公司（ASML）提供。阿斯麦公司是唯一的高端光刻机生产商，每台售价至少 1 亿美元，但产量极低，2017 年只生产了 12 台。虽然日本佳能也生产光刻机，但技术远不及 ASML，只能在低端市场占有一席之地。在芯片制造方面，三星（Samsung）或英特尔（Intel），谁首先购买了 ASML 的光刻机，谁就能率先生产 7nm 规格的芯片。

案例：2018 年 4 月 16 日，美国商务部正式宣布了对中兴通讯的制裁。将禁止与中兴通讯的任何业务，包括软件、技术、芯片和其他零部件的销售，这对中兴通讯来说是毁灭性的打击。如果没有美国供应商的支持，从电信设备到智能手机都将受到严重影响。

从中兴通讯的危机中可以看出，由于通信行业缺乏核心技术，整个产品市场的供应链已经被打破。要解决这些问题，必须依靠自主创新，特别是原始的创新能力和核心技术的研发。核心技术的自主研发不仅可以加强相关产业本身的创新供给，还可以保证产业供应链的安全，保证自主性。因此，有必要建立一个具有自主知识产权核心技术的现代产业体系，掌握竞争和发展的主动权，解开附在产业链“脖子”上的致命绳索。

四、实施知识产权战略

知识产权战略是指通过不断提高创造、管理、实施和保护知识的能力，不断改进相关体系。面对国内外竞争市场，实施区域知识产权能力是一个地区利用知识产权制度，合理配置各种技术、人才和科技资源，谋求长远发展，为创新体系建立更加有效的保障机制，为科技创新提供更好的创新制度环境的重要措施，也是建立良好的创新体系的重要措施。知识产权战略是国家的基础。发达国家特别重视知识产权战略。为了保护自己在世界上的地位，美国采取了一些重要措施来加强对知识产权的保护和管理。

首先，美国重视知识产权权益分配保护知识产权所有者的利益，从而大力推动技术转让和传播、扩大自身高科技产业化，法律规定专利要颁给第一个专利发明人，而不是给第一个专利申请人。其次，在贸易上大力发展专利贸易，并以此战略来阻碍别国商品进入美国市场，并为美国商品占领国外市场提供方便。据美国专利商标局统计，专利转让收入一直是 IBM

公司增长最快的利润来源之一。2000 年 IBM 的总利润为 81 亿美元，而专利转让就占了 17 亿美元[1]。美国还收集发展中国家的知识产权侵权事实，研究和要求地方保护知识产权，禁止或者限制其发展来保障自身高新技术不外溢，进而保障自己的利益。发达国家实施知识产权战略使它们占据了科学技术的制高点。

在当今知识经济的背景下，拥有知识产权是占据高科技制高点的关键。20 世纪 90 年代中期，大唐电信通过自主创新在程控电话交换和光传输领域拥有大量核心技术，但由于缺乏知识产权保护意识，竞争对手大量引入大唐的核心技术人才，由于大唐没有申请相关专利，技术优势随着科技人才的流失而外溢。当时，企业进行自主研发的积极性受到很大的打击。随后，在 3G 信息产业的发展中，大唐电信开始重视创新成果的保护，从一开始就实施了核心技术专利战略。

知识产权战略可以提高科技创新的供给能力，主要表现在：（1）为技术创新注入新的动力。首先，在强调知识产权的领域，可以提高高校科研机构的知识创造能力，通过知识产权的引导作用，鼓励和引导高校科技人员从事专利技术的研究和开发，加强专利保护，加强专利申请人权益保护，促进专利技术产业化。其次，实施区域知识产权战略可以增强企业的技术创新能力。企业技术创新是科技创新供给的重要组成部分。通过实施知识产权战略，可以增强湖北省企业的知识产权意识，激发企业进行创新的动力。（2）促进信息共享。根据世界知识产权组织的统计，全球 90%以上的最新发明和创新的相关信息可以在相关的专利文件和平台上查询。规范知识产权体系，可以更多地共享知识，从而提高科研活动的效率。（3）降低创新成本。在科研活动中，通过查阅相关专利文献以获取相关知识，可以避免重复研究，缩短研究时间，节省研究经费。同时，专利已经过了专利保护期就可以免费使用，因此，利用知识产权信息可以缩短创新周期，大大降低创新成本。

知识产权战略的分类包括：（1）防守型战略。这种战略下，企业在自身核心专利周围设置内容相似的专利组成专利网，防御他人对自己基本专

---

[1] 美国知识产权战略的特点与启示［J］. 中国发明与专利，2009（2）：34－36.

利的攻击；又或者在他人基本专利外围设置专利网，来减少他人基本专利的控制权，通过防御措施，保证自己在对手猛烈的攻势下保有自己的市场。(2) 进攻型战略。企业先发制人，通过不惜余力的研发新产品、新市场，来获得更多的发展机遇。像华为2018年研发5G投入达到了153亿美元，占全年收入的14%。也正是因为每年坚持巨额的研发投入，这种进攻战略使得华为拥有了2160个5G SEP（标准必要）专利，5G专利占比超过了20%，最终在5G市场一骑绝尘[1]。（3）虚实结合的知识产权战略。国外很多企业在自身还未形成创新成果的时候，就通过在其周围设置知识产权专利网，实际上以知识产权为名控制创新成果。湖北省内创新主体应该在实践中借鉴以上方法。

具体而言，知识产权战略的具体内容有：（1）增强对区域知识产权的保护意识，组织大规模多元化、针对性强的宣传普及工作，增强企业、高校、科研机构合理运用知识产权进行创新和维护利益的能力，营造一个有利于创新的社会氛围和机制环境。(2) 在知识的创造和运用以及保护过程中，加快构建知识产权管理体系，目的是构建湖北省区域自身的知识产权优势。(3) 加快区域知识产权信息化系统和平台的建设，建立不同行业的专利数据库，完善相关专利的数据和信息，以此来提高湖北省的专利信息利用水平，为湖北省的科技创新提供有力的信息支撑。（4）加强知识产权战略研究，对湖北省自身知识产权基础能力和现状要有清晰的认知，并对发达地区以及国家知识产权发展动向进行跟踪，并借鉴其适合湖北省的经验。

五、标准化战略

标准化是在产品、技术和市场上建立一个完整、稳定的框架，使相关行业的技术要求能够统一。当今世界的竞争已经从资本竞争转向技术竞争，再转向技术标准的竞争，已有“一流企业销售标准，二流企业销售技术，三流企业销售产品”的说法。技术标准化为供给方创新提供了新的动力。随着工业技术的飞速发展，技术标准的创新也越来越快。当技术研发和

[1] 数据来源：新浪财经．凭什么华为手机和5G业务全球领先？［EB/OL］.（2019－4－29）. http://finance.sina.com.cn/stock/relnews/us/2019－04－29/doc－ihvhiqax5775990.shtml.

知识产权专利布局未完成时，谁控制了技术标准，谁就可以成为行业的“领头羊”和相关产业标准的制定者，进而成为最终赢家。因此，为了实现利润最大化，企业必须进行技术创新，突破现有技术标准，成为行业技术标准的制定者。

实施标准化战略，可以在提高供给方科技创新能力的过程中降低风险。由于市场上实行自动选择机制，在这种选择机制下使市场收益最大化的技术最终能够形成行业技术标准，其他标准在竞争中会被淘汰，被淘汰的这些技术标准实际上是浪费资源。因此，培养创新主体形成良好的技术标准，可以在一定程度上降低创新带来的风险和不确定性。

据相关数据统计，湖北省主导或者参与制定的行业级标准已经突破1000项，国家级标准达300项以上，团体（联盟）标准100项以上。其中2012—2015年，湖北省参与制定或者修订的国家标准137项，其中参与制定标准91项，参与修订标准46项。[1] 国家标准制定的参与率逐年下降，而且标准制定和修订的参与者大多集中在传统的金属和设备制造业，大部分来自传统的国有企业，全省平均每年只有8项参与标准的制定和修订。总体而言，湖北省在高新技术新兴产业国家标准制定中话语权不足，湖北省中小企业和高校的创新能力有待提高。要优先发展具有一定优势和基础的湖北省高新技术产业，努力掌握技术标准的主动权，建立湖北省的技术标准体系。

标准化战略的内容主要有：（1）直接引进和使用国内外先进技术标准。（2）组建技术标准战略联盟。建立企业间技术标准联盟，充分发挥各自的优势，确定相关行业的技术标准。例如，深圳LED标准联盟和佛山顺德的“冷凝式热水器技术”等标准都是通过该地区产业集群的优势建立起来的。（3）自主研发替代标准战略。使用国外技术标准会受制于他人的规则。可以以自身庞大的市场为支撑，研发自己的替代标准而不受制于国外标准。（4）专利输出战略。通过技术转让，加快研发成本的回收，拓展技术使用领域，提高市场占有率，为日后制定行业标准赢得发言权。

六、精简研发战略——科技创新的新趋势

R&D创新本身是一项高度专业化的活动，需要大量的资源，创新成果

---

[1] 左杰，薛德泳，肖婷．浅谈如何提高标准建设水平——以湖北省2012—2015年数据为例［J］．科技创业月刊，2017（13）．

的市场化需要很长时间，失败的风险也很高，研发效益也难以衡量。许多公司错误地认为，研发支出越高，试验和错误越多，他们最终越可能会带来重大创新。在这一概念下，企业很难制定一个有效的模型来提高 R&D 产出的效率。

传统的大型企业主张为自身发展创新，牢牢把握这些成就的专利，保持市场地位。同时，企业也积极投入基础研究，积累未来产品所需的核心技术能力。在这一理念下，许多企业每年投入大量的研发资金，这确实保证了它们的市场地位，但是这种方式对于中小科技企业来说难以企及，并且这种方式下的研发效率和实际收益并不高。

例如，施乐公司是一家自主研发的技术公司，尽管该公司在加利福尼亚州的 PARC 实验室已经产生了许多划时代的创新，如世界上第一台由施乐公司开发的商用自动复印机。但其后大多数成果无法得到有效的应用，反倒是苹果（Apple）、太阳微计算机等公司引用 PARC 的创新成果，促进了信息行业的发展，苹果公司的 Macintosh、微软的 Windows 操作系统的开发技术都来自施乐公司研发“奥托”机器。像一些新创的知名公司 Adobe、3Com 等都是施乐的研发人员离职创业成立的。

回顾施乐公司的战略，当然也存在管理不善的问题，但前期的研发工作投入了大量资金，导致了企业市场化步伐缓慢，员工创新观念难以实现。今天的创新环境发生了巨大的变化，员工的高流动性，天使资金的不断扩张以及高度活跃的技术市场逐渐成为一种易于获取的商品。施乐公司并未意识到这一变化，仍在投入巨额资金，失败是不可避免的。

当今，在日益大众化、多元化发展的时代，企业自身的资源是有限的。如何以最少的研发投入获得更多的创新成果，是以科技创新为导向的企业面临的挑战，也是精简研发的理念。精简研发的原则是开放式创新，研发资源和创新理念并非完全来自企业内部，企业本身只集中在一个领域。具体来说，主要有：（1）OEM 模式。即制造代加工，为了增加其资源配置的创新能力，尽量减少对固定资产的投资，企业不进行生产，而是让其他企业进行特许贴牌生产。通过这种方式，公司只需要支付加工费就可以在技术研发上投入更多资源。（2）ODM 模式。企业并不主导产品概念，但当客户向 ODM 服务提供商提出产品功能和概念后，企业就会将想象转化为现实，这样可以节省企业自身的研发时间。（3）OBM 模式。即代工厂自行成立品牌进行研发、生产、销售。

大多数实施精简研发的公司都使用外部研发资源，如大学、研究机构、供应商、金融机构和技术中介机构，以最大限度地提高整体研发成果的市场价值。具体做法包括以下内容。

（1）在世界范围内寻找创新来源，不再将研发视为纯粹的内部活动。

像宝洁公司，过去一度依赖其内部的7500名研发人员来开发公司几乎所有的新产品。2000年，宝洁公司只有10%的创新来自外部。而截至2009年，宝洁超过55%的创新成果来源于外部市场。为此，该公司成立了53个技术调查组，在世界各地寻找可能的创新来源。在运行不到2年的时间里，宝洁就收集到全球各地3700多种方案，研发能力提高了60%，而创新成本下降了20%。[1]

（2）通过并购获取新技术。

（3）鼓励所有内部员工进行创新和创业。激励内部员工进行创新，公司提供创新奖励制度，鼓励员工与其他现有市场进行创新，通过商业化推动新业务。[2]

七、企业构建基于互联网开放式创新平台战略

在全球最大的100家企业里，目前已经有60家企业的主要收入源自互联网平台模式，其中包括苹果、谷歌、微软等知名的科技公司，还有中国的阿里巴巴、百度、腾讯、人人网等公司。互联网创新平台不仅聚集创新力量，共享创新资源，促进利益主体间形成稳定的创新网络，而且还可以：（1）实现创新信息和资源共享，避免不同创新主体将创新资源投入到相同的科技领域。有了完善的信息平台支持，可以适时掌握城市圈内外部的信息资源，从而有效地根据信息资源进行动态化的研发创新的调整。（2）组织剩余生产力，激活存量。基于互联网的创新平台能有效地利用分布在世界各地的无限资源为企业所用，达到剩余生产力的重新组合。只要通过有效的协作，这种业余活动可以产生比内部专业研发更大的力量。（3）有利于创新信息的收集、筛选、评价。在互联网平台下，没有上下级

[1] 陈楠．宝洁：以网络带动开放式创新［J］．商务周刊，2009（12）．

[2] 刘长勇．科技创新与竞争力：构建自主创新能力［M］．北京：科学出版社．2006.

的分层，传统的意见领袖不存在，大部分人都可以自由发表观点。（4）提高创新绩效。通过购买、联合开发等方式，企业能以最快的速度获取先进技术，节省创新成本。

基于互联网的创新平台一般有：（1）开源社区。由一群兴趣相同的人组建，以公布软件源代码为主的自建网络平台，常见的有 Linux、Alpha 等。（2）开放性的知识平台。自组织分布式写作系统，用户可以随时编写、完善知识库，如百度百科、维基百科等。（3）虚拟知识中介。以促进供求双方知识和创意相匹配为目的，而不直接参与创新活动，比较知名的有 Zooppa、InnoCentive 等平台。（4）企业创新平台。企业创新平台是以提升企业创新能力为目的的，通过吸引各类科研资源、市场需求者等为自身产品提供创新服务的网络平台。

案例：海尔集团入选了 2018 年全球创新公司中国榜单的 TOP10，是唯一入选的家电企业，也是第三次被评为全球最有创新力的企业。其中 HOPE 是海尔创新服务的重要平台，2009 年成立的 HOPE，最初是海尔成立的一个创新团队，目前已经发展成一套独立的开放式创新服务平台，吸引了包括高校科研人员、相关领域专家、创客、消费者等 10 多万人参与，所有参与者均可在平台上发布创新需求、提出解决方案、组建创新团队。目前，每年能解决各类创新课题 500 多个，支持新产品数量 60 多个。创新增值 20 亿元，创新网络覆盖技术领域 100 多个[1]。依靠 HOPE 平台，海尔大大缩短了研发的周期，节约了大量的创新成本，激发了创新活力，实现创新供给和需求及时、精准的匹配。

第二节　中观层面——产业战略层面

区域主导产业的选择和不同产业的创新战略选择，与湖北省经济结构的调整和变化以及科技创新能力密切相关。由于资源稀缺，企业和大学科研机构不可能将所有科技资源应用于某一领域或涉及太多领域，这不仅会

---

[1] 数据来源：http//hope. haier. com/.

导致科技创新效率低下，而且还会使创新受到抑制。因此在选择主导产业和产业创新战略时，应遵循以下一些战略原则。

一、比较优势发展战略

要提高科技创新的供给能力，主要选择围绕提高高新技术产业竞争力的科技创新领域。优势发展战略是指对该地区具有比较优势的产业和技术创新领域给予关键支持。知识聚集的结果是，当知识存量和密度达到一定程度时，就有可能产生创新，具有比较优势的产业和科技领域的知识体系更加完善，知识密度更高，从而更容易加强对主导领域的支持，改善相关领域的科技创新供给。同时，进一步加强优势领域的创新和发展，可以为科技创新供给带来积极的外在动力。

具体内容如下：（1）劳动力比较优势，具有代表性的就是格兰仕公司通过中国劳动力市场的成本优势吸引大量国外企业与其合作，最终在规模效应下不仅掌握了微波炉等核心技术，还成为该行业的领军者。（2）政策优势。包括中央政策倾斜和地方政府的政策导向，例如，中共中央政府设立深圳经济特区、雄安新区等，还有各地方政府出台的各种奖励和优惠政策。（3）科技资源优势。像北京市、湖北省、广东省都依据自身强大的科教优势吸引许多企业和研究院与其合作。（4）产业发展优势。像深圳作为一个创新的源地，向全国提供设计、标准、研发成果，并已经涌现出一批像华为、中兴、腾讯、比亚迪、华大基因这样很有活力的创新型企业。（5）区位优势。我国东部地区像江浙沪一带本身沿海，可以吸引更多的国外资源，在信息流通上也处于优势，而中部湖北、重庆等省市则可以依托交通枢纽的辐射效应，提升产业发展优势。

二、后发优势战略

后发优势战略是强调区域同时推进各个次产业的科技创新，后发优势的重点是顺应当代科技和产业的潮流，具有前瞻性地在技术和知识信息密集型产业进行科技创新研发，实现跨越式发展。后发优势战略是利用发达地区已知的科技创新成果和知识体系，在其基础上进行再创新，本质上属于一种创新要素整合。由于前期高新产业属于技术知识密集型产业，其科学研究需要付出比传统的劳动密集型产业更多的成本，该战略下利用现有知识体系进行二次创新，不仅可以降低研发成本，还能更快地形成相关产业的创新成果。

像IBM公司在半导体工艺的研发中投入了大量的科研经费，形成的大量研发成果也的确巩固了IBM公司在半导体行业中的技术领先地位。同时，IBM曾投入大量的资金和制造厂商合作研发12英寸芯片制造技术，来锁定制造厂商开发由IBM所制定的工艺规格的设备，当然IBM首先从厂商中获得了这一套设备，不过设备制造商为了盈利，必须扩大生产规模和销售数量，几个月后英特尔就在市场上获得了类似的制造设备，尽管英特尔在新工艺技术的研发上落后IBM长达近一年的时间，但由于其节省了前期大量的新技术的研发费用，而使得英特尔能将研发费用更多地投入在提高生产效率和能力的研发中，这种快速跟进、利用后发优势的战略使得英特尔的产品成本更低，在市场上更具有优势。

当时IBM投入大量资金进行研发，并且与IC设备厂商合作推动重大技术创新，不过这些由公司注入大量经费所产生的研发结果，却由于知识无法避免外溢的现象让英特尔这种后发的快速跟随者占到了便宜。后发优势的创新理念就是“先行者能做到的我也能做到，但产品质量要比你好，成本要比你低，市场要比你大”。

具体内容如下：（1）持续改良创新。改良创新并不能简单地理解为模仿创新，而是在国外原始创新的基础上结合当地情况进行二次创新。由于创新的成果的适用性受到科技资源、发展现状等因素的限制，在这种模式下，根据当地的科技情况禀赋、市场需求等，在原基础上结合当地实际情况进行改良创新，从而使得新的创新成果在当地的应用和产业化转换更加有效率。（2）持续替代创新。跟随者采取不同的技术路径研发新技术，来代替原有技术的战略。像平面显示器技术中，从普通CRT到纯平CRT，到液晶LCD、等离子等；从15英寸到17英寸再到19英寸，从TFT到IPS，等等。（3）跨越式创新战略。在现有的科技市场中具有优势的地区已经占据大量的市场份额以及相关科技资源，后进地区的科技企业难以取代领先者的地位，后进企业瞄准那些未来市场高技术发展的制高点，在新能源、生物技术、信息技术等高技术领域重点突破，利用高技术跨越发展推进产业升级，在科技领域实现“弯道超车”。像上面例子中，平面显示技术基本上都由索尼、NEC等跨国公司垄断，持续在该领域创新很难，但在立体屏幕等新领域中的市场仍很大。比亚迪汽车公司，没有选择在燃油发动机上继续研发，而是在新能源电动汽车上实现了跨越式发展，这就实现了“弯道超车”。

三、差异化战略

区域创新发展中，由于区域内各地方的科技资源禀赋不同，经济发展不同，所以并不是意味着创新要“齐步走，同方向”，而是在选择产业发展时要结合各地的实际情况，选择适合自身发展战略的产业，最大限度地发挥科技资源的作用，提高科技创新资源配置使用的效率，来推动当地科技创新有效供给能力的提升。

具体体现在以下几点。（1）优化科技资源的配置，提升创新效率。像高梯度的地区，比如说武汉的人力资源成本昂贵，土地资源等成本也更高，在传统制造业的竞争中没有优势。但这些地区在资本、信息、市场、科技体系等重要的创新资源上优势明显，因此，瞄准“高精尖”领域，或者相关科技中介服务体系上推动原始创新的发展才是这些地区的优势所在。而中梯度区域像湖北省的宜昌、襄阳等地，在一些产业已经有所成就，但仍处于产业的成长阶段，技术不够成熟、体系不够完善，需要通过产品创新来进行改进，全面推进技术领域创新。低梯度区域的机会在于承接成熟阶段的产业，即引进成熟的产业进入当地，创新的方向应该是对产业进行改造来提高竞争力，注重在生产过程或者价值链重要环节的创新，以发挥现有技术的最大潜能。例如，现在很多人到日本买感冒药，实际上药品原料都是从中国进口，但日本药品的口味更多，包装更好，做工更精致，消费者更愿意购买，这充分说明并不是市场需求不足，而是供给不力。

（2）优化人才资源的配置。高梯度的区域创新发展要集中在“高精尖”领域，必然要求更多的高尖人才的支撑。要推动湖北省从世界分工中的价值链低端走向中高端，依赖于创新能力由模仿转向并行领跑，就要将武汉市建立成全球创新中心。这一趋势也会让更多的高尖人才流入，最大限度发挥其能力。中梯度区域的产业发展仍属于技术密集型产业，这就需要大量的高层次人才支撑。主要体现在两个方面：一是技术改进支撑，对现有技术改进和完善；二是技术转化支撑，这一过程包括对后续的技术开发、成果市场化等活动。低梯度区域需要高技能人才支撑。当一些先进的制造业成为低梯度区域的经济重要支撑时，简单劳动逐渐被机械化生产线代替，高技能人才成为生产线的主要劳动者，因此在低梯度区域引进、培育一批高技能人才才是重中之重。

吴贵生等（2007）根据科技发展特征、经济和科技水平将我国分为六大特征区域[1]：（1）领先型。经济和科技水平都领先，这个区域内大体的战略方向是加强自身优势地位，补短板，加强国家重大基础研究，发挥龙头作用。（2）产业带动型。科技水平落后于经济水平，战略方向是注重对产业本身的基础研究和注重技术创新吸收。（3）中游发展型。有一定的经济和科技基础，但是关联不紧密，成果产业化水平低，重点是应用型研究和其产业化。（4）科技超前型。科研能力超过经济水平，基础研究和应用研究都很强，但一般都有很大比重属于国防领域，战略方向是推进军用技术与民用共享。（5）经济科技都落后型。战略的重点是突出当地特色，加快经济发展的同时，进行当地具有优势的科学研究。（6）自然资源型。经济科技落后，但是自然资源丰富，战略方向是依托资源发展资源导向产业，并促进相关产业的科技研究。湖北省各地可以借鉴上述特征，对号入座地选择差异化的发展战略。

四、龙头带动战略

龙头带动战略就是围绕产业结构中各行业的龙头企业需求，结合其产业的存量基础，以核心品牌、行业需求特征、高技术水平为标准进行重点扶持，加强行业中龙头企业的科技创新供给能力，借此推动全行业的科技创新供给水平。从理论上来讲，一般龙头企业在创新中具有以下优势：（1）创新资源要素优势。龙头企业一般是在行业中规模大、实力强的企业，其自身所具有的人才、资金、科技资产都在同行业中处于领先地位。（2）更快地响应创新驱动发展战略。一般来说，行业中的龙头企业一般与政府的联系较紧密，也多为国企或者是政企共建，在政府响应国家创新驱动发展战略的时候，这些行业龙头企业能够更快地响应政府的号召。

推动龙头企业的科技创新能力，可以利用龙头企业在行业中协作引领、产品辐射、技术示范、知识输出和营销网络等方面的核心作用来推动

---

[1] 吴贵生，魏守华，徐建国．区域科技论［M］．北京：清华大学出版社，2007：178，199.

行业的创新能力提升❶。具体体现在：（1）龙头企业建立创新资源上的外部性。龙头企业为保证自身竞争优势，会在人才培训、教育和知识传播等基础设施上投资来提升创新能力，而这些科技创新要素可能在行业的其他企业中流动，间接地提升了其他企业的科技创新要素水平。在创新网络合作上，增加了其他企业进行科技创新的机会和科技成果产业化的可能性，从而改善了其他企业的创新能力。（2）龙头企业的知识扩散效应。龙头企业在产业中不仅仅是创新知识的来源，同时依托自身优势，龙头企业也成了行业内接收外部新技术和知识的“看门人”。知识的扩散效应除了通过企业间相互联系实现外，还可以通过人才流动、信息平台的传播等途径来实现。知识溢出，一方面提高了知识本身的价值，丰富了科技创新所需要的知识积累，增加了知识运用的价值，进而降低了企业创新时的风险；另一方面优化了企业的投入和管理，进而提升科技创新的效率。（3）龙头企业在竞争机制下的带动效应。产业中其他企业为了保证其竞争力不得不跟随龙头企业进行创新，龙头企业积极地参与创新，降低了产业中其他企业新技术失败的风险，增强了产业内其他企业创新的动机。产业内其他企业为了分担研发的风险，会寻求龙头企业的支持和帮助。除了与龙头企业形成创新联盟外，还可以通过模仿创新获得间接的支持，也就是说，龙头企业的创新活动往往会成为产业内其他企业的模仿创新对象。（4）市场机制下推动产业链上下游的创新。在市场中，龙头企业往往“做什么都很挑剔”，不仅在企业内部要求严格，而且对其供应商等合作者的要求也很苛刻，当龙头企业一旦使用了新的技术或标准，为了获得龙头企业的青睐，上下游企业也必然进行创新来让自己的技术水准达到龙头企业的需求。Nijdam 和 Langen（2003）以荷兰海运为例进行了说明，该产业中一些海上作业和捕捞的企业在世界上拥有领先地位，它们苛刻的需求也激发了当地供应商的不断创新，不久之后，这些进行创新的供应商凭借先进的技术在国际市场占据了有利地位，使得荷兰整个海运行业产业链都在世界瞩目❷。

---

❶ 发挥龙头企业在中小企业创新发展中的带动作用［EB/OL］.［2017－4－27］http：//xh. xhby. net/mp3/pc.

❷ Nijdam，M. H. & Langen. Leader firma in the Dutch Maritime Cluster［C］Paper presented at the ERSA 2003 Congress，Erasmus University Rotterdam，2003，P. w. de.

像四川省、湖南省、湖北省都曾是我国重要的产业基地，但是由于观念、模式的滞后，导致产业发展遇到瓶颈，甚至有些产业已经明显滞后。湖北省要实施好龙头带动战略，选择在各行业中规模大、有特点、能够拉动集群效应的企业进行重点创新支持，加强对龙头企业的培育。根据湖北省的创新及产业现状，结合前文提到的产业内的其他战略，具体战略内容有以下几点：（1）在制造行业，以汽车行业为龙头，以东风汽车为汽车行业的龙头企业，依托东风汽车研究中心、华中科技大学、武汉理工大学等，结合自身优势，将汽车产业的科技创新放在电动汽车、动力电池和高技术规格的零部件的研发上。（2）在材料行业中，将重点放在传统产能改造，以宝武钢铁集团为龙头，依托武汉科技大学、武汉冶金所等产业研究资源，将创新研发的重点放在高分子材料、纳米材料、磁性材料、耐火材料等，即在传统行业中应该加快产业链高端化、高技术化的步伐。（3）在高新技术行业中，应该结合湖北省“一芯驱动”的产业发展战略，以光电、生物和医药为特色的高新技术产业，以长飞公司、武汉邮科院为龙头企业的光电行业，依托武汉光谷的光电子产业基地，将重点放在网络计算机产品、智能控制、光电子设备半导体等项目上；以亿瑞诺、马应龙、中联药业等生物技术方面的龙头企业为重点，依托葛店国家生物技术与新医药产业基地高新开发区，将创新研发重点放在关键的共性技术、制药新工艺、大型疾病预防疫苗、抗体药物等项目上；以宝武钢铁集团、大冶钢铁集团等为新技术新能源产业的龙头，依托国家火炬计划武汉新材料产业基地等，将研究重点放在有机高分子、新型材料、纳米技术及应用等领域。

第三节　宏观层面——区域战略

一、融入全球科技创新网络战略

融入全球创新网络战略意味着湖北企业不仅要“走出去”，而且要全面提升其在科技创新领域的影响力。整合全球技术创新战略是经济全球化和资源配置国际化的必然要求。战略的主要内容如下：第一，加强对国际科技产业和市场发展趋势的长期研究，以获取更多的科技信息；第二，加强潜在出口地区和国家在地方优势技术领域的科技创新研究，在技术产出的指导下带动产品和资本的出口。

（一）“走出去”战略

鼓励有条件的企业“走出去”，支持企业整合和利用全球科技创新资源、全球资金和人才，通过直接投资建立海外研发机构，利用并购、收购等方式获取全球创新资源，开展全球合作和全球业务，建立满足行业需求的全球创新协作网络。

根据2018年统计数据[1]，我国2018年对外净投资额1598.3亿美元，位居全球第3，主要集中在租赁和商务服务业、制造业、批发和零售业、采矿业上，在科学研究和技术服务业上的投资为11.2亿美元，仅仅占到了总额的0.9%；在存量市场上为216.8亿美元，也仅仅占到了1.2%。有2.55万家境内投资者在外投资，从事跨国经营和在外设立企业的数量达到了3.92万家。

根据美国经济学家弗农（R. Vernon）的研究，吸引国外投资与对外投资的比例，发达国家为1∶1.14，发展中国家为1∶（0.13～0.15）[2]。湖北省的对外投资总额为115 104百万美元，吸引外资总额（以实际使用总额为准）为10 990百万美元，吸引外资和对外投资的比例小于0.1[3]，不仅低于发达国家水平，甚至还没有达到发展中国家的水平。著名经济学家林毅夫教授认为，在一个国家的人均GDP达到2000美元时，就应该调整其产业结构，把过剩的生产力转移到国外，2018年湖北省人均GDP达到了10 080美元[4]，但对外投资的规模仍然不大。

对比我国东部发达省份中，2017年全年广东省对外投资存量1897.1亿美元，浙江省为983.9亿美元，江苏省为403.2亿美元，山东省为477.9亿美元。海外企业数量上，广东省拥有境外企业6860家，浙江省为4295

---

[1] 数据来源：商务部、统计局和外汇局联合发布的《2018年度中国对外直接投资统计公报》，第3～4页。

[2] 潘思谕．广西企业跨国经营存在的问题与对策研究［J］．广西大学学报（哲学社会科学版），2009，31（01）：26－35.

[3] 数据来源：《湖北省统计局发布的2018年湖北省统计年鉴》

[4] 数据来源：《湖北省统计局发布的2018年湖北省统计年鉴》

家，江苏省为3591家，山东省为2688家，湖北省仅有574家[1]。与我国发达地区相比，湖北省在“走出去”战略方面仍有很大的潜力。

1. 并购获取科技创新能力成长战略

在许多行业中，单枪匹马的研究和开发维持创新能力的成本比以往任何时候都更加困难。专利知识和科技资源、企业创新文化等是提高科技创新能力的关键因素。即使在今天，随着全球劳动分工越来越多，每个创新要素的独立性也越来越强。为提高科技创新能力，企业有必要通过兼并收购等方式获取创新所需的各种重要资源。

案例：金风科技是国内最早的风电新能源技术设备研发和制造的企业，业务已经遍布6大洲的近20个国家和地区，公司入选“全球最具创新力企业50强”。但该公司的核心零部件的工艺技术、变流器等关键技术缺失，使得金风科技前期风电设备的销售集中在1.0MK的小容量低级市场上，而VENSYES公司长期专注于直驱永磁技术的研发，但该企业为大学的研发小组组建，没有制造能力。2008年，金风科技以4215万欧元正式收购该公司70%的股份。通过收购，金风科技掌握了直驱永磁技术的所有权，成为中国第一家具备自主研发设计能力的风电科技企业，截至2017年，凭借直驱永磁技术，金风科技在风电行业的市场份额排名前三。并购前，金风科技仅拥有专利10项；而并购后，专利数量指数增长，2017年已经拥有1335项专利技术。

并购前，金风科技的生产销售都是基于集成组装模式，技术附加值低，没有技术的自主研发能力；而并购后，通过VENSYS的技术研发能力和企业本身的市场和生产能力相结合，金风科技成为全球风电技术领域的领军者。

企业选择并购有两种方式。

一是横向并购。横向并购是指两个或更多生产和销售相同或类似产品的公司之间的合并和收购。这种并购方式有助于增加被收购企业的知识资本、技术等创新要素，得到更多的行业内核心要素，促进行业创新活动。

---

[1] 数据来源：商务部、统计局和外汇局联合发布的《2018年度中国对外直接投资统计公报》，第28~44页。

收购更集中在研发密集型目标公司，这是企业获得其他公司技术创新要素的最快途径。浙江康恩贝制药股份有限公司于2014年收购贵州拜特制药有限公司，是典型的横向收购。康恩贝公司是一家集药品研发、生产、销售的医药企业，拜特公司是集药品研发、生产和销售于一体的中药制药企业。2014年4月，康恩贝出资9.945亿元收购贵州拜特制药51%的股权，在2015年6月又以9.555亿元收购剩余的49%股权，实行全面控股。此次收购源于拜特公司的丹参川芎嗪注射液。该药主要用于治疗心脑血管疾病。但是，由于拜特公司规模小，且不同地区存在地方保护，拜特公司很难获得贵州以外的研发资源和市场信息。康恩贝公司收购后，依托丹参川芎嗪注射液，结合原天宝宁、麝香通心滴丸产品，整合康恩贝在心脑血管领域的资源和知识，依托大品牌的网络优势，提高企业在心血管领域的研发能力和技术创新能力。拜特公司在植物药方面的优势也可以弥补康恩贝在植物药方面的空缺，提升了公司在研发和技术创新方面的抗风险能力。

二是纵向并购，又称垂直并购，是指生产过程或经营环节相互衔接、密切联系的企业之间，或者具有纵向协作关系的专业化企业之间的并购。这种方式可以有效地使产业链的上游和下游内部化，有利于知识和技术在上下游之间的流通，降低交易成本，促进产业间的创新活动，促进科技成果产业化和市场化的顺利进行。

案例：FPGA是一种新型的电脑数据处理器，性能远高于CPU。微软曾表示，在数据处理中心里，将使用FPGA代替CPU处理器。近些年来，FPGA的概念越来越多的出现，常见的应用就是在比特币上。FPGA在先进工艺上的不断进化也带来了一些挑战。一方面，进入14nm阶段后，FPGA的复杂程度不断提升，这就对外围的电源管理等芯片提出了“与时俱进”的要求；另一方面在FPGA取代CPU的过程中，需要突破的最大障碍就是互联问题，即如何与传统架构相匹配，帮助FPGA迅速地推向市场。

Altera是生产FPGA的企业巨头。14nm的FPGA技术对电源精度要求更高，而一般电源超过规范的要求导会致FPGA失效，Altera跨界收购了一家Enpirion电源公司，半年后，Altera推出二者联姻的首款产品，推出了结合FPGA和相关产品链电源产品的参考设计。

这款产品的创新整合了控制器、高频功率场效电晶体以及数个电感器，不仅可满足 FPGA 电源动态表现需求，还在系统方面具有很多优势，提高了系统的可靠性，降低了生命周期成本。

此次 Altera 公司纵向收购主要是由于开发 FPGA 的工程师一般比较擅长数字电路方面的设计和开发，而在模拟电源方面的相关专业知识比较缺乏，当 Altera 公司通过整合 Enpirion 电源公司的资源后，二者合力创新研发出了方便、高效、全面的产品。企业在纵向并购时，利用计算机和互联网技术，在最大范围进行研发资源优化，可以实现公司内部资源共享和信息的流通，最大限度地发挥公司内部资源的作用。

2. *海外设立研发机构*

在国外区域开拓市场和建立 R&D 机构，在更大的市场范围内与其他企业相互学习模仿和技术创新的竞争，这样不仅可以促进省内企业获取更大的市场份额，提升自己的创新动机，同时充分利用当地的人才资源、信息资源等科技资源来推进湖北省企业科技创新研究，还能快速掌握企业相关产业最新的科技创新动态，利用新技术的溢出效应，发挥尾随者优势。近年来许多省份的企业纷纷“走出去”，在海外开拓市场，并建立研发中心来培养企业自身的技术创新能力。发达国家非常重视通过海外研发机构积极申请海外专利，1945—1990 年，美国政府授予外国居民专利占总专利的比例由 8.2% 增加到 19.9%。像富士通，2011 年申请专利项目达到 460 件，其中就有 200 件来自中国的研发中心。[1] 再例如我国的联想、海尔、华为等企业纷纷在科技发达地区建立研发机构，以便充分利用发达地区的资源追踪世界先进技术和创新。

湖北省相关部门应该鼓励省内一些科研机构和当地企业到一些技术密集和人才聚集地区设立 R&D 机构。这样既方便引进相关技术利于科技创新，又使得当地的人才资源为省内企业科技创新所用。

（二）鼓励“引进来”

引进各类国际人才、风险投资等，鼓励跨国公司和研究机构在湖北省设立技术研发中心，结合外资、技术、人才和市场资源，发挥国际优质资

[1] 廖春．论跨国公司研发（R&D）的国际化趋势对我国政策的影响［J］．内蒙古财经学院学报，2003，（4）．

源对战略性新兴产业发展的引领作用。通过“走出去”“引进来”，促进创新创业要素的双向流动。根据2018年统计数据❶，广东省外商投资企业数为135 869家，外商投资企业投资总额达到了1 762 227百万美元；浙江省外商投资企业数为37 422家，外商投资企业投资总额为373 415百万美元；江苏省外商投资企业数为58 577家，外商投资企业投资总额为965 819百万美元。而湖北省外商投资企业数为10 962家，外商投资企业投资总额为115 104百万美元，通过对比可以看出湖北省与科技发达地区的差距还是很大的。

1. 充分利用跨国公司的知识溢出效应

一方面，跨国公司带来资金、设备、人才等资源；另一方面，跨国公司在对外直接投资过程中，通过技术转移和溢出效应，对相关产业的技术创新产生了积极的影响。具体来说：（1）引进先进产品和工艺，高效的使用能提升当地的产业技术水平。（2）引进了高效先进的管理方法。（3）研发与开发能力开始大幅提高❷。（4）创新意识的提升，开始重视创新，重视人才的培养。

2. 高端拉动战略

高端拉动战略是指充分利用湖北省现有的科技教育资源，吸引国家科研项目、国际化高科技人才、技术支持等重要创新要素，来增强湖北省吸引优质科技资源的能力。具体思路如下：充分鼓励湖北省光电及信息技术、生物技术产品检测等国家级重点实验室申报国家级科研项目；依托省内各类科学研究院、华中科技大学、武汉理工大学等高等院校培育各类高科技人才，依托湖北省强大的教育资源吸引国内外人才和科技资源。加强国家级和省级工程（技术）研究中心、工程实验室、重点实验室、企业技术中心的建设。鼓励和引导各类创新服务机构的发展，将湖北省建设成具有高起点、前沿性成果不断增长的优势科技区域；鼓励教育机构、科研机构与国际接轨，积极引进国家级、国际化的高端项目，以科研为中心，拉动科研基础建设，带动相关衍生项目的进行，使科教资源辐射面更广，全面发掘湖北省科技创新市场，提高科教资源的存量运用效率。

---

❶ 数据来源于国家统计局发布的《2018中国统计年鉴》。

❷ 江小涓．中国的外资经济对增长、结构升级和竞争力的贡献［J］．中国社会科学，2002（06）：4－14，204.

3. 赶超型人才战略

赶超型人才战略是指旨在赶超先进区域所采取的实用性强的相关人才引进、培养、使用等方面的政策、方针的总称。像国外如韩国、菲律宾都是采取这种人才战略，国内广东省、浙江省等。是这些采取赶超型人才战略的区域的共同特点是在经济快速发展的同时在一部分产业形成一定的基础，甚至部分行业已经可以与发达国家相媲美，且在教育体系和人才市场上也比较完善，人均教育投入较高，区域内普遍重视教育，拥有大量海归人才回流。综观湖北省实情，人才培养体系不够完善，总体科技实力与发达地区相比还有很大差距，人才战略的实施仍然是来自政府的政策力量而非市场自身选择。

创新性人才战略内容包括：（1）创新性人才的引进战略。采取该战略的区域由于人才培养体系不完善，很多高端人才自身难以培养出来，需要依靠发达地区的科教力量实现，因此在人才引进方面主要依靠区域自身的优势或者相关人才政策来吸引国内外高层次人才。（2）创新性人才的培养战略。主要依靠企业自身培养及高校培养创新型人才，通过产学研以及相关行业技术联盟共同培养各层次的专业人才。（3）留住人才。吸引和培养人才可以增加人才储备来帮助提高科技创新供给能力，但是留住人才、锁定人才才是满足科技创新供给能力可持续发展的动因。人才的流失会比引进人才的影响更大。人才的流失往往伴随着吸引、培养该人才所付出的心血付诸东流，不仅对当前科技创新供给能力有影响，而且会打击未来引进、培养人才的积极性。因此，这就需要建立完善的人才保障体系。

具体的战略模式有产业导向型人才战略模式和科技导向型人才战略模式。

产业导向型人才战略，一般是围绕产业发展的不同阶段进行人才部署。在该人才战略下，让人才发展和产业发展相结合，充分吸收目前和未来当地产业升级和创新演变中的人力资源，提高相关行业的创新供给能力，提升相关产业的竞争优势，进而又可以通过该产业的竞争优势反哺科技人才，吸引更多的科技人才流入。该战略模式，核心是改进湖北省产业创新状况和聚集相关产业创新发展以及相关创新服务产业的人才资源，形成相关产业创新领域的人才比较优势。湖北省可以利用自身具有比较优势的产业，通过引进高层次科技人才，结合产业基础优势提升产业创新供给能力，提升相关产业的生产效率，形成产业的竞争优势。而具有竞争优势的产业能吸引更多的科技人才等创新要素的流入，进而可以加快产业升级和科技创新供给，形成良性循环。

科研导向型人才战略，不同于产业导向引进培养原有产业科技人才，其以新兴科研项目为基础，以科研为中心，围绕科学研究不断获取和创造知识，随后将这些知识和创新运用到科研当中，围绕科研项目形成知识投入、知识转化到科技创新的循环过程，既可以完成科研项目，达到培养人才的目的。科研导向型人才战略模式的核心是人才和项目以及其他服务中介要素的最佳组合，主要是通过人才发挥其主观能动性和创造力获得知识成果、专利项目以及科研项目。

二、市场推动战略

科技创新的根源是科学领域的研究，要想科技推动创新，创新主体在拥有一定的技术和知识的积累外，还需要发掘科技创新带来经济价值。科技成果的转化实质上就是科技成果实现其商业价值的过程。湖北省的科技创新成果产业化的能力较低，制约着湖北省科技创新供给能力，一方面是由于科研人员更多考虑科研活动的学术价值而忽略科技产出市场化要求，另一方面湖北省的企业在核心技术研发上能力不足，导致科技成果与产业化之间断层。市场推动战略下就要求利用市场机制推动科技创新成果产业化能力的提升。具体内容有：培育企业的科技创新成果转换意识；通过推动行业开放式发展，加强行业竞争性，迫使企业进行创新；通过部署高科技园区，加强建立科技行业的中介服务体系，使科技创新成果产业化能够在质和量上都有较大突破。

（一）创新本土化战略

当今全球化背景下，世界各地的企业逐渐实施全球化经营战略，尤其是跨国公司，其研发和开发的投入逐年增加。我国国内贵州省、云南省、青海省等西南地区也成为企业 R&D 投资的新热点。以贵州省为例，根据国家统计局数据[1]，2011 年贵州省 R&D 经费仅为 275 217 万元，2017 年达

[1] 数据来源于国家统计局发布的《2018 中国统计年鉴》。

到了 648 576 万元，这 6 年间增加了 135.66%；云南省 2011 年 R&D 经费为 299 279 万元，2017 年为 885 588 万元，增幅更是达到了 195.91%。一些跨地区企业和跨国公司的开发战略目前正向这些地方渗透。近年来，这些地区的研发机构数量也在不断增加。通过上面的分析可以看出，企业可以通过创新本土化战略，入驻一些具有发展潜力的地区，弥补当地的创新发展不平衡。创新本土化具体做法包括以下几点。

（1）生产销售本土化。企业针对当地市场的需求，从研发生产到销售服务全部在当地完成，形成一个“当地完结”的企业模式，有利于获得更多的当地市场反馈，降低科技创新失败的风险。企业瞄准当地市场后，提供完整的产品与服务，会赢得口碑和市场占有率，当企业获得的市场反馈越来越多时，捕捉到市场的信息就会越多，在新技术研发时也就能够更好地贴合市场需求。

（2）研发本土化。利用当地资源进行研发，加快创新成果产业化的速度。像 LG，2002 年在北京设立了大型尖端技术研发中心，研究中心不仅负责研究当地市场的产品研发，还负责 LG 全球领域的电子产品研发。在研发力度上，每年的研发费用达到了销售额的 5%。2007 年 LG 中国公司投资支出为 34.5 亿元，其中 18.9 亿元全部用于研发投入[1]，LG 用于当地研发方面费用上总支出的比例之高是其他电子企业难以企及的。

（3）人力资源本土化。人才本土化战略可以降低企业成本，少去了外派人员的高额津贴，还能利用所在地区的低工资优点，以低于母公司所在地的标准但高于本土工资标准来吸引高质量人才。在跨国公司经营中，这种战略应用得比较多。像 LG 中国公司，38 000 余名员工中，有 98% 是中国员工，管理层本土化的比重也接近 80%[2]。

另外，创新本土化最大的好处就是可以根据本土市场需求的变化，及时与当地战略技术联盟进行联合创新，加快研发的速度，缩短创新研发的周期。

---

[1] 数据来源：顾非．强调“价值创造”——LG 电子部署 07 攻略［J］．电器，2007（2）：46－47.

[2] 数据来源：网易科技．LG 电子，“中国家电公敌”［EB/OL］．（2007－05－17）．https：//tech.163.com/07/0517/13/3EMS8VJD000925CD.html.

（二）战略性新兴行业

科技创新供给方的研究和开发应适应市场的需求和发展方向，不能是无头苍蝇。供给方战略方向的发展应以科技创新和市场需求为导向。技术创新的动力很大程度上归功于市场的需求。技术发展的意义在于为人类服务，服务于各个行业，发展和扩大行业。利用技术创新促进产业创新，因此创新的方向必须适合人们未来的发展方向和需求，如果人们在这些方面的需求不断下降，这些行业将会萎缩和下降，因此工业创新的根本动力是人的需要，科技创新应突出市场需求导向。战略性新兴产业是以新技术与新产业的结合为基础的，能够为社会创造新的需求，推动产业结构的转型和升级。战略性新兴产业，作为未来发展的方向，市场需求将越来越大。目前，战略性新兴产业的发展已上升到国家战略层面，国家对其投资的力度也越来越大。

部署战略新兴产业，不仅可以帮助湖北省加快产业结构的升级，也可以缓解湖北省科技产业低端复制供给现象，提高科技创新供给质量。具体来说，可以从以下几点入手：（1）促进湖北省在光电信息产业、高端装备制造和核心中心材料、数字化船舶产业规模领域发展，完善相关产业链，扩大产业集群等。（2）抓好战略性新兴产业的发展，利用东湖高新技术示范区和湖北“一芯两带三区”发展战略带来重大机遇，整合相关科技资源，将创新要素聚集在新兴产业中，促进新兴产业的集约创新和发展。

（三）减少无用创新，抓住市场的本质需求

无用创新即这类项目在技术上是可以实现的，但是商业模式不成立，需要巨额资金支持，但又与市场的本质需求难以对接，导致这类创新“食之无味，弃之可惜”。通常这类创新都忽视市场需求，像近些年来智能家电行业的发展迅猛，但是真正创新的成果却难以达到用户的本质需求，出现了一些无用智能家居产品，如智能存钱罐，当今时代，现金使用频率越来越低，智能存钱罐本身就是逆市场的创新产品，结果就是销量低，企业没有利润，难以维持生产线，最后被淘汰。许多产品都借风口，希望以“智能”的噱头卖个高价，而非真正掌握市场需求进行研发。

无用创新本身会占用大量的科研资源，而那些重视市场的科技创新企业，却得不到应有的支持，没有充分的资本和资源，也不得不顺应这种无用创新“赚快钱”，最终在市场上被当作劣币而遭到驱逐。

案例：水氢汽车——是创新突破，还是巨额骗补？

2018 年，“加水就能跑的水氢发动机汽车”引起业内一片哗然。这款汽车由青年汽车企业研发，前后申请专利多达22 项。水氢发动机，是用氧化铝和水，通过催化剂产生氢气，继而成为汽车的动力。这种技术的确属于创新成果，但是创新成果却难以市场化，这种化学反应中的催化剂和氧化铝的成本非常高，导致整体的使用成本达到了正常燃油车的3 ~5 倍。一个用水比用油还贵的项目，在市场上自然难以推广。据不完全统计，这个项目使用各个地方的投资高达 300 多亿元，而且项目基本都烂尾。这个项目到底是骗补还是拥有光明的前景还不清晰，但是目前来看，巨额资金的确推动了成果的研发，但是却与市场的本质需求相悖，这种创新成果占据了大量的研发资源，并且未来也不确定。

可以看出在减少无用创新上，创新主体要以市场本质需求为核心，创新也需要一个中立、负责任、有前瞻性的监管体系来防止那些被粉饰包装的无用创新，从而提高科技资源的利用效率。

三、集群式创新战略——产业集群促进战略

在全球高度分工的背景下，独家企业要想独立形成完善的创新链，必须具备全面的创新能力与充足的创新资源，而一般的中小企业则很难做到。所以科技型中小企业要提升自身的创新能力，不仅仅只依赖于自身创新能力的提升，而且越来越多地依赖其所处产业的产业链创新能力的整体提升。以形成产业集群为途径的集群式创新可以实现中小型科技企业的创新能力集成，提升整体创新链的创新能力，并逐渐提升中小型科技企业的创新能力。

产业集群，即由一个个分工明确、互相补充的经济体组成的集群网络，在产业集群化下，企业具有规模经济效应、互相产生的正的外部性，具有资源获取、市场效率等优势。区域创新能力与其产业集群密切相关，主要体现在：（1）产业集群使得企业集中在一个地区，加强市场竞争的同时，也迫使企业加快了科技创新的步伐，或者为了将同质化的产品转为差异化竞争而进行开发创新。（2）在产业集群区企业间的联系较为频繁，知识和技术的溢出效应会让其他企业受益，促进行业中其他企业的技术进步，从而提高了整个行业的创新水平，形成产业中整体协同创新。（3）产

业集群的发展吸引了研究开发和科技创新的机构，像高校、科研单位等。这些机构的存在为企业创新提供了广泛的平台和更多的机会，有利于知识在企业中的传播，有力地支撑集群企业的创新。

目前，湖北省的产业集群发展不像浙江省、广东省那样发达，但是在武汉、襄阳、十堰等地已经有所呈现。例如，武汉的高端装备产业集群、襄阳的汽车及零部件产业集群、十堰的生物医药产业集群等已经在国内初见端倪，但与发达地区相比还是有差距的。湖北省实施产业集群战略的主要内容有：（1）完善产业集群的功能，使产业园区从比较优势型转化为竞争优势型、由单一的制造加工业基地转化为产学研合作基地综合提高供给侧的创新能力。（2）尽快形成湖北省的高新技术产业集群，加快东湖高新技术开发区建设的步伐，缩短与发达地区的技术差距。（3）以产业集群为突破口，以中心区、产业链、行业优势企业带动产业发展，发展一批具有国际竞争力的产品，建立国际化的企业，带领相关行业建立研发中心，带动行业的创新能力提升。

四、培养多元化的创新主体战略

创新主体（企业/个人、高校和科研机构）作为创新要素的重要部分，也是科技创新的源头。以往的战略往往将创新主体的侧重点放在大型企业、高校和科研机构，忽视了微小企业、个人的创新潜力，对其的有效支持不足，导致创新的来源单一，同时打击了企业和个人创新的积极性，也破坏了创新环境和氛围。

根据2018年科技年鉴数据[1]，广东省拥有研发机构的企业数量为17 494家，江苏省为19 514家，浙江省为10 135家，而湖北省仅有1040家；企业办研究所数量，广东省为20 030家，江苏省为22 007家，浙江省为10 893家，而湖北省仅有1266家；研发开发机构数量上，广东省199家，江苏省133家，浙江省98这，湖北省116家。

要提升湖北省科技创新的供给能力，就要加大供给的数量，鼓励各个创新主体进行创新，并提供相应的支持。具体战略内容有以下几点。

---

[1] 数据来源于国家统计局发布的《中国科技统计年鉴2018》。

（1）鼓励高层次人才创业创新。像大学生群体，本身具有良好的知识积累，是科技人才的重要储备，相对来说也具有较强的创新创业意愿。湖北省首先要依托众多的高校资源，造就良好的创新创业的环境氛围，提供相关创新研发的服务来提升在校大学生的创新能力；其次要重视学校与企业之间的合作育人，将基础性知识和应用性知识相结合，对于大学生来说，无论是在校期间参与科研活动，还是以后进入企业进行创新活动，都会有帮助。

（2）发展中小、微小科技型企业。中小、微小科技企业不仅对经济发展有着重要贡献，更是科技创新的主导力量。据统计，中小企业贡献了我国70%以上的技术创新，同时，中小企业由于自身规模较小，但成长潜力大，在发展过程中不断壮大，从而产生巨大的规模效应。同时相对于大企业保守的策略，中小企业的决策和管理环境更利于科技创新活动的开展。因此，发展壮大中小科技企业能够有效提升湖北省科技创新供给能力。首先，专项资金扶持中小科技型企业。科技型企业属于资本密集型产业企业，需要资金支持。其次，加强高校科研机构与中小科技型企业建立产学研联盟，中小企业可以利用高校科研机构的科技资源，而高校科研机构可以将基础研究进行实践。最后，要让科技创新的市场效应深入人心，激发全民的创新动力。

（3）催生新型科研机构。新型研发机构是致力于产业共性技术研发和科技创新成果转化的新型研发组织，是伴随着经济机构转型、新兴产业发展而产生的，它打破了传统科研机构财政经费政府大包大揽的做法，将科研机构推向市场。传统科研机构属于事业单位，科研经费完全由政府财政拨款，科研人员工资完全由政府承担，而新型科研机构是在运营过程中由自负盈亏的独立法人发起，运营体制与企业类似，科研经费由各方投资主体提供，人员的收入由科研成果市场收益所决定。另外，传统科研机构重点在科研成果的研发数量上，同时传统科研机构拥有稳定的财政拨款，重视基础性研究，产生的科技成果成熟度低，只进行了技术研发、工程研发、成果转化、项目孵化管理中的第一步，忽视了科技创新成果的市场化。而新型科研机构由于实行自负盈亏的策略，收入主要来自市场化，需要自身拥有“造血”功能才能谋长期发展，其主要的发展方向就是集中在企业技术产品升级需求寻找市场机会，以及科技成果转化和产业孵化等方面。创新能力提升的作用体现：①将高校中脱离市场的科研成果进行优化改造，激活科研成果的存量市场。②优化创新要素配置。不同于传统机构由政府主导投资，新型科研机构本身属于一种协调创新，能在多投资建设主体上，协调个投资主体（高校、政府个人等）创新资源要素形成合力。③推进科研成果市场化。聚集传统高校科研机构的科研力量，通过市场倒逼机制，破除传统科研院成果与市场难对接的问题，从创新源头上有效推进科技成果顺利转化。

湖北省为实现“创新驱动发展战略要走在全国前列”的战略目标，需要积极探索提升创新驱动的新模式，但迄今为止，新型科研机构的培育还未引起相关部门的重视，而广东、江苏、南京等地近年来的新型研究院数量不断增加，对当地科技创新供给和科技成果转化做出了巨大的贡献。湖北省应该依托本地丰富的理论成果为支撑，利用良好的科技创新基础加快建立新型科研机构体系，以提升企业和区域内的创新供给能力。具体来讲，可从以下几点入手：①依托高校、传统科研院所细分出一批专业化的科技创新成果转化服务中心。②建立完善的科技成果信息系统。提高科技创新需求与供给的对接效率。③与一批具有较好科研能力的机构和企业建立新型科研机构试点，结合湖北省实际情况探索新型科研机构的定位，完善运行体制。④政府加强对新型科研机构的扶持力度和宣传力量，帮助机构建立多层次的投资结构融合创新要素。

五、培育科技服务机构战略

（一）服务机构作用

科技创新的主体是企业、高校和科研机构，宏观调控主体是政府，而推动成果转化中间环节的就是科技中介机构。科技中介服务机构是指面向社会开展技术扩散、成果转化、科技评估、创新资源配置、创新决策和管理咨询等专业化服务的机构。高效的科技中介机构体系能够极大程度地促进当地的科研成果转化，提升区域的科技创新供给能力。它们可以黏合各类科技创新主体，降低信息成本。科技创新活动是不同主体间相互作用的结果，即科技创新不是以线性方式出现，而是各种创新要素相互作用的结果，创新的发生本身也是基于知识的积累，因此，技术转移和知识扩散就尤为重要，在创新驱动发展中要重视知识生产主体的作用，也要重视科技中介机构在知识转移和扩散中不可忽视的作用。一是科技中介机构活跃于知识供给者和知识需求者之间，加快企业高校科研机构等创新主体的技术和知识的流动，促进创新主体间的互动，降低了创新主体间获取信息的成本。二是发现和培育新的行业创新点。通过科技中介机构的桥梁作用，创新主体间的各种合作不仅能在传统技术创新和新技术应用等方面发挥作用，而且还能不断延长产业链，衍生附属产业，促进产业细分，从而发现和培育新的科技创新点。

科技中介一般可以分为以下三类：

（1）技术转型机构。目前，湖北省具有国家认定的技术转移示范机构仅 20 家，省级技术转移示范机构 35 家，相较于西部发达地区省份而言数量较少[1]。同时信息共享不够，各个部门之间存在信息屏障，信息更新不及时，信息沟通平台有待完善；再者就是各科技中介机构规模小，服务趋于同质化。以武汉市为例，根据工商局统计，武汉市科技中介机构不足 500 家，一般规模都不超过 20 人，提供的服务业务一般都是项目咨询和政府服务，相互协作少，业务单一，在市场中的公信力不够。

（2）知识提供型机构，像科技情报所、人才中介机构、第三方认证机构、科技咨询机构等，这类机构可以为企业科技创新活动提供技术、管理、经验等方面的服务。

（3）科技金融机构。如科技金融信息平台、科技金融公司、科技银行和科技保险等，帮助科技创新主体解决创新活动中可能遇到的资金短缺、资金流动性低、创新风险大等金融问题，助力企业发展。

创新中介服务体系是构成创新集群的关键组成部分，也是科技成果产业化的最关键因素。企业将创新成果推向市场，中间会有很长的路要走，这期间需要巨大的资金做支持，一般的科技中小型企业的资金瓶颈制约着创新能力，而传统银行是逐利的，一般风险大、不确定性大的项目银行一般不会给予贷款，这就导致一些初创企业难以获得资金支持。科技金融机构注重对科技项目的投资和扶持，帮助企业解决创新研发的资金问题，而

---

[1] 数据来源：新浪湖北．湖北省国家技术转移示范机构数量中部第一［EB/OL］．（2017－11－22）．http：//hb. sina. com. cn/news/d/2017－11－22/detail－ifypacti6633490. shtml

科技保险公司则分散了科技创新的风险，让企业在研发中顾虑更少，激发企业创新动力，进而提高企业自主创新的积极性。

案例：早在2012年，一家科技金融公司在我国成立，这个公司是浦发银行和硅谷银行各出资5亿元成立的，总部设在上海杨浦区。当时浦发硅谷银行就是专注服务创新型企业，为科技创新企业提供资金支持，从而满足企业在各个发展阶段的需求。2018在深圳设立分行后，浦发硅谷银行已经完成对中国三个重要科创中心——北京、上海和深圳的覆盖。传统金融机构对于控制信贷风险的认知一般是根据企业经营状况和稳定性判断的，而一般的高科技企业风险较大，收益不确定性使得早期高科技企业陷入信贷融资困难的处境。浦发硅谷银行借助硅谷银行30多年来的数据积累和行业经验，沿用了硅谷银行的风控模式，即与最优秀的风投机构合作，给高科技创新企业提供最优化的债股比例以及最合理的资金成本，并且做出了本地化调整，以此来实现成为服务于中国科创企业的最优选银行的目标。浦发硅谷银行独特的经营模式恰好弥补了国内科技金融的不足。其主要特点是：（1）构建专门化的专家服务团队，持续性地服务特定高科技领域，加强与创新创业机构之间的合作。银行服务对象高度集中在计算机硬件和软件、互联网应用、新能源等高科技创新领域；（2）针对不同行业不同阶段的企业进行量身定制的金融服务：早期高科技企业一般还没有可观的收入，企业专注于研发甚至没有产品，对于此类企业，浦发硅谷银行除了接受知识产权质押外还为企业提供资讯建议，诸如引荐投资人、经理人等，全方面为企业提供服务；对于成长期企业还提供投资人引入、企业关系网络等服务。浦发硅谷银行利用自身与多家VC、PE投资机构建立的合作渠道，帮助企业进行创新活动，又通过这层关系网，积累大批高科技企业资源，并反哺当下的科技金融服务体系。

培育湖北省科技中介机构战略可以分为两个阶段完成。第一阶段，完善科技中介机构体系，创建科技中介品牌机构。加快对“点”的建设，即重点培育科技中介品牌机构，拓宽中介机构业务多元化、专业化，以适应更多种类、更多产业、更高层次的科技中介服务需求，提升湖北省科技中介服务的辐射范围，促进更多的科技成果得到中介服务进行产业化。第二阶段，加快湖北省科技中介机构国际化发展进程。2001年我国加入WTO后，国际间技术和知识的转移也越来越频繁。加快湖北省科技中介机构走向国际市场，通过与国际知名科技中介机构交流合作，学习其先进的服务方法、管理手段、运作模式等来提升自身服务效率，从而能够更好地为提升湖北省科技创新供给能力做贡献。同时在国际市场拓展自身业务，能将湖北省科技供给对接国际市场需求，促进国际间协调创新，进一步推动湖北省科技供给能力提升。

（二）科技服务机构品牌战略

当前，科技服务机构的数量规模越来越大，服务的内容同质化，使得服务机构实施品牌战略成为一个趋势。科技服务机构建立品牌战略对于提升创新能力的作用一般体现在：（1）有利于招商引资和吸引更多的科技创新主体等要素资源。科技创业者拥有好的创新项目和团队，就会考虑自己的项目能够发挥最大的价值、科技服务机构的水平就是重要考量因素。传统的营销理论认为，消费者在购买某些商品或者服务时，一般情况下会有一个优先选择的品牌序列，并且总是会优先选购序列靠前的品牌。国内的科技服务机构数量繁多，具有品牌效应的服务机构会被优先考虑。因此，服务机构实行品牌战略不仅可以提高自身知名度，而且可以吸引大量优质的科技主体入驻该地区，从而实现这些机构价值的最大化。（2）有利于为被服务企业提供品牌延伸效应。一般来说，与品牌服务机构合作的科技企业较容易获得社会的认可，像一些中小企业在初创期资金少、障碍多，品牌知名度基本为零，能够与品牌机构合作的话，自然能跟着沾光。因此服务机构品牌战略的实施，会使得社会更多地关注到这些被服务企业，也更容易接收企业的产品和服务。例如，政府在公务采购上，会优先考虑在政府旗下知名的孵化器内的企业进行合作，因为信息了解得更多，认为企业值得信任，老百姓也乐于购买，他们认为与知名企业合作的公司自然是有一定的实力和产品保障的。社会对被服务企业的认同就是科技服务机构品牌效应的延伸。

纵观湖北省乃至全国的科技服务机构，一般都是行业内的交流和传播，面向社会的广告传播较少，很多老百姓甚至都不知道一些服务机构，对服务机构的了解甚少，说明这些机构还没意识到品牌战略的重要性。

（三）科技服务机构的品牌战略实施

由于科技服务机构是为科技主体提供服务，在实行品牌战略时要联合被服务企业，时刻考虑二者的品牌效应，服务机构要以被服务企业为中心，全面评估它们的服务需求。基于以上原则，服务机构品牌战略应该做到：（1）明确自身的服务定位，做到业务的专业化。科技服务机构是该科技企业成长的保护伞，对于不同的服务机构要认真了解目标客户群体的需求，形成独有的品牌定位。例如，完善的法律支援、孵化器内优越的政策保障、创业园中庞大的产业支撑等，金融服务中的成本低的融资等，这些都可以成为各自品牌的诉求点。（2）向社会传播机构品牌，而不仅仅局限在行业内。考虑到湖北省乃至我国科技服务机构的发展还处于初级阶段，好一点的服务机构一般都是有政府支持的，像很多的科技孵化机构、科技银行都是由政府主导推动的。在初级阶段，机构的品牌战略不能仅仅建立在资金推动上，也要充分发挥自身具有的各种资源，开展低成本的公共关系营销，再结合传统的广告模式向社会传递机构品牌影响力。

六、智慧专业化战略——基于区域发展战略的新选择

现在全国各地在创新的主攻方向选择上存在趋同趋势，重复建设，重复投入问题严重。相关数据显示，江浙沪三地的同构率达到了80%以上，更不用提其他区域的创新。智慧专业化战略的出现一定有助于避免这种情况，该战略并不是区域产业的具体布局，而是一种产业发展的框架系统，提供了一种方法去评估产业发展和协调区域整体创新的方法。智慧专业化战略由欧盟提出，旨在通过创新发现过程识别区域科技发展方向和布局。其中，创新发现过程是一种自下而上的过程，由企业、科研机构、高校在政府的引导下相互学习，将不同主体间的知识加以整合来确定发展方向，这也是智慧专业化战略的核心。

智慧专业化战略的作用就在于：（1）促进该区域认清自身的科技资源，从而将有限的资源配置到优先发展的活动中。（2）克服区域创新政策中的一些缺陷。例如，某市政府制定的创新政策缺乏跨区域视野，往往仅孤立地考虑当地的创新系统，或者创新政策与当地的产业政策不协调，科技创新商业化驱动力不够，缺乏对区域内的科技资源完整的认知，全盘复制科技先进地区产业而忽略自身禀赋，等等。事实上，选择模仿其他先进地区的科技标杆产业获得成功的机会也不会很大，反而还会助长领导者主导的模式。而Foray等人认为，区别于传统的创新活动主要投资于同其他

国家或地区相似的产业或活动，智慧专业化战略要求一个国家或地区协同自身当前的和潜在的具有创造性的能力来实施专业化，而不是采取模仿性的创新活动。[1]

欧盟作为最早实施智慧专业化战略的区域，截至 2017 年 7 月，已经制定了 120 多个智慧专业化战略，有 28 个成员方以及 209 个区域获得欧盟结构投资基金研发资助，共计 370 亿欧元。到 2020 年，对智慧专业化战略优先领域的资助会帮助 1.5 万家企业研发出新产品，支持 14 万家初创企业，并且创造 35 万个新岗位。[2]

武汉城市圈、长江经济带等区域发展战略是湖北省经济发展的重要战略措施，也是湖北省实施国家创新带动发展战略的必然要求。但是，与国内外城市圈相比，这些区域战略在不同城市的协调发展和整体创新能力仍有待提高。实施智慧专业化战略，可以有效地实现圈内各城市或地区创新的协调发展，避免重复研究创新活动造成的资源浪费，摆脱产业同质化发展的缺陷，更有效地发挥科技资源的作用。

基于智慧专业化战略，以武汉城市圈战略为例具体的战略内容如下。

（一）建立城市圈之间的科技创新协同机构

武汉大城市圈的科技创新能力不能看作周围城市创新能力的总和，也不仅仅是简单的产业因素的融合。要形成真正的区域创新能力，就必须实现区域间的互联互通，发挥协同作用。因此，必须打破各级城市标准的障碍，实现县、区、市各层级之间的合作创新。但这个过程并不容易。城市圈之间建立创新的协同发展机构，可以在打破地方保护主义、促进协调发展方面发挥更好的作用。在这样的制度下，武汉城市圈可以通过高效的创新体系来提高区域科技创新的供给能力。

（二）系统评估城市圈的技术创新资源和创新潜力

评价整个城市圈的创新资源和潜力，其中最重要的指标之一是协作创

---

[1] Foray D, David P. A, Hall B. Smart specialization – the concept, Knowledge Economists Policy Brief No. 9 [EB/OL]. http://ec. europa. eu/invest – inresearch/pdf/download _ e n/kfg_ policy_ brief_ no9. pdf. June 2009.

[2] Smart Specialisation Platform. R&I Regional Viewer [EB/OL]. [2018 – 09 – 10]. http://s3platform. jrc. ec. europa. eu/ synergies – tool.

新能力，这关系到城市圈内协同创新的效率。因此，在建立协同创新机构的基础上，机构还需要系统地评估内外部技术创新资源和城市圈的潜力，主要包括三个方面：（1）区域科技资源禀赋分析。智慧专业化战略的原则是将知识、技术和其他资源集中到某些特定的科技创新活动中，充分利用知识生产和知识溢出的优势。科技资源本身是有限的，在将这些资源投入创新活动之前，只有确认这些领域存在着独特的知识和资源，才能更好地利用这些知识在相关领域的优势，为城市圈内各城市的差异化创新奠定基础。（2）分析外部情况。在创新过程中，我们必须始终关注外部情况，以便区域能够认识到当与外部知识源和价值链对接时，当地资源和能力可以实现的效果，并提高科学技术创新成果产业化效率。（3）创新和创业的环境评估。创新创业环境分析的目的是系统、全面地了解未来区域经济和社会中具有巨大潜力和发展机遇的领域。

（三）建立科技创新发展合作基金

对于大武汉城市圈，城市圈内的 9 个城市和省政府共同出资建立了科技创新合作引导基金。当城市或地区使用申请资金时，严格审批基金使用流向，并提供与智力专业化和相关产业战略密切相关的研发和创新计划。智慧专业化可以克服每个城市只考虑自身创新活动的问题，更好地集中在各个城市的比较优势领域，并在自身的科技创新基础和外部环境的基础上开展创新活动。在基金资金使用原则上，从美国和以色列这些科技创新体系完善的国家的经验来看，推动基金组建后，尤其是早中期，基金出资比较高，退出时原则是只要保本不能赚钱，让利更多，激发企业创新的动力，换来整个地区的创新能力成长，以创新发展合作基金为引导，吸引金融机构、社会资本等，扩大基金影响力，让更多的创新资源服务科技创新，这是培育创新动力的关键。

案例：2011 年开始，为了加强科研基金的使用效率，深圳将专项资金分为动力类、润滑类、效益类、培基类四大类，分别对应于基础研究平台发展、战略性新兴产业发展、产业环境、中小微企业的建设和发展。这种对号入座合理的分类，首先有助于避免政策制定过程中的“一刀切”，突出了创新的重点方向和重大项目，也让那些处于初创成长期的创新型企业得到及时的政策红利，让基金的作用是“雪中送炭”而非“锦上添花”。

其次，政府不直接给企业资金、也不持股的基本原则，确保政府权力不越位。鼓励各类社会资金积极参与，深圳成立银政企合作，设立创投引导基金，引入专家评审和公开招标机制，由专业的第三方人士而不是政府来评判资助对象，凭借业绩而不是各类评奖来甄选科技企业。截至2014年年底，深圳已有五批科技研发资金银政企合作项目相继成立，且大多面向中小型企业。

（四）强化对创新能力较弱地区的支持

武汉城市圈内各城市的创新能力并不均衡。例如，武汉在2018年全球研究城市中排名第19位，在中国排名第4。襄阳和宜昌的创新能力也较强，但其他城市的创新能力较弱。为了提高湖北省的科技创新能力，需要对科技创新能力相对落后的城市给予更多的关注和支持。依托上述创新协同合作基金，湖北省创新不能仅注重“一主两副”，也不应过分关注高科技领域的研发投入，而应更多地结合每个城市的特点，特别是围绕创新能力较弱的地区，将更多的科技创新资源投入促进经济持续增长的优势领域，从而提升湖北的整体技术创新能力。

七、科技孵化器战略——中小型科技企业的创新摇篮

科技孵化器，是指以促进科技成果转化、培育高新技术企业和中小型科技企业为目的的服务机构，是科技创新体系的重要组成部分。良好的科技孵化器体系，会加速科技成果转化的步伐，培育更多的科技创新主体，从而提升科技创新的供给能力。具体而言：（1）培育更多的中小型科技企业。中小型企业相较于大型企业来说，对市场需求的选择和创新方向的调整上更灵活，在创新供给上能够更好地对接市场需求，形成的科技创新成果更贴合市场，但是中小型企业的抗风险能力差，融资难。统计表明，95%高科技企业会在创业3年内死亡，难以走出科技创新的死亡谷。科技孵化器可以提高中小型企业的存活率，帮助企业渡过前期难关，为企业提供场所、资金、技术、知识等服务，解决中小型企业的后顾之忧。（2）降低了科技创新活动带来的风险。在孵化器运营中，一般项目上，政府或天使投资会持股，注入资金，共担风险。（3）拓展市场渠道，促进科技创新成果对接产业。一般科技孵化器会将项目与产业进行对接，一方面能够加

速科技成果产业化的步伐；另一方面，在对接产业后，将创新链与产业链相融合，让创新的方向更贴合市场需求。

（一）孵化器战略的发展阶段

（1）孵化器发展初级阶段，以公益性孵化器为主。公益性孵化机构一般由政府直接承办、政社合作的方式，也有一些属于民间主办，典型的代表是上海的“恩派”。公益性孵化器不以营利为目的，在发展初期，帮助中小型企业跨越死亡谷，获得市场的认可，培育市场的创新能力。

（2）孵化器私营化阶段。当公益型孵化器发展到一定阶段时，由于本身的行政背景，难以有效地与市场对接，要通过私营化的孵化器推动孵化器服务利用市场机制继续发展。

案例：以色列的国土面积仅 2.57 万平方千米，其资源匮乏，地域狭小，但在这个弹丸之地，却贡献了世界 20% 的诺贝尔奖获得者，科技对该国家的 GDP 贡献达到 90% 以上，在信息通信、计算机、材料、环保等领域均保持世界领先的创新优势，也是跨国公司研发中心的聚集地[1]。像谷歌、苹果、微软、亚马逊、高通、IBM、三星、西门子、雅虎等多家世界 500 强公司都在以色列设有研发中心，包括小米、华为、上汽等中国企业也相继在以色列设立研发中心。在该国孕育出的科技创新产品数不胜数，包括双核处理器、U 盘、网络安全交易系统等。

在这个被视为全球创新工厂的地方，庞大且完善的科技孵化器体系的作用不可忽视，以色列有 200 多家孵化器，共孵化出 1500 多家世界顶级的科技公司，每年高新科技企业数量维持在 3000 家左右，效率颇高。以色列于 1991 年开始实施科技孵化器战略，一般孵化器隶属于知名大学或者工业集团。在孵化器运营中，政府的原则是“风险共担，不分享利益”，为进入孵化器的企业提供为期两年的低息优惠贷款，并且失败的企业无须承担还款责任，政府对孵化项目的投资比达到了 85%，而像我国基本上孵化器资源更多地投入了成长期、成熟期的企业。另外，以色列孵化器战略的目标很明确，只针对高科技项目，结合一流的学术能力对技术发展做出准确的趋势预判，政府主导孵化器的发展，但不干预具体项目的运营，只负责

[1] 资料来源于 2018 年 11 月 26 日《环球时报》。

项目的审批和监督等重大事项。与此同时，以色列政府通过实施“YOZMA计划”吸引各国的风险投资，鼓励顶尖跨国企业设立孵化器，像谷歌公司还研发专业孵化器孵化搜索、应用软件、分析器等技术项目[1]。在以色列科技创新能力达到一定阶段后，为吸引更多的资本和提升孵化效率，以色列及时对孵化器进行私有化改造，包括私人资本，企业可以对孵化器持股等，由非盈利模式转化为盈利模式，让更多的创新要素集中起来服务创新活动。

2018 年中国科技年鉴数据显示，湖北省科技孵化器的数量达到了 176 家（见表 5－1），其中国家级的孵化器 47 家，也涌现了“武汉三新材料科技企业孵化器”“武汉留学生创业园”“武汉光谷创意产业孵化器”“华工科技企业孵化器”等一批 3A 科技企业孵化器。但与我国科技创新能力突出的广东省、江苏省等相比，还有不小的差距。同时，很多科技孵化基地内，看起来企业装得满满的，但实际上并没有形成融合，很多孵化空间更像是个中介或者二房东，追求的是项目成交的数量，而非真正的孵化。另外，湖北省大多数科技孵化器具有双重身份，一方面是自身经营的企业主体，另一方面以孵化器为载体，也作为入驻企业的管理服务单位，很多孵化器就是一个事业单位，具有行政背景，也因此绝大多数孵化器将自身定义为行使政府职能的部门，然后才是一个服务型的企业，这也导致孵化的效果不强。

表 5－1　2018 年各省份孵化器战略现状

地区	在统孵化器数量（个）	孵化器内企业总数（家）	在孵企业（家）	在孵企业从业人员（人）	当年获得风险投资额（千元）
全国	4063	223 046	177 542	2 596 132	47 333 624
北京	105	9998	6717	116 544	8 936 424
天津	71	4771	4264	62 177	499 999
河北	139	6064	4907	77 655	319 118
山西	44	2299	1956	31 456	113 805
内蒙古	40	2287	1588	21 737	29 570

[1] 潘利．为有源头活水来——以色列实施“科技孵化器战略”促进创新发展的经验借鉴［J］．广东经济，2016（6）：34－36.

续表

地区	在统孵化器数量（个）	孵化器内企业总数（家）	在孵企业（家）	在孵企业从业人员（人）	当年获得风险投资额（千元）
辽宁	72	4721	3953	66 266	389 200
吉林	94	3527	3214	59 519	327 860
黑龙江	158	5411	4649	41 757	441 180
上海	176	10 259	7836	91 650	7 033 627
江苏	610	32 917	30 381	438 751	6 404 419
浙江	235	15 558	11 927	150 821	3 750 953
安徽	139	6284	5243	68 298	577 152
福建	115	3870	3150	49 004	1 133 050
江西	51	3506	2994	47 251	352 017
山东	303	16 943	13 755	190 268	1 313 090
河南	148	9962	8548	170 838	926 576
湖北	176	11 919	9066	123 324	1 175 593
湖南	70	5911	4746	109 937	642 380
广东	754	33 338	23 459	315 233	8 773 420
广西	74	2604	2330	34 394	107 398
海南	5	1625	988	10 248	371 001
重庆	49	3034	2081	29 143	246 892
四川	143	9506	6970	94 183	1 173 009
贵州	29	1455	1124	25 709	141 335
云南	32	2196	1893	22 382	28 000
西藏	1	20	20	520	7000
陕西	85	6025	4096	78 697	1 742 104
甘肃	84	3456	2816	32 758	218 093
青海	11	685	513	9221	8550
宁夏	17	660	525	5672	64 640
新疆	33	2235	1833	20 719	86 170

注：数据来源于国家统计局发布的《中国科技统计年鉴 2018》。

（二）当今实施孵化器战略趋势

（1）孵化器资源向中小型科技企业靠拢，帮助更多的中小型科技企业发展。以色列孵化器前 10 年主要定位为公益性，服务于早期创业企业，注重对独特技术项目孵化。建议湖北省孵化器建设充分借鉴此经验，建设一批公益性科技孵化器。像以色列科技孵化器一样，公益性孵化器专门孵化有独特技术的项目，注重对高校科研院所高端科技研究项目进行跟踪孵化，孵化一批能够跟上时代前沿技术的企业。引导公益性孵化器真正回归孵化功能，将资源投向初创企业，而不是将孵化器建成了加速器。

（2）整体空间布局差异化发展。湖北省的孵化器数量虽然不少，但明显不同区域内的科技孵化器管理水平参差不齐，运营效果不佳，明显鄂西地区的孵化器规模、数量都不及中部，应该结合各地区的资源禀赋和产业发现规划以及市场需求，合理布局，错位发展，建设具有地区差异化的科技孵化器。

（3）孵化器间的交流合作越来越多。不仅创新主体间要进行协同合作，孵化器之间也要加强协同服务合作，通过建立孵化器行业协会、联盟等合作方式，促进孵化器之间的资源整合，协同合作完善孵化链，提升孵化水平，有效促进科技成果转化。

第六章　湖北省科技创新供给高质量发展能力评价指标体系

第一节　创新能力评价指标体系设计

一、指标选取标准

湖北省科技创新能力评价指标体系的构建是针对湖北省科技创新能力的优势与不足进行客观准确分析的核心所在，也是找到提升湖北省科技创新能力方向的必由之路。由于一个指标往往只能从某一个特定角度反映科技创新能力的水平，因此必须构建一个完备的评价指标体系，综合考察科技创新能力的总体状况。其中，评价指标的选取作为首要环节，应满足系统性、科学性、可行性三大特征。

（一）系统性

评价指标的系统性是指选取指标时将创新评价体系作为一个系统，力求从整体着眼、从细节着手，注重指标之间的相互关系。指标的设置要能够在一定程度上、一定时期内较好地反映湖北省创新能力，同时，注重整体与局部的统一、长期与短期的平衡，做到不重复、不遗漏、互相联系、环环相扣，从而尽可能系统、客观地反映湖北省科技创新的实际情况。

（二）科学性

要使构建的科技创新能力评价指标体系在理论上符合经济学意义，并切实反映湖北省科技创新能力。如果某一指标有可能受到非科技创新能力因素的影响，应尽可能通过一定的技术手段排除干扰。此外，指标的定义、分类、范围、数据收集、计算方法、权重确定等都要真实、规范，有科学依据，并注意所选指标的稳定性和相关性，考虑区域科技创新指标元素及指标结构整体的合理性，从不同角度设计选取若干反映科技创新状况的指标。

（三）可行性

评价指标应当兼具应用价值和可操作性，不能过分强调指标某一方面的价值而忽略实际操作可行性。由于现有科技创新统计的统一性和规范化差异，应尽量采用具有代表性和必需的指标进行比较评价。指标的选取应考虑量化、数据采集的可能性与可靠性，尽量选取统计年鉴和统计公报中的公开数据，以及可以通过政府公告定量获取的信息。定性指标可通过问卷调查获取，但存在受样本限制和主观影响较大的问题，故不予考虑。为了使评价定性指标客观、公正，应保证指标的可用性、可靠性，尽量选取有明确判断依据的定性指标，通过判断依据将定性指标定量化。对于部分有价值但难以统计或无法取得统计资料的指标，暂不纳入指标体系。

二、评价指标的选取和指标体系的构建

创新是一种复杂的创造性活动。一个地区要实现创新驱动发展，必须依托现有创新资源，投入人力和财力，营造良好的创新环境，通过一系列创新活动，创造出大量创新成果，涌现出大量新模式、新业态，并通过政府引导或市场主导将创新成果转化和产业化，促进科技创新产业的蓬勃发展，实现经济又好又快发展。因此，选取创新主体、创新环境、创新投入、创新产出、创新绩效 5 个方面，设计科技创新能力评价指标体系以反映构成创新能力各方面的具体发展情况，通过在上述 5 个方面选取 15 个指标（见表 6 - 1）。

表 6 - 1　科技创新能力评价指标体系

总指标	一级指标	二级指标
科技创新能力	创新主体	每百万人中普通高等学校在校学生数（万人）
		R&D 人员数（万人）
		高技术企业数（家）

续表

总指标	一级指标	二级指标
科技创新能力	创新环境	互联网普及率（%）
		高技术产业固定资产投资占全社会固定资产投资比重（%）
		年度科普经费筹集额（亿元）
	创新投入	每万人 R&D 活动人员全时当量（人・年/万人）
		R&D 活动经费支出（亿元）
		地方科技经费支出占地方财政支出比重（%）
	创新产出	企业新产品销售收入占主营业务收入比重（%）
		每万人发明专利授权量（项/万人）
		形成国家或行业标准数（项）
	创新绩效	人均 GDP（万元）
		单位能耗产生的 GDP（万元/吨标准煤）
		工业二氧化硫生产率（万元/吨二氧化硫）

（一）创新主体类指标

创新主体是具有创新能力并实际从事创新活动的人或社会组织，是区域科技创新的来源和基础。创新主体的数量与质量在很大程度上决定了科技创新能力的强弱水平。同时，创新主体之间也具有异质性，例如高校和科研院所主要是创造新知识、进行基础性研究的创新主体。企业虽然也进行研发，但其作为追求利润最大化的组织主要进行应用性的研究。为全面考虑创新主体的实际情况，在这一类别下分别从高校、研究院所、企业的角度出发，设立了每百万人中普通高等学校在校学生数（万人）、R&D 人员数（万人）、高技术企业数（家）这三个指标。数据分别来自《中国统计年鉴》《中国科技统计年鉴》和《中国高技术产业统计年鉴》。

（二）创新环境类指标

创新环境是指在创新过程中，影响创新主体进行创新的场所、氛围等因素，帮助创新主体得到政府支持、技术方法、社会投入、接近市场等，促进创新主体利用环境中的各种资源。创新环境的质量直接影响到创新要素有机结合的“生产”效率。一方面，互联网作为第四次工业革命的重点应用成果，具有提升信息资源传播效率、降低交易成本的功能，是提升科技创新能力的重要工具，是“硬环境”。另一方面，高技术产业的固定资产投资占比作为高科技产业结构高度化的动态指标，在一定程度上代表着该地区为科技创新提供的设施“硬环境”。此外，由于科普经费的筹集反映对科技创新重视程度的“软环境”，选取科普经费的筹集额作为地区对科技创新能力发展给予政策支持和包容性的代理变量。总之，考虑到互联网基础设施的建设、高技术产业的固定资产投资和科普经费的筹集都反映了区域内对创新的重视和扶持程度，能够作为创新环境的代理变量，因此在这一指标下设立了互联网普及率（%）、高技术产业固定资产投资占全社会固定资产投资比重（%）、年度科普经费筹集额（亿元）这三个指标。数据分别来自《中国统计年鉴》《中国高技术产业统计年鉴》和《中国科技统计年鉴》。

（三）创新投入类指标

创新投入是指地区在一定的时间和空间条件下对于科技创新活动从人力、财力等方面衡量的投入强度。由于创新活动的不确定性，足够的创新投入强度是保证创新顺利完成的重要条件。创新投入强度从“人”“财”和“物”三个方面来进行考察。“人”是指研发工作人员的劳动投入强度，用 R&D 活动人员全时当量来反映；“财”是指投入研发活动的经费支持，用 R&D 活动经费支出来反映；“物”是指综合反映政府提供的支持科技创新的一系列物质条件，用地方科技经费支出占地方财政支出比重来反映。因此在这一分类下，设立了每万人 R&D 活动人员全时当量（人·年/万人）、R&D 活动经费支出（亿元）、地方科技经费支出占地方财政支出比重（%）三个指标反映人力、财力等的投入情况。数据分别来自《中国科技统计年鉴》和《中国统计年鉴》。

（四）创新产出类指标

创新产出是指创新投入所带来的产出结果上最直观的衡量。新产品的上市作为公司创新思路的产出体现，是企业新供给淘汰旧供给的必然过程，也是“创造性破坏”的主要途径之一。发明专利作为社会承认的技术创新，是人类社会科技前沿的探索成果，是发明创造推动了科学技术的进步，也成为科技创新能力的重要体现之一。国家或行业标准是在该领域具有权威性、领先性高技术的反映，例如在通信领域的5G标准之争本质上就是通信核心科技及创新能力之争。综上，这三个指标都反映了创新产出对区域经济增长的直接贡献，能更完整地进行地域之间创新产出能力的比较。因此，在这一类别下，设立了企业新产品销售收入占主营业务收入比重（%）、每万人发明专利授权量（项/万人）、形成国家或行业标准数（项）这三个指标。数据分别来自《中国科技统计年鉴》和《中国统计年鉴》。

（五）创新绩效类指标

创新绩效是指通过创新推动促进经济社会的发展，所带来的经济效益、社会效益和环境效益等。创新绩效表现为创新最终对经济和社会发展的贡献，能反映出促进区域经济和社会发展、产出的成果得到有效利用的情况。经济增长是科技创新最本质最必然的目的之一，与人民生活水平的质量提升有极大的关系。能源利用效率则是作为一个地区经济可持续发展的根本要求，反映经济增长方式的实际效率水平。环境保护能力用工业绿色生产率来体现，反映一个地区清洁高效生产技术的应用状况。为从经济增长、能源利用、环境保护三方面反映创新绩效，设立人均GDP（万元）、单位能耗产生的GDP（万元/吨标准煤）、工业二氧化硫生产率（万元/吨二氧化硫）这三个指标。数据分别来自《中国统计年鉴》《中国能源统计年鉴》和《中国环境统计年鉴》。

三、科技创新能力评价方法

科技创新能力评价要求对科技创新能力做出全局性、整体性的评价，适用于对多属性体系结构进行评价的综合评价法。本课题构建的科技创新能力评价指标体系共包含15个子指标，涵盖了创新主体、创新环境、创新投入、创新产出、创新绩效5个方面。为了尽可能减少人为评价的主观性，规避常规定性评价方法的缺点，提高评价结果的严谨度，本课题采用主成分分析法（Principal Component Analysis）来完成湖北省科技创新能力评价指标体系的构建。

主成分分析也称主分量分析，通过线性变换把多个指标转化为一个综合指标，从而能够用一个指数反映所有指标的重要信息。主成分分析用于多指标综合评价的优点在于能消除评价指标间的相关影响，有助于更客观地描述评价主体的相对地位。主成分分析法用于多指标综合评价时，伴随数学变换过程生成信息量权数和系统效应权数，比人为确定权数的工作量少，有助于保证客观性。信息量权数还有助于提高综合评价的区分效度。具体而言，本课题首先针对所有指标应用主成分分析得到科技创新能力总指标值，再根据创新主体、创新环境、创新投入、创新产出、创新绩效五个方面分别应用主成分分析得到分类创新能力的指标值。这样，既提供了各个地区间总体科技创新能力的优劣比较，又可以在创新主体、创新环境、创新投入、创新产出、创新绩效五个方面的比较结果中发现科技创新能力的短板和不足，便于有针对性地借鉴和学习科技创新强省的经验与实践。

此外，本课题采用学术界最普遍使用的标准化法对各个指标进行无量纲化处理，即每个样本指标取离差与标准差之商。经标准化后，指标的均值为0，标准差为1，有效消除了量纲和数量级的选取差异对科技创新能力评价结果的影响。最后，采用逻辑函数将各地区创新能力的指标值标准化至0到100之间，以保证结果体现创新相对优劣势直观性的同时便于数值的读取和比较。

第二节　2015年湖北省与东部九省市科技创新能力的比较

2015年作为衔接“十三五”规划的承前启后之年，是总结过去科技创新水平和能力、发现问题与不足的关键之年。进入2015年之后，我国经济整体上面临着“四降一升”的突出问题，即经济增速下降、工业品价格下降、实体企业盈利下降、财政收入下降和经济风险发生的概率上升。以往仅仅依靠刺激政策提升短期需求的做法不仅产生了明显的“副作用”，而且收效也日渐衰微。因此，在这些问题面前，通过优化供给结构努力提升供给质量，以获取经济长期的增长动力就成为必由之路。而提升科技创新能力是优化生产函数、提高生产效率的关键所在。为体现湖北省与其他科技强省在科技创新能力上的优势与不足，以便湖北省更好地学习借鉴其他科技强省的成功之处，提升自身的创新能力，首先以2015年为基期，选取北京、天津、河北、上海、江苏、浙江、福建、山东、广东这九个科技创新强省（市）与湖北省进行创新能力的总体和分类比较评价分析。

一、创新能力的总体比较评价

根据前文所述评价指标值的计算方法，基于2015年基础数据经过去量纲化处理和测算，得出了湖北、北京、上海、广东等十个省市科技创新能力总体指标值及其创新主体、创新环境、创新投入、创新产出、创新绩效等具体指标值（见表6－2）。

表6－2　2015年十省市科技创新能力指标值

省份（市）	北京	上海	浙江	广东	天津	江苏	福建	湖北	山东	河北
创新主体	93.63	59.68	28.08	12.48	83.97	30.28	43.61	61.17	35.68	34.91
创新环境	95.18	78.57	63.02	62.55	34.42	22.99	57.96	17.62	24.44	24.52
创新投入	98.51	73.92	39.31	48.03	46.05	49.50	23.18	32.62	25.25	17.71
创新产出	97.97	66.22	61.40	46.36	42.47	47.07	23.66	29.25	27.41	19.50
创新绩效	98.75	77.57	43.76	44.63	44.25	41.89	33.63	21.97	25.43	17.31
总体指标	99.98	88.73	41.94	41.22	38.12	34.40	15.92	12.51	10.40	4.94
总体排名	1	2	3	4	5	6	7	8	9	10

2015年，十个省市总体创新能力的指标及排名依次为：北京（99.98）、上海（88.73）、浙江（41.94）、广东（41.22）、天津（38.12）、江苏（34.40）、福建（15.92）、湖北（12.51）、山东（10.40）、河北（4.94）。北京的科技创新能力在十省市中独占鳌头；上海、浙江紧随其后，也处于第一梯队；广东、天津、江苏、福建的科技创新能力在十省市中居于中间位置，处于第二梯队；湖北、山东、河北的科技创新能力跟其他省份有较大差距，处于第三梯队（见图6－1）。

湖北省的创新能力总体排名第8，落后于北京、上海、浙江、广东、天津、江苏、福建7省市，属于第三梯队。由此可见，位于华中腹地的湖北省虽然在中部地区属于科技强省，但与东部省份相比较，创新能力上的差距不容乐观。当今科技创新能力已经成为地区实力最关键的体现。重大

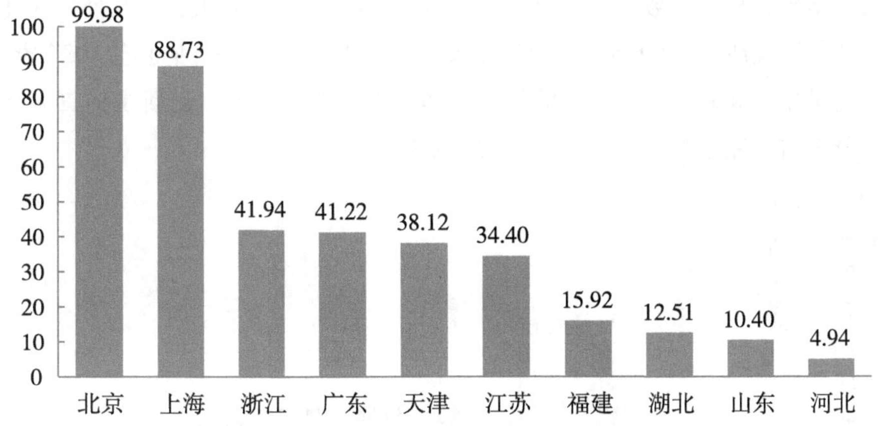

图 6－1　2015 年十省市科技创新总体指标值排名

原始性科技创新及其引发的技术革命和进步成为产业革命的源头，科技创新能力强盛的地区日益在经济的发展中保持旺盛的活力。只有不断提升自身的创新能力，才能使经济建设和社会发展不断迈上新的台阶，真正实现可持续发展。经过多年的发展和实践，随着一系列鼓励科技创新供给能力的政策出台和逐步落实，湖北省科技创新供给能力也有了较大提升，取得了经济建设和社会发展的令人瞩目的成就。然而，与北京、上海、浙江、广东等省市相比，湖北省依然具有较大的差距，可以说至今仍然处于科技创新大而不强的尴尬局面。

要在科技创新能力上更进一步，湖北省必须从现状中找到自身在科技创新能力上的不足之处，才能有的放矢，逐步迈向创新强省的目标。创新主体、创新环境、创新投入、创新产出、创新绩效虽然都反映创新能力，但各自环环相扣、联系密切。为此，下文从创新主体、创新环境、创新投入、创新产出、创新绩效五个方面分别进行细化分析，试图找出湖北省科技创新大而不强的原因所在。

二、创新能力的分类比较评价

（一）创新主体

2015 年，湖北省的科技创新主体指标值在十省市中排名第 3，位于第一梯队（见图 6－2）。湖北省作为我国重要的科教基地之一，2015 年普通高等学校在校学生数达141.06万人，是名副其实的科教大省。此外，湖北省的科研院所R&D人员有1.62万人，湖北省的高技术企业也有1037家。由此可见，湖北省具有丰富的创新主体资源，“产学研”创新主体资源均十分丰富，完全具备提升创新能力的基础。

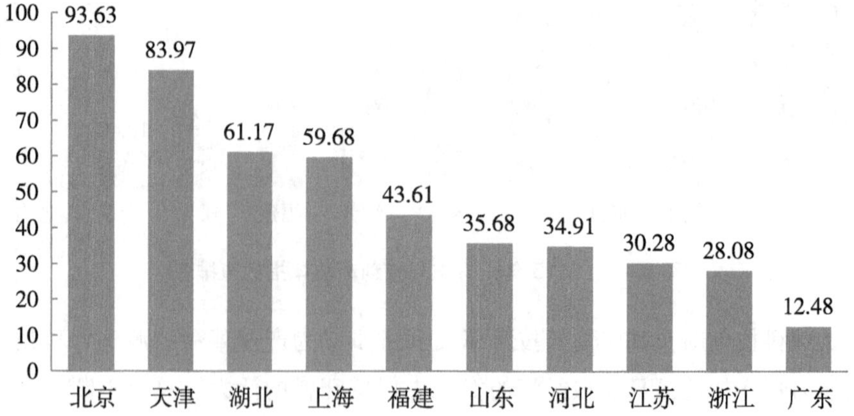

图6-2 2015年十省市科技创新主体指标值排名

（二）创新环境

2015年，湖北省的科技创新环境指标值在十省市中排名位于最后（见图6-3），是创新能力指标中最差的一项。2015年，湖北省的互联网普及率仅有46.5%，明显低于其他省市，这说明湖北省的互联网产业发展相对

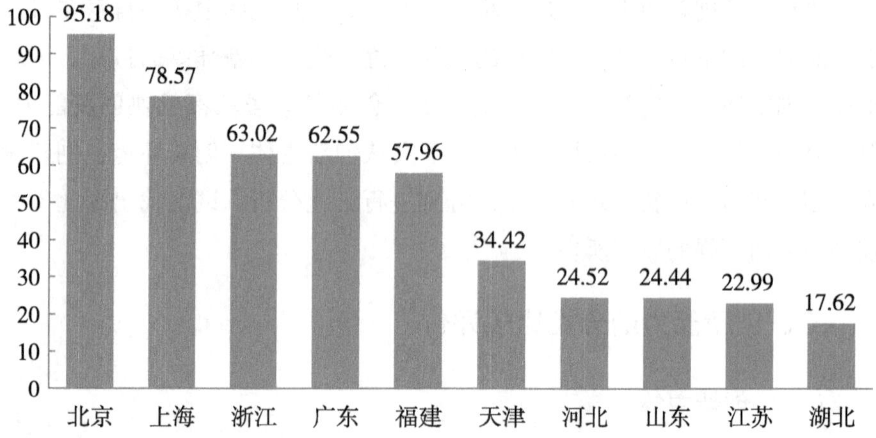

图6-3 2015年十省市科技创新环境指标值排名

滞后，新业态成型较慢。2015 年湖北省高技术产业固定资产投资占全社会固定资产投资的比重达到 4.75%，说明湖北省对高技术产业的重视程度较高。而从科普经费的筹集来看，湖北省对科技创新的“软环境”构建明显落后于其他科技强省（市），科技创新环境的构建尚需完善和加强。由此可见，创新环境是制约湖北省科技创新能力提升的重要因素。

（三）创新投入

湖北省的创新投入在十省市中排名第 7，位于第二梯队末（见图 6－4）。2015 年，湖北省 R&D 活动人员全时当量达到平均每万人 2.61 人·年，在全国处于稍微领先的地位。R&D 活动经费支出也有 64.42 亿元，位列全国第四。而地方科技经费支出占地方财政支出比重仅为 2.56%，平均而言处于较低水平。综合来看，湖北省的“人”“财”“物”创新投入力度并不低，但仍有提升空间。

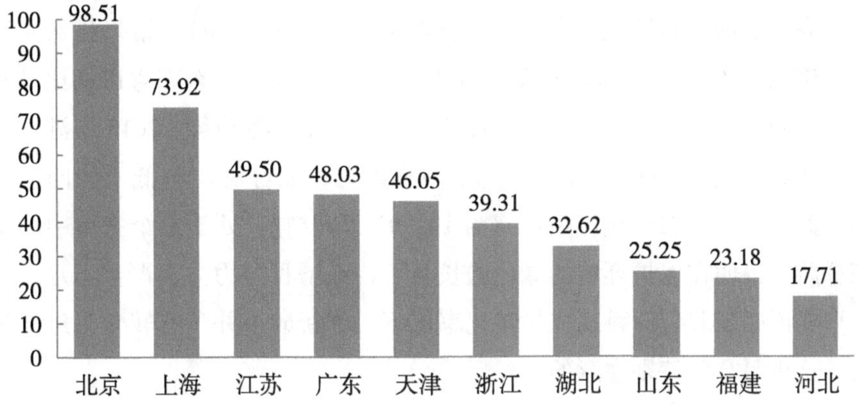

图 6－4　2015 年十省市科技创新投入指标值排名

（四）创新产出

同创新投入一样，湖北省的创新产出在十省市中排名第 7（见图 6－5），勉强跻身第二梯队。2015 年，湖北省工业企业新产品销售收入占主营业务收入的比重为 13.15%，处于中上水平，说明湖北省工业企业的创新活力较强。每万人发明专利授权量达到 13.27 项，与东部九省市相比略显不足，处于落后地位。而形成国家或行业标准数有 103 项，处于中等偏上水平。综合来看，湖北省的创新产出与投入水平基本相符，但创新的“产出效率”仍然有待提高。

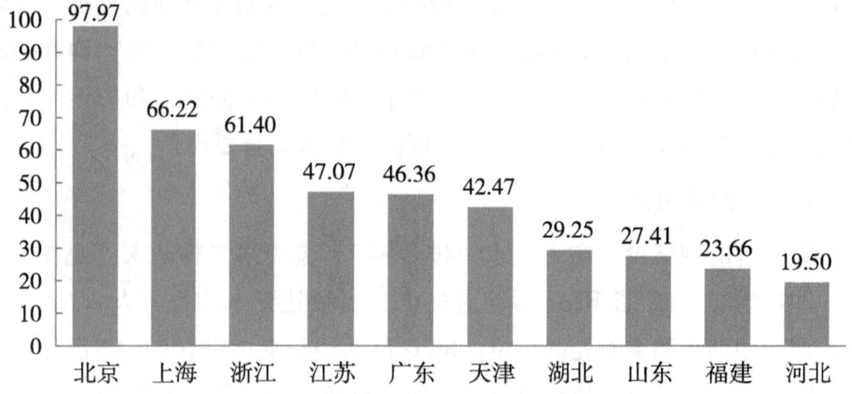

图6-5　2015年十省市科技创新产出指标值排名

（五）创新绩效

湖北省的创新绩效在十省市中排名第9（见图6-6），结果显然并不令人满意。2015年，湖北省人均GDP为5.05万元，与东部省市相比具有较大差距，反映出湖北省经济增长的动力也出现下滑趋势。2015年湖北省单位能耗产生的GDP为1.80万元/吨标准煤，能源利用率低下的问题突出。此外，工业二氧化硫生产率为192.02万元/吨，处于十个省市中的第三梯队，说明在保护环境的绿色增长与可持续增长能力方面严重不足。以上事实说明湖北省的科技成果转化率低下，创新成果并没有转化为经济效益，这也是需要特别注意的。

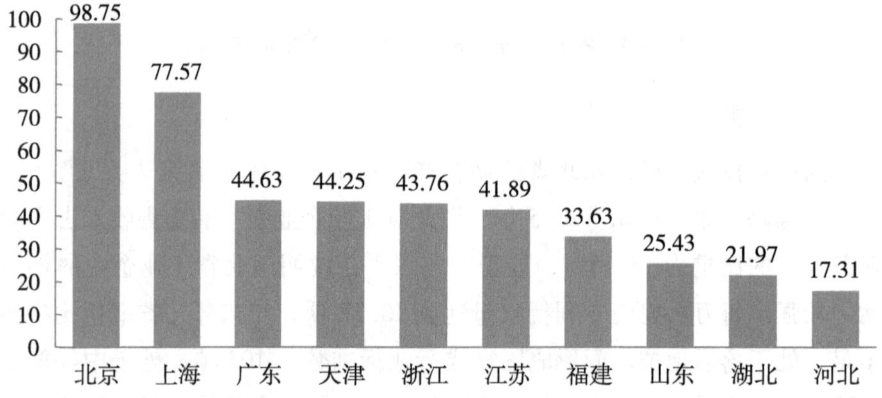

图6-6　2015年十省市科技创新绩效指标值排名

第三节　2016 年湖北省与东部九省市科技创新能力的比较

2016 年是“十三五”规划的开局之年，也是供给侧结构性改革的起始之年，在“三期叠加”的经济“新常态”下，提升科技创新能力的任务变得更加紧迫。分析湖北省与其他科技强省（市）在新的一年里科技创新能力上的优势与不足，能够形成 2016 年与 2015 年两期之间进步与落后的对比，以更好地发现湖北省提升科技创新能力的进展趋势与困难之处。因此，以下再以 2016 年为基期，选取北京、天津、河北、上海、江苏、浙江、福建、山东、广东这九个东部科技创新强省（市）与湖北省进行创新能力的总体和分类比较评价分析。

一、创新能力的总体比较评价

根据前文所述评价指标值的计算方法，基于 2016 年基础数据经过去量纲化处理和测算，得出了湖北、北京、上海、广东等十个省市科技创新能力总体指标值及其创新主体、创新环境、创新投入、创新产出、创新绩效等具体指标值（见表 6－3）。

表 6－3　2016 年十省市科技创新能力指标值

省份	北京	上海	天津	广东	江苏	浙江	福建	湖北	山东	河北
创新主体	93.51	59.19	84.22	12.15	31.46	27.64	42.02	59.61	39.06	35.01
创新环境	95.41	82.09	38.29	59.07	19.44	61.73	44.45	23.46	25.80	26.11
创新投入	98.19	75.00	40.90	53.11	48.39	37.27	23.14	34.81	25.09	20.72
创新产出	83.32	80.00	73.68	55.78	65.76	79.06	15.90	25.20	21.96	9.83
创新绩效	98.75	77.57	44.25	44.63	41.89	43.76	33.63	21.97	25.43	17.31
总体指标	99.94	90.49	57.81	50.61	45.30	43.67	14.32	13.13	9.22	2.65
总体排名	1	2	3	4	5	6	7	8	9	10

2016年，十个省市总体创新能力的指标及排名依次为：北京（99.94）、上海（90.49）、天津（57.81）、广东（50.61）、江苏（45.30）、浙江（43.67）、福建（14.32）、湖北（13.13）、山东（9.22）、河北（2.65）。同2015年一样，北京的科技创新能力在十省市中独占鳌头，上海紧随其后，天津的科技创新能力提升明显并跻身于第一梯队；广东、江苏、浙江、福建的科技创新能力在十省市中居于中间位置，处于第二梯队，其中浙江省科技创新能力排名有所退步；湖北、山东、河北三省的科技创新能力仍然跟其他省市有较大差距，依旧处于第三梯队（见图6－7）。

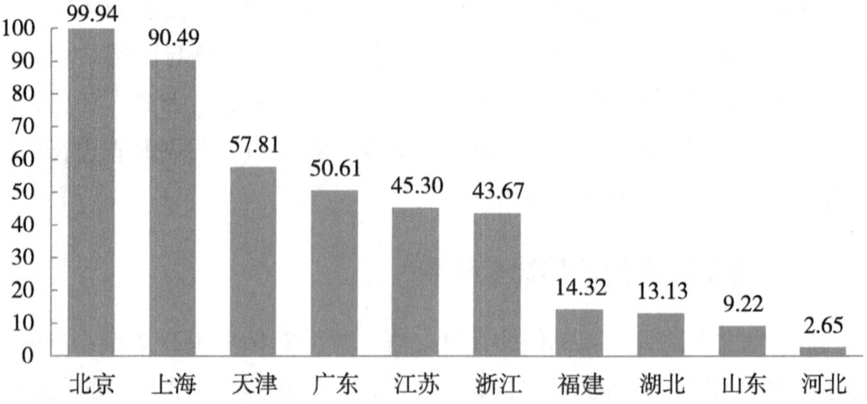

图6－7　2016年十省市科技创新总体指标值排名

2016年，湖北省的创新能力在十省市中总体排名第8，落后于北京、上海、天津、广东、江苏、浙江和福建7省市，属于第三梯队。与2015年相比，2016年湖北省的总体创新能力在十省市中的排名并未发生任何变化，但与福建省的科技创新能力差距有所缩小，处于不断进步的过程中。但据此可知，在中部地区科技创新能力尚属前列的湖北省与东部省市相比较，创新能力上的差距依然不容乐观。在边际报酬递减规律的作用下，仅仅依靠需求侧管理的“三驾马车”提供的经济增长动力已经日渐衰微，必须依靠供给侧结构性改革寻求经济增长的新动能。供给侧结构性改革的本质是优化生产函数，而优化生产函数的重点是提升科技创新能力。2015年之后，随着一系列鼓励科技创新供给能力的政策出台和逐步落实，湖北省科技创新供给能力取得了一定的进步，缩小了与福建省的差距。然而，与北京、上海、广东等省市相比，湖北省依然具有较大的差距，在提升科技创新能力的路径和对策上需要有所针对，才能逐步实现创新强省的目标。正如科技创新从来都不是单一要素投入的结果，而是由“人”“财”“物”有机结合“生产”出来的，那么科技创新的“生产函数”也就有效率高低之分，需要从多角度予以分析评价。创新主体、创新环境、创新投入、创新产出、创新绩效虽然都反映创新能力，但各自环环相扣、联系密切。为此，继续从创新主体、创新环境、创新投入、创新产出、创新绩效五个方面分别进行细化分析，并与2015年的情况进行比较，试图找出湖北省科技创新能力的短板所在与提升路径。

二、创新能力的分类比较评价

（一）创新主体

由图6－8可知，2016年湖北省的科技创新主体指标值在十省市中排名第3，位于第一梯队。湖北省在我国的科教资源优势得以保持，2016年普通高等学校在校学生数达140.18万人，比上年增长0.12万人。此外，2016年湖北省的科研院所R&D人员有1.60万人，湖北省的高技术企业有1063家，比上年增加26家。由此可见，湖北省在2016年将自身具有的丰富的创新主体资源优势保留了下来。无论是高科技企业、高等学校还是研究院所，湖北省的“产学研”创新主体资源均十分丰富，完全具备提升创新能力的基础。但是，随着其他省市的发展，湖北省的科教资源优势已经不如上年明显。

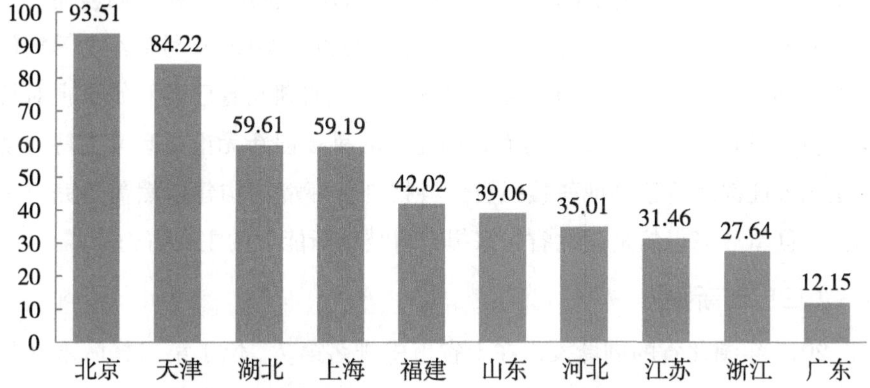

图6－8　2016年十省市科技创新主体指标值排名

（二）创新环境

2016 年，湖北省的科技创新环境指标值在十省市中排名位于倒数第二，只勉强超过江苏省（见图 6－9）。同 2015 年一样，该类指标的表现依然是创新能力指标中最差的。但与 2015 年相比，湖北省致力于创新环境的建设收效较为显著，已经取得了较大的进步。

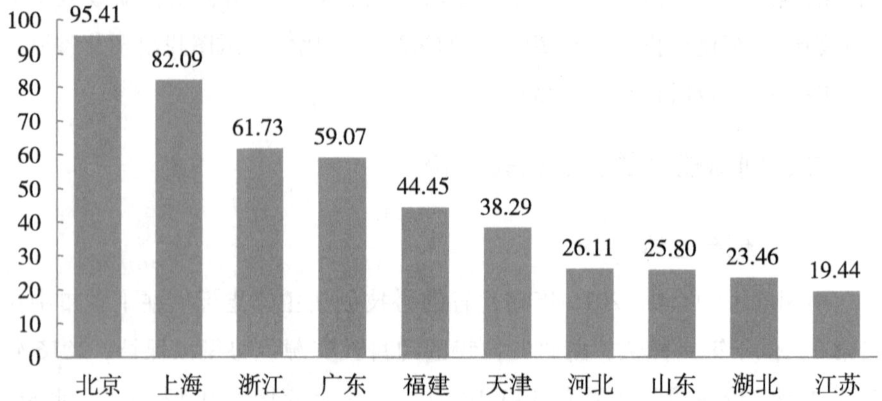

图 6－9　2016 年十省市科技创新环境指标值排名

2016 年，湖北省的互联网普及率达到 51.1%，比 2015 年提高了将近 5 个百分点。虽然仍旧明显低于其他东部省市，但这说明湖北省的互联网相关支持政策已经开始逐步落实，互联网相关产业发展已经有所成效。2016 年，湖北省高技术产业固定资产投资占全社会固定资产投资比重达到 4.35%，相比上年有所下降，这说明湖北省的产业结构还处于调整期，有待长期的观察。而从科普经费的筹集来看，湖北省 2016 年科普经费筹集额达到 73 899 万元，相比上年有明显增长。这说明湖北省已经开始重视对科技创新“软环境”的建设。然而，湖北省的科技创新无论是政策支持力度还是包容性都落后于其他科技强省，科技创新环境的构建依然需要完善和加强，创新环境仍然是湖北省未来提升科技创新能力的主要着力点。

（三）创新投入

2016 年湖北省的创新投入在十省市中排名第 7，位于第二梯队末（见图 6－10）。2016 年，湖北省 R&D 活动人员全时当量达到平均每万人 2.50 人·年，研究人员的劳动投入相较上年有所下降，在全国来看优势也并不突出。R&D 活动经费支出达 71.64 亿元，相比上年增加了 11%，增长幅度非常可观。而地方科技经费支出占地方财政支出比重为 2.96%，相比上年也有 0.4 个百分点的提升。可以发现，由于科技创新受到重视，湖北省的“人”“财”“物”创新投入力度在 2016 年得到明显加强。

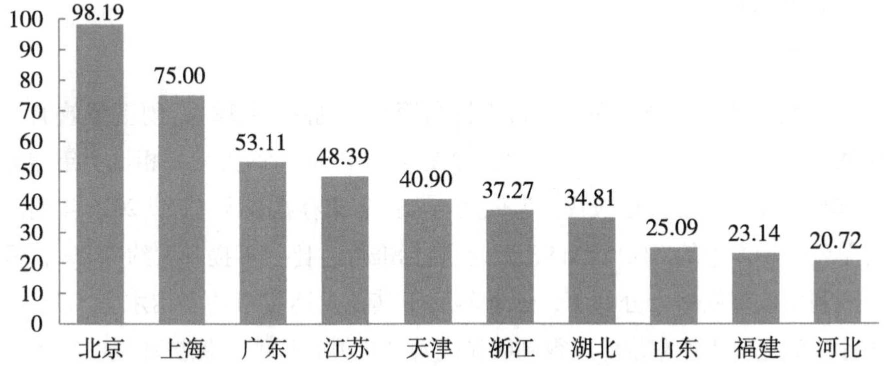

图 6－10　2016 年十省市科技创新投入指标值排名

（四）创新产出

依旧同创新投入一样，湖北省的创新产出在十省市中排名第 7（见图 6－11），勉强跻身第二梯队。2016 年，湖北省工业企业新产品销售收入占主营业务收入比重达 14.64%，比上年度增长 1.5 个百分点。这说明湖北省供给侧的微观供给主体企业创新能力相比上年有了明显的提高。该水平与其他省市相比处于中上水平，说明湖北省工业企业在新常态下的创新活力得以激发，具有较大的增长潜力。湖北省每万人发明专利授权量达到

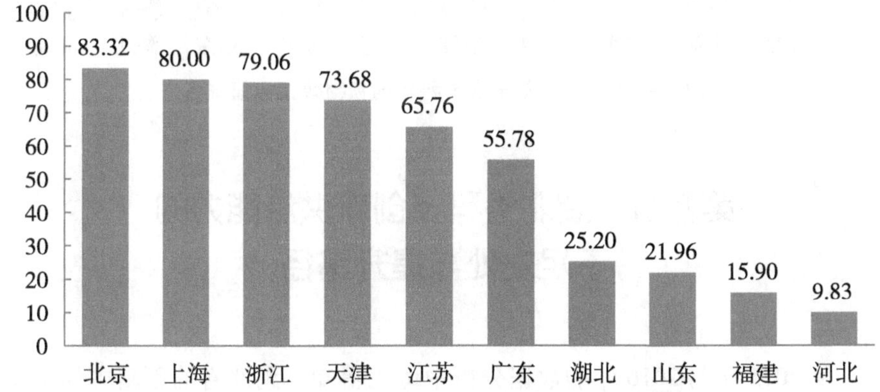

图 6－11　2016 年十省市科技创新产出指标值排名

7.44 项，相比上年出现了大幅度的减少，并明显落后于大多数东部省市。而形成国家或行业标准数有 123 项，高于 2015 年的 103 项，这说明湖北省的科技创新产出有由基础型向应用型转变的趋势。综合来看，2016 年湖北省的创新产出与投入水平继续保持基本相符的状态，但创新的“产出效率”仍然有待提高。

（五）创新绩效

湖北省的创新绩效在十省市中排名第 9（见图 6 – 12），创新绩效的结果依然不令人满意。2016 年，湖北省人均 GDP 为 5.55 万元，相比上年增加近 10%。虽然增长速度较快，但依然与东部省市存在较大差距。2016 年湖北省单位能耗产生的 GDP 为 1.93 万元/吨标准煤，比上年提升大约 7.2%，但能源利用效率依然十分低下，远远落后于其他发达省市的平均水平。此外，工业二氧化硫生产率依然未得到明显改善和提升，说明在保护环境的绿色增长与可持续增长能力方面严重不足。通过以上分析可以得出：2016 年湖北省科技成果的转化率依然低下，创新成果并没有有效转化为经济效益。

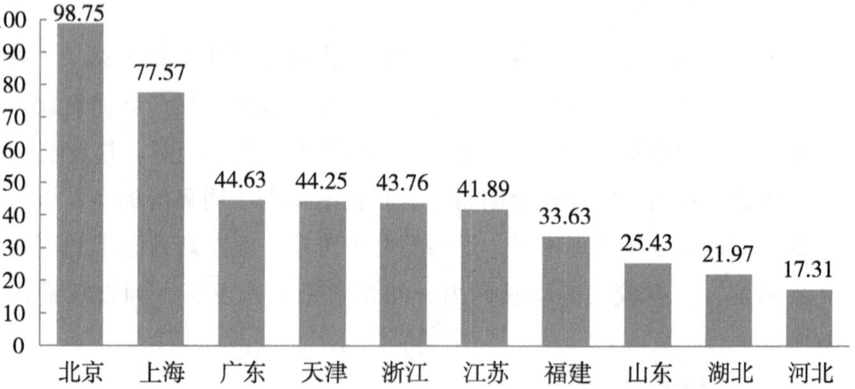

图 6 – 12　2016 年十省市科技创新绩效指标值排名

第四节　湖北省科技创新供给能力的不足之处与提升路径

从 2015 年与 2016 年的数据分析中可以得知，湖北省的创新主体资源丰富、创新投入高、创新产出也很可观，但创新绩效却非常差，其中一个很重要的原因就是湖北省的科技创新环境建设不足，导致创新成果的产出效率低、转化效果差。良好的创新环境不仅能包容创新的失败，还能够有效激发创新主体的创新潜能，促进知识、信息的流动和传播，而且还能保护创新成果不被窃取。

数量众多且质量优异的高等院校是湖北省的优势所在。高等院校作为基础性知识的主要创造者，也是受到创新环境影响最大的创新主体之一，然而湖北省进行技术研发的科研机构与高等院校之间的学术交流机制并不完善，信息传递成本很高。创新科技的传播必须实现产学研用的结合，否则只是一纸空文。但是湖北省乃至全国都普遍存在高等院校和科研机构进行的科研项目与企业实际生产力转化脱节的弊病，科研成果难以转化为实实在在的经济效益。对于作为新主体的企业而言，根据订单定产量，不愿承担创新风险的状况仍未改变。此外，虽然近年来湖北省信息产业取得了长足发展，在工业生产自动化方面进步明显，但是在信息技术、信息产品以及信息设备的应用乃至整个生产体系的信息化上依然与北京、天津、上海、广东等地存在较大差距。一方面，企业难以掌握工业信息化的新技术，传统的信息基础设施又多掌握在政府部门手中，信息产品市场化程度低，企业信息化的成本过高；另一方面，自动化控制、资源计划、电子商务等工业化和信息化融合的关键技术研发支持力度低，致使湖北省的工业企业还不能从信息产业的发展中获得红利，这种状况阻碍了工业化与信息化的有效融合。以上弊端都是创新环境中制度环境建设状况欠佳的表现。

制度环境是创新环境的重要组成部分之一，也是目前创新环境建设所容易忽视的部分之一。一方面，设立有效的法律法规和规章制度保护创新者的权益，良好的制度安排有助于减少或消除创新过程中面临的复杂性和不确定性，大大降低创新实践者的创新成本与交易费用，从而有效促进创新活动的开展和创新绩效的提升；另一方面，完善的产权制度和专利保护制度可以使创新成果的相关权益归属界定清晰，充分且正确的激励能够保证创新者合理享有创新成果所带来的经济利益，提升创新者的创新动力和创新效率，进而对区域协同创新能力的提升产生积极作用。

因此，在湖北省的科技创新能力提升中，不仅要重视研发投入的增加，更需要高度重视创新环境尤其是创新制度环境的建设。在具体实施上，湖北省需要重视知识产权的保护，提高人力资本质量，促进普惠金融的发展，从而为各类创新主体特别是中小型企业的创新提供保护与支持，积极营造有利于科技创新的环境。考虑到互联网在产业未来的应用将越来越广泛，湖北省要特别注重加强制度环境建设，合理完善信息基础设施，促进“互联网 +”新业态的成长，因地制宜地推进本地优势产业集群化发展。

第五节　结论与启示

经过前文的分析可以得出一些结论和启示：作为科教资源强省，湖北拥有丰富的创新资源，人才储备资源十分丰富；湖北省拥有高水平的基础研究和应用基础研究创新平台、一流的工程技术研究平台，具有聚集和培养优秀高水平研发人才、开展高层次学术交流、提供多种综合性研发服务的能力；湖北省也汇聚了一大批高新技术企业。这些都表明湖北省拥有丰富的创新主体资源，这是湖北省科技创新的一大优势。与此同时，近年来湖北省创新投入水平逐年提升，从全国水平上看已经位居前列。因此，湖北省在创新主体和创新投入上已经保障了创新能力提升的基础。

然而，湖北省对于创新环境的建设仍存在明显的不足之处。近年来，湖北省注重企业孵化器和众创空间等创新创业机构的建设，取得了一定的成效。但就全省范围而言，高技术产业的发展及其相关政策的支持力度均显不足。高技术产业尤其是信息技术产业是我国实体经济未来重要的驱动力之一，湖北省在这一领域显然具有非常大的提升空间，同时也需要更多的重视来为创新主体营造包容性的创新环境。此外，湖北省创新成果的转化效率并不令人满意，这说明相关政策的支持保障力度还需提高，科技创新对经济社会转型升级的支撑引领作用有待进一步加强。

综上所述，湖北省具有卓越的创新主体资源，创新投入力度也处于中上水平，却由于创新环境建设的不足仅能取得差强人意的创新产出和创新绩效，这最终导致湖北省的总体创新能力评价较低。实现湖北省成为科技创新强省的目标依然任重道远，而加强创新环境的建设已经成为提升湖北省科技创新供给能力的重点所在。

第七章　科技创新供给高质量发展路径与政策建议

第一节　科技创新供给侧结构性改革基本框架

2015 年 12 月，习近平总书记在中央经济工作会议上提出实体经济领域供给侧结构性改革“三去一降一补”基本框架。该框架在新经济时代对科技创新供给侧结构性改革具有非常重要的现实意义，由此本书提出科技创新供给高质量发展总体思路“转观念、改体制、重激励、去约束、补短板”。此改革思路是在总结前期传统领域供给侧结构性改革经验的基础上，综合考虑科技创新供给侧存在问题及科技创新供给侧结构性改革异质性，是针对科技创新供给侧而言，而不是针对其需求侧而言的。科技创新供给侧结构性改革是一场全方位、系统性的创新实践，其核心是通过提升科技创新有效供给能力，实现科技创新供给侧高质量发展。

一、转观念：彻底转变三大观念

新经济既是知识经济、数字化经济、创新型经济，也是全球化经济。在全球新一轮科技革命和产业变革之际，为赢得竞争和发展主动权，必须对科学、技术及创新驱动发展战略有更深层次的理解与把握，彻底转变三大观念。

（1）文化价值观转变。从“创新为己”科技价值观转向“创新为民”科技价值观。创新文化价值观，尤其是观念文化，潜移默化地作用于人们的世界观、价值观、人生观，影响并决定着人们的创新精神和创新行为，是推动科技创新有效供给能力提升的重要力量，是社会经济发展的重要文化保障。针对当前提升科技创新有效供给能力的迫切需要，我们必须转变过去“创新为己”的利己主义、拜金主义科技价值观，培育倡导集体主义、爱国主义、奉献精神、责任担当“创新为民”的科技价值观。

（2）经济发展观念。从追求高速增长转向追求高质量发展。新时代我们必须转变过去仅依靠要素粗放投入驱动经济实现高速增长的观念，追求依靠科技创新驱动经济高质量发展，要摒弃单纯以经济总量扩张为衡量标准的政绩考核观，要以人的发展为最终目标。

（3）科技成果观念。从追求数量转向追求质量。当前要提升科技创新有效供给能力，必须解决经济科技“两张皮”的根本性问题，但此远非“体制改革”所能及。为此还必须唤醒广大知识分子的传统经世济民精神，要激发他们内心的爱国情怀和责任意识，努力破除浮躁学风和学术泡沫干扰，极力挣脱急功近利的世俗困扰，练就“宁坐板凳十年冷，不写文章半句空”的科研精神。

二、改体制：深化科技管理体制改革

科技体制合理与否直接影响科技创新供给能力的高低。建立与我国社会主义市场经济发展相适应的科技管理体制，是实现科技创新供给侧结构性改革及高质量发展制度保障。基于当前我国科技创新供给侧存在的问题，我国科技管理体制改革必须从以下几个方面入手。

（一）改革起点：明确政府职能定位

在科技管理体制中，政府职能错位、越位或缺位，都将阻碍改革目标的实现。政府应充当好科技创新研究方向的引领者、科技创新相关配套制度的建设者、创新文化的倡导者、重大科研基础设施的投资者、科技政策的制定者，而不是具体科技创新活动的从事者。要完善科技创新宏观决策机制，加快转变政府职能，优化科技管理组织机构的设置，营造良好的科技创新环境，提升科技管理效率。

（二）改革中心环节：建立以企业为主体的科技创新体系

首先，必须要明确企业作为科技创新的主体地位，要建立以企业技术需求为主导的科技项目甄选体制。其次，要理顺产、学、研三者之间关系。对学、研来说，应该致力于前沿性、前瞻性、引领性的基础研究，不要总想着去创办企业，术业有专攻，专业的事情只有由专业人去做才能高质高效。对企业来说，一方面要适应环境变化开展开放式创新，不以“自主”创新活动为手段，而以市场为导向，以获得自主技术为目标，更多地整合外部资源为我自用。另一方面，企业规模不同、性质不同、价值链所处地位不同，创新责任、方式和理念也不同，领军企业、大型企业、国有企业应该担负起基础创新的历史责任，并通过技术溢出对其他企业科技创新形成辐射效应。对政府来说，政府职责应该是提供政策导向、优化创新环境、培育三方机构，而不是介入具体成果的转化活动。当前应注意两项工作，一是要培育源头活水，通过大科学平台、大科学装置和国家研究中心建设，夯实基础研究力量；二是面向产业、行业共性关键技术，要建立成果熟化平台，解决学、研不善或不屑应用转化、企业转化中面临的巨大风险问题，打通成果转化“最后一公里”，促进共性技术的大规模扩散。

（三）改革目标：科技与经济融合

实现科技与经济融合，把科技成果产业化、市场化作为深化科技管理体制的改革目标，是从根本上解决经济科技“两张皮”问题，也是衡量科技管理体制改革成功与否的唯一标准。对强化科技投入、推动产学研协同创新、培养创新人才等来说，这些都只是达到目标的路径，都不能作为科技管理体制改革的目标，而只能是服务于科技与经济融合的需要。

三、重激励：重视科技创新激励机制建设

建立健全科技创新激励机制对提高科技资源配置效率、提升科技创新有效供给能力具有十分重要的作用。因此，必须突破体制机制障碍，从营造鼓励科技创新社会环境、健全科技创新评价体系、培育科技创新文化等多个层面着手，完善科技人才收入保障机制、创新激励机制、成果转化动力机制，不断形成激励科技创新正确导向，从各个方面激发科技创新人员的积极性、主动性与创造性。

四、去约束：去除科技创新有效供给约束

去除科技创新有效供给约束是指解除各种抑制科技创新有效供给能力或水平的影响因素。

（一）放松科技创新行政性供给约束

放松政府对科技创新项目、经费、科技资源等的行政管制和行政垄

断，放松对企业开展科技创新活动征取较高税额的约束，降低企业融资成本，从而提升科技创新的有效供给能力。

（二）解除科技创新投入供给抑制

解除各种支持开展科技研究和创新活动的生产性要素投入约束，充分释放供给潜力。例如，解除劳动力、资本、技术在供给量、供给成本和供给效率方面的抑制，提升科技资源的利用效率，进而提高科技创新有效供给能力。

（三）解除科技创新体制机制供给抑制

深化科技体制机制改革，破除体制机制供给抑制，优化科技资源配置效率，从而提高科技创新有效供给能力。

五、补短板：补齐科技创新短板

在经济发展新常态下，要实现科技创新引领供给侧结构性改革，关键是要查补科技创新短板。

（一）补齐核心技术缺失短板

核心技术缺失是关乎我国科技创新供给侧结构性改革成功与否的关键，基础科学研究投入低、原始创新能力差是所有技术问题的源头，直接决定着科技创新供给能力的高低。只有加快推进基础科学研究的深度与广度，激活创新活力，补齐核心技术缺失短板，才能掌握产业供应链的主导权。

（二）补齐科技创新动力不足短板

创新动力不仅包括利益机制，还包括文化传承、社会价值、责任担当等所构成的动力结构体系。补齐科技创新动力不足短板，全面激发高校和科研院所、企业科研人员进行原始性科学研究和技术创新的积极性、主动性和创造性，加快形成大众创业、万众创新的生动局面。

（三）补齐科技成果转化效率低短板

解决经济科技“两张皮”问题，提升科技成果和创新成果产业化和市场化效率，是提升科技创新有效供给能力的关键。在经济发展新时代，要满足多元化、个性化的市场需求，就必须补齐科技成果转化效率低的短板，形成科技创新催生新供给并实现供给扩张的良性循环。

第二节　提升科技创新供给侧高质量发展的路径选择

立足于当前科技创新供给侧的现状与存在问题，我们认为科技创新供给高质量发展的具体路径选择，必须在“转观念、改体制、重激励、去约束、补短板”——“总体思路”的指导下，沿着如下四条路径综合推进。四条路径本身就是指科技创新供给侧方面，而不是指其需求侧方面，但同时又是通过对科技创新供给侧改革路径的实施，满足需求侧（即国民经济社会发展对其需求）的渴求。其需求侧改革路径，就是通过“三去一降一补”战略实施，达到国民经济发展供需新的动态平衡。此外，路径选择时必须要以提升科技创新有效供给能力及实现科技创新供给侧高质量发展为目标。

一、路径一：提升增量

提升增量是指要继续大力增加高科技成果的数量。近年来我国各类科技成果出现“井喷”式增长，科研成果数量直逼美国。但相对庞大的人口数量与经济发展现状而言，我国科技成果在总量上储备仍不足，科技成果产出能力仍满足不了科技创新引领我国经济高质量发展的总量需求。为力争到2050年将我国建成世界科技创新强国的战略目标，实现中华民族伟大复兴的中国梦，在未来很长一段时间，我国仍需集中力量提升科技成果的产出数量。

提升科技创新供给增量，应该：（1）加大科技创新资源投入力度，尤其是将资源配置更多倾斜到当前科技创新的短板及优化结构上。近年来，国家对科技创新的投入不断增长，但当下科技创新投入的总量与强度仍不足以支撑引领经济发展的需要。在认清发展形势的基础上，应深刻把握加大科技创新资源投入力度的重大意义，引导全方位、多渠道补充投资，最大限度地动员全社会的科技创新资源投入构建科技创新供给生产系统中，为提升增量，为建设科技强国提供强有力的保障。（2）注重科技创新人才的培养。新经济时代，综合国力的竞争本质上是创新人才的竞争，培养和吸引科技创新人才已成为世界各国赢得竞争和发展主动权的战略选择。科技创新人才在科技创新供给生产系统构建中处于不可替代的核心位置，应从战略高度确保科技创新人才的培养与发展，稳步扩大科技创新人才队伍，优化科技创新人才结构，改革科技创新人才培养、评价与激励机制。(3)“官产学研金介”协同创新。“从创新主体角度看，创新生态系统由许多参与创新的主体组成，包括企业、大学、研究机构、中介机制和政府部门，这些主体之间存在着内在联系与互动。”每一个参与方在整个科技创新生态链中都扮演着不同角色，彼此之间相互联系、互为支撑。“官产学研金介”各方协同创新，助力知识链、技术链、资金链、产业链、创新链环环相扣，形成知识物化为生产力的良性循环。应充分协调各创新主体的创新活动，构建以企业为主体、政府为导向、高等院校和科研机构为输出、金融机构与中介结构为支撑的“官产学研金介”协同创新体系，形成科技创新有效供给能力的最大合力。

二、路径二：激活存量

激活存量是指要激活被“束之高阁”的科技成果活力，使之服务于社会经济发展主战场。根据 LetPub 最新发布的数据[1]，2017 年我国科研 SCI 论文数量增速惊人，科研成果数量多、规模大，存量丰富。这其中有一部分是已经过时的科技成果，业已被市场淘汰；但还有很大一部分完全可以市场化且可以产生巨大效益的科技成果，因现存科技创新环境、激励机制设置、科技体制不完善等多种因素约束而被“束之高阁”。因此，甄别具有使用价值的科技成果，对应用性科研成果进行价值评估和价格测算，协调不同学科、不同创新主体解决科研成果产业化中的难题，充分调动各方积极性，激活已有科技成果存量市场化潜力，是深化科技创新供给侧结构性改革、提高科技创新有效供给能力的重要路径目标。

激活科技成果活力，关键要：(1) 明确产权收益。对不涉及国家机

---

[1] 2001 年中国全年才有 1 篇 CNS 高质量科研论文，到了 2017 年，据 SCI 数据库检索至少包含一位中国作者的论文结果显示，2016 年中国科研人员发表 SCI 论文的总数已累计 33 万余篇，位居世界第二。其中，各高校在 JCR 一区期刊上发表的论文总数超过 43 000 篇。

密、国家安全，不需要审批或备案的科技成果，政府应放权高校、科研院所，允许其可自主转让、许可或者作价投资。科技成果转化在不变更产权的前提下，应明确相应收益分配，从而驱动科技成果转化。(2) 政策激励机制保障。对从事科技成果转化的科技人员给予资助经费，并资助其免费参加相关培训、研修；对科技成果转化所得现金奖励给予税收减免政策优惠，鼓励更多的科技成果产业化，让更多“沉睡”的科技成果更广泛地转化为实际生产力。(3) 加强科技成果转化能力建设。鼓励高校、科研院所在不增加编制的前提下，建立负责科技成果市场化工作的专业化机构，或者委托独立的科技成果市场化服务机构开展科技成果转移转化，通过培训、市场聘任等多种方式建立科技成果转移转化职业经理人队伍。

三、路径三：优化结构

优化结构是指优化科技创新供给（能力）结构。就当前我国科技创新供给结构而言：(1) 我国部分科技创新成果的引进及产业化应用能力相对较强，但基础研究、原始创新性研究、核心技术及关键设备开发等方面的创新供给能力较弱。(2) 从产业创新价值链角度看，处于低端的产品技术应用开发能力较强，而处于高端的产品技术研究与开发能力较弱。(3) 从“官产学研金”所涉及的科技体制机制结构来看，也同样存在应用研究与基础研究强弱不当问题。优化结构，就是通过科技供给侧结构性改革补强弱项，构建起结构优良的科技创新供给（能力）结构体系。从各子项的衔接度来看，中国创新生态系统离完善的创新生态系统仍存在一定的差距，存在创新“生态区”协调性不强等问题。目前，中国的创新驱动主体仍然是政府，而企业和研究机构创新“生态位”仍然偏弱，这将一定程度上抑制各创新主体的创新能力，进而导致创新生态系统的自组织生长能力不强。

优化科技创新供给结构应该：(1) 建立有效的知识产权制度保护创新。建立健全包括所有权、收益权、使用权和交易权在内的知识产权保护制度，让法律覆盖整个科技创新从研发至产出全过程，为科技创新主体营造良好的创新环境。(2) 强化科技资源开放共享机制。网络、通信、数据库、高端设备仪器等重大科研基础设施为科技创新提供基础条件，但重大原始创新性研究、高精尖技术研究所需科技资源通常都具有高投入的成本特性，因此容易对科技创新形成供给约束。为解除设备高投入成本供给抑制，国家应建立完备的重大科研基础设施、研究实验基地、数据库等资源开放共享、网络协同机制等，并依法向社会公开开放，巩固加强基础研究和重点共性技术研究，为技术突破提供支撑。(3) 进一步完善并落实科技创新政策保障机制。具体包括教育政策、财政支出政策、税收减免政策、金融政策等吸引和激励科技人员创新创业的政策。例如，在科技创新项目同生产力对接方面，应以国家的宏观产业政策为导向；在科技创新成果与产业对接方面，应以激励产学研协同合作的政策机制、完善的技术转移机制为保障；在科技创新研发人员的劳动与收益对接方面，应有不断完善的科研奖励评价标准作为保障。

四、路径四：提高质量

提高质量是指提高科技创新产出成果供给质量。我国每年产出的科技创新成果众多，但真正称得上高质量的成果甚少。据美国国家科学基金会（NSF）报告显示[1]，中国出版物数量已问鼎全球冠军，但科研质量登顶相对滞后；数据显示，美国在专利、知识产权收入和创新技术的风险投资等方面继续领跑全球。目前，高质量科技创新成果，应该包括：(1) 对人类科技文明、经济生产文明等有重大推动作用的原创性成果及思想；(2) 具有重大产业化应用前景的科技成果；(3) 产业创新价值链高端、核心、关键技术开发成果及制约产业价值链瓶颈或“卡脖子”的科技成果等。提高科技创新供给质量就应该在这些方面努力，科技创新资源配置应该向这些环节倾斜。

提高科技创新产出成果供给质量，具体应从以下几点入手：(1) 构建大数据与信息技术支撑机制。充分利用现代信息技术，构建包含科技资源开放共享平台、科技数据共享平台、科技文献共享平台、科技成果互动转化平台相统一的大数据平台。通过数据的不断扩展和信息技术的不断进

---

[1] 2016 年中国发表了超过 42.6 万份研究，占爱思唯尔 Scopus 数据库（全球最大文献摘要与科研信息引用数据库）总量的 18.6%，超过美国 40.9 万份；但在论文应用方面，美国排名第三，中国排名第五；在科研经费投入方面，美国仍居世界第一，中国紧随其后；美国在科技领域许多方面仍是世界领跑者。

步，这些各具特色的数据池，会综合性地从科技资源配置效率改善、科技创新环境优化、科技创新主体参与积极性提高、科技供给与科技需求有效互动、科技研究方向的调整等多方面对科技创新有效供给能力形成全方位、多层次的支撑，从而有效提升科技创新供给质量。（2）协同合作机制。新经济时代，确保整个科技创新有效供给系统内外部形成有序、高效的协同合作机制，充分利用全球科技创新资源，极大地提高整个系统的生产能力。“官产学研金介”科技创新生态链上不同创新主体之间协同合作，全球科技创新供给网络协同合作，相同创新主体之间、不同区域之间各种多样化、多元化协同合作，可以极大加速包括科技信息、技术贸易、技术投资、研发合作在内的各种科技资源流动、整合与优势互补，大大提高科技创新供给质量。（3）培养科学技术预见能力。培养科学技术预见能力是提升科技创新产出成果供给质量的重要途径，尤其是对基于自主创新供给能力的提升尤为重要。通过对社会经济领域前瞻性技术、关键共性技术进行科学预判，将有利于把握科技创新发展前沿，夺得科技创新制高点，抢占发展先机，从而推动科技创新供给能力实现跨越式发展。

第八章　科技创新供给侧高质量发展要处理好“十大关系”

第一节　创新驱动中国迫在眉睫

2016年，国务院《国家创新驱动发展战略纲要》提出，科技创新发展“分三步走”战略目标。十九大报告提出“在经济高质量发展阶段，必须坚持质量第一、效益优先……推动经济发展质量变革、效率变革、动力变革”；2018年科技部《关于加快建设创新型国家的意见》提出，“以提升科技创新能力为核心，系统提升国家创新体系的整体效能”。2018年5月，习近平总书记在两院院士大会上首次谈到，要“充分认识创新是第一动力，提供高质量科技供给，着力支撑现代化经济体系建设”。

随着我国社会主要矛盾由“人民日益增长的物质文化需要同落后的社会生产之间的矛盾”转化为“人民日益增长的美好生活需要和不平衡不充分的发展之间的矛盾”，经济工作的着重点和着力点也自然而然地转换到以“质量”和“效益”为重心和中心的轨道上。所谓不平衡不充分的发展，从经济学意义上看，其实就是影响满足人民美好生活需要的不平衡不充分的供给；所谓“质量”和“效益”，其实就是影响经济高质量发展与建设现代化经济体系需求的“内生动力”和“活力”，即科技创新的供给。可以说，我国社会主要矛盾的变化，实质上是供需体系内部的总量性矛盾向结构性矛盾转变的一个过程；也是我国经济从高速增长阶段向可持续增长阶段转变，增长动力从依靠要素驱动为主向依靠科技创新驱动为主转变的一个过程。应对社会主要矛盾的变化及其所引发的经济领域的一系列变革，应将动力结构重塑放在首位乃至最重要的位置，“要以提高发展质量和效益为中心，以支撑供给侧结构性改革为主线，把提高供给体系质量作为主攻方向，推动经济发展质量变革、效率变革、动力变革，显著增强我国经济质量优势”。

基于矛盾是事物发展动力的原理，以科技创新供给侧主要矛盾作为分析逻辑起点，在供需分析框架下就解决科技创新供给侧主要矛盾必须要处理好“十大关系”进行探讨，并进而阐释“十大关系”的内在逻辑关系及其在科技创新供给侧高质量发展中的作用。

第二节　科技创新供给侧存在主要矛盾及其表现

与我国社会主要矛盾变化相呼应，当前我国科技创新供给侧存在的主要矛盾集中表现为，“全社会日益增长的对有效科技创新成果需求与科技创新供给侧有效供给能力不足，即经济社会发展对科技创新需求与其供给不平衡、不充分发展之间的矛盾”。科技创新供给不平衡不充分发展，一方面是指当前我国“科技创新供给”与“科技创新需求”不匹配非均衡发展现状；另一方面，是针对当前我国具有自主知识产权的“有效科技创新供给”不充足发展现状而言的。此矛盾主要表现在：（1）原创基础研究成果不足。与构建创新型国家标准要求相去甚远。（2）关键核心技术与高端技术装备短缺，对外依存度较高。（3）科技成果产业化率不高，科技与经济“两张皮”现象严重。（4）科技管理体制机制约束与阻力犹存等。

从供给数量上看，我国科技创新供给成果虽已相当可观[1]，但供给结构与供给质量却不尽如人意，科技创新供需失衡问题依然十分突出。随着经济增长进入高质量可持续发展阶段，我国科技创新供给体系已明显无法适应经济增长需求的新变化。

改革开放40多年，我国一直是在共享发达工业国家的科技创新成果，国内企业使用先进技术开发的新产品，大多是在引进海外先进技术基础上，进行模仿复制、工艺改进与产品改良等“局部创新”基础上实现的。这种引进→模仿→改良型科技创新路径，助力我国顺利实现了“创新追

---

[1] 吴阳芬，曾繁华．科技创新供给侧结构性改革——基于有效供给假说视野［J］．江西师范大学学报（哲学社会科学版），2019（2）：124.

赶”目标。但随着我国科技创新逐渐步入“跟跑、并跑和领跑”并存新阶段，如何实现“创新超越”质的飞跃，关键是需要在前沿性、引领性原始创新上下“狠功夫”，要从根本上摆脱核心技术受制于人与系统技术供给不充分的局面。

第三节　科技创新供给侧高质量发展要处理好“十大关系”

为解决我国科技创新供给侧现存主要矛盾，逐步提高其供给体系质量，从而实现高质量科技供给助推高质量经济发展，必须要处理好以下十大关系。

一、协同创新中政、产、学、研、金、介、用间关系

科技创新活动是各种创新主体立体交互作用的过程，由政府、企业、高等院校、科研院所、金融机构、科技中介机构、用户（以下简称“政、产、学、研、金、介、用”）等参与主体，统筹制度链、政策链、产业链、知识链、人才链、技术链、资金链、需求链，探索多种形式协同创新模式，从而形成知识物化为生产力的良性循环体系，推动科技创新系统协调发展。政、产、学、研、金、介、用这七大创新主体在科技创新活动中均发挥着不可忽视的重要作用，各参与主体所具有的功能和任务也不尽相同；明确各参与主体在整个国家创新体系构建中所扮演的角色与承担任务，是系统集成与协调科技创新活动的前提。

一般而言，“产学研”是整个协同创新体系的轴心，“政金介”则是为产学研服务的，“用”则是使整个“协同创新”体系可持续发展的出发点与落脚点。高等院校是科技创新活动中知识创新与人才培养主体，主要承担基础研究任务；科研院所是依托高等院校，基于市场而进行创造性研究、技术革新与研发生产的主体，主要承担应用研究任务；企业则是依托应用研究成果，创造新技术、新方法和新产品主体，主要承担开发研究任务；政府一方面充当“政、产、学、研、金、介、用”协同创新体系制度的供给者，另一方面又是率先引领开展科技研发活动与科技体制创新的领

导者、协调者，主要承担制度创新与供给责任；金融机构是为企业进行开发研究创造良好融资环境，提供安全创新风险担保主体，主要承担资金支持与风险担保责任；科技中介机构活跃在技术需求者与拥有者之间，是经营技术商品的中间商，是促进协同创新体系各主体互通有无的黏合剂与创新活动的催化剂，是为大学、科研院所和企业技术交流、技术转移及产品市场化和产业化提供中介服务与增值服务，优化资源配置与缓减信息不对称主体，主要承担推广新产品、新技术及组织、沟通与协调责任；用户参与“产学研”是以人为本创新 2.0 环境下创新模式新转变——从“以生产为中心”转向“以用户为中心”，用户基于自身消费需要，可在参与科技创新活动的过程中修正创新主要方向，因而主要承担“监督”创新的任务与作用。协同创新体系中七大创新主体相互联结，推动科技创新活动与外部市场环境对接，最终形成科技创新有效供给能力的最大合力。

二、自主创新与模仿创新间关系

正确处理自主创新与引进模仿创新之间的关系意义重大。技术引进与消化吸收——改良式模仿创新，是“后发国家”技术进步与技术追赶的主要手段。通常在发展初期，“后发国家”都面临研究与研发实力薄弱、资金不足困境；模仿创新低投入、低风险、市场适应性强的特点，自然成为企业快速实现资金积累与技术研发能力提升的战略选择。但当“后发国家”面临基于自主创新“先发国家”新技术浪潮冲击时，往往会陷入技术依赖恶性循环的不利境地；“后发国家”还会面临“先发国家”技术壁垒与市场壁垒“双边垄断”陷阱，存在法律与制度方面的障碍。

改革开放 40 多年，我国依靠技术引进与模仿创新带动了一大批产业，尤其是新兴产业快速发展，但长期重引进轻开发战略的发展模式，也使我国一直深陷核心技术受制于人的困境。大量依靠技术引进与模仿创新所形成的“路径依赖”，一方面极大地抑制我国企业自主研发与自主创新的积极性，另一方面也造成了我国在核心技术与高端前沿技术领域，留下空白较多的科技发展现状。随着我国国内经济由高速增长阶段转向高质量发展阶段，经济增长动力也从传统要素驱动转向创新驱动，科技创新则越来越成为我国经济发展进程与国家竞争力的决定性因素，自主创新也越来越成为国家科技创新发展的重点。总的来说，当前我国推进自主创新可以有两种路径选择：一种是在技术引进与模仿创新方面少投资，在自主创新方面多投资；另一种是多投资、多发展引进改良式模仿创新，循序渐进、逐步强化对自主创新的投入。由于保障了企业与人民生存和发展需要，后一种途径通常更有利于推进自主创新的深化发展，其发展基础更加稳固。因此，国家在强调重点发展自主创新过程中，也绝不能忽视引进与模仿创新的重要性；通过模仿创新来加快自主创新步伐，是多快好省地实现科技强国的正确发展道路，也是“后发国家”走上自主创新道路，实现技术与经济跨越式发展，追赶“先发国家”的必由之路。

三、基础研究与应用研究间关系

随着我国科研投入总量开始并入世界第一梯队，总体科技水平逐步向世界前沿水平趋近，国家科研投入方向——偏向基础研究还是应用研究，也在越来越大程度上决定着科学研究对创新增长的贡献度。[1] 过去 40 多年经济高速增长阶段，应用研究占 GDP 比重持续高于基础研究占比，应用研究对驱动经济数量增长较基础研究作用更为显著。2018 年 10 月，国家统计局、科学技术部和财政部联合发布的《2017 年全国科技经费投入统计公报》显示：2017 年我国基础研究经费为 975.5 亿元，比上年增加 152.6 亿元；其中，基础研究经费占整个 R&D 经费的比重为 5.5%，达到 2005 年以来最高水平，但与发达国家 15% 左右的比重相比仍存在较大差距。

“求木之长者，必固其根本；欲流之远者，必浚其源泉。”基础研究作为科技创新基石，是滋养高、精、尖技术创新能力的源泉，是培养高级科技创新人才的摇篮，更是探索和认识世界最积极、最富有活力的手段。基础研究功底越是扎实，科学技术成果向应用型生产力转化进程将越顺畅；基础研究一旦取得重大突破，则整个国家科学技术和社会生产力必将取得跨越式发展。随着我国经济由高速增长阶段进入高质量发展阶段，过去着重强调应用研究科技创新发展战略也应顺势调整为以基础研究的投入与发展为重点。“一个在基础科学知识上依赖于其他民族的国家，它的工业进

[1] 孙早，许薛璐. 前沿技术差距与科学研究的创新效应——基础研究与应用研究谁扮演了更重要的角色 [J]. 中国工业经济，2017 (3)：5 – 23.

步将是缓慢的，它在世界贸易中的竞争地位将是虚弱的。”[1] 具有领先技术优势的发达国家不可能将其具有垄断竞争优势的尖端前沿技术转让他国，那些在国内尚未形成系统基础研究的体系国家，也几乎无一幸免地在国际贸易与竞争中处于被动局面与劣势地位。对此，2018 年习近平总书记在两院院士大会讲话中指出：“要瞄准世界科技前沿，抓住大趋势，下好‘先手棋’，打好基础、储备长远，甘于坐冷板凳，勇于做栽树人、挖井人，实现前瞻性基础研究、引领性原创成果重大突破，夯实世界科技强国建设的根基。”

同时，随着知识经济时代的到来，产品更新率不断提高，创新周期也越来越短，传统基础研究与应用研究交叉渗透、相辅相成、并肩合作趋势逐渐加强，由应用研究激发的有导向的基础研究越来越成为科技研发活动的主流趋势。

四、人才驱动与创新驱动间关系

对于人才驱动与创新驱动间的关系，我国政策走向是日益明晰的，基本形成“创新是第一发展动力，人才是第一创新资源”共识。2018 年习近平总书记在两院院士大会上提出“创新驱动实质是人才驱动”的发展论断，揭示了“人才驱动与创新驱动”之间的关系，指明了创新驱动经济高质量发展战略的突破口和着力点；强调中国要建设世界科技强国，实现民族复兴强盛的伟大目标，就必须要将人才问题摆在最核心、最根本的战略定位上。

创新之道，唯在得人。随着科技竞争越来越成为各国经济实力乃至综合国力竞争的决定性因素，人才已成为知识经济时代各国争夺的最重要战略资源。因此，培养和引进创新人才，也成为各国抢占经济发展与国际竞争制高点的基本战略方针。完善科技人才发展制度环境，制定符合国情和科技人才成长与发展规律的高质量人才培养与吸引政策，变革不合理的人才管理机制、科研评价机制及科技成果转化机制，使创新人才不必为科研经费与生活压力所迫而盲目创新，为广大科技人才提供精准激励机制、良

---

[1] V. 布什．科学——没有止境的前沿［M］．范岱年，谢道华，等译．北京：商务印书馆，2004：64.

好科研与工作环境，真正做到“留得住人才”，是我国培养与吸引科技人才、释放被制度束缚的科技创新活力需解决的首要问题。放眼世界，打破不必要的制度壁垒，完善科研平台、创新基地建设，让人才在不同国家、不同地区高校、科研院所、企业乃至全球市场上自由流动，让创新源泉在全社会乃至全球充分涌流，大力培养造就一大批具有全球视野和国际战略水平的科技人才、科技领军人才、青年科技人才和高水平创新团队，是我国谋求形成最大限度激发科技人才引领创新发展潜力的生动局面所需努力的方向。只有掌握一大批世界一流科技人才，才能生产世界一流创新成果，才能推动形成引领世界创新潮流的新格局。当前，我国科技创新正处于从量的积累向质的飞跃、从点的突破向系统能力提升的重要转型时期，我们比以往任何时候都更迫切、更渴望、更需要“广开进贤之路，广纳天下英才”。

五、政府引导支持与企业创新主体间关系

政府对科技创新活动的支持，贯穿整个基础研究、应用研究、开发研究乃至生产与销售全过程，是推动科技创新网络连接的重要力量，对科技创新效率具有显著影响。但必须明确的是，作为重大科技攻关项目承担者的企业，与科技创新活动的引导者与支持者的政府角色作用是不同的；在强调更好地发挥政府引导支持对推动科技创新作用的同时，绝不可因此忽视企业在科技开发研究及科技成果产业化中的主体作用。叶祥松、刘敬（2018）从政府视角出发，基于研发活动的异质性，针对我国科技创新活动不仅没有促进经济增长方式由要素驱动向创新驱动转变，反而产生了抑制作用现象——中国科技创新陷入困境，进行了理论分析与实证研究。研究发现：一方面，增加开发研究投入对提高以全要素生产率衡量经济增长具有显著抑制作用，增加科学研究（包括基础研究与应用研究）投入在短期内对此则不存在直接影响。另一方面，政府长期侧重于对科学研究的投入，将有利于促成科技创新驱动的新发展；但政府对开发研究的支持应保持在合理范围内，过度的政府支持会强化开发研究对经济增长的不利影响，适度政府支持却可以缓解其抑制作用。[1]

---

[1] 叶祥松，刘敬．异质性研发、政府支撑与中国科技创新困境［J］．经济研究，2018，53（9）：116－132.

科学研究往往都与一国经济发展命脉、国家重大战略需求乃至一国国际地位具有直接关联性，就其重要性而言，政府任何时期都不应放松对科学研究的大力支持。同时，由于科学研究活动本身普遍具有投入大、周期长、不确定性强与外部效应显著等特点，其短期产出效应通常是不显著的，甚至还会呈现抑制现有产出的负面效应。因此，就其自身属性而言，企业往往没有能力，也没有动力去投资科学研究，科学研究只能由政府来主导与支撑。相对科学研究而言，技术开发研究具有投入少、周期短、不确定性小的特征，其产出效应主要在于开发出来的新产品、新工艺可以得到市场认可。因此，在市场利润最大化的激励机制驱动下，大多数企业是愿意从事开发研究的；针对开发研究面临的市场风险与技术风险，政府也应给予合理、适度支持及引导和鼓励，这会有利于最大限度地激发企业创新主体作用发挥。

显然，政府支持在科学研究与开发研究这两种不同类型的科技创新活动中具有不同作用机制与作用效果。因此，国家在推行强化建设科技强国、加大科技研发投入发展战略的同时，一定要注意处理政府引导支持与企业创新主体间的关系。就当前而言，就是要适当地调整政府在科学研究与开发研究间的投资比例，更多地向科学研究倾斜。同时，适度引导与支持开发研究，但是政府投入用于技术开发的研究比重必须适当降低，保持在合理区间内。加大对科学研究投入的结果，一方面可以缓解当前我国加大全国研究与实验发展经费投入占 GDP 的比重，反而降低了全要素生产率对经济增长贡献的科技创新困境；另一方面可以将关键技术与前沿技术掌握在自己手中，从而能够更好地应对与避免各种类似“中美贸易摩擦”的挑战。

六、创新链与产业链间关系

创新链与产业链，既相互区别又相互促进。一方面，创新链是产业链形成与发展的源头和基础；另一方面，产业链又是创新链的延伸与发展。创新驱动经济高质量发展必须要借助产业链支撑才能实现，仅靠强调发展创新链或是单独发展创新链与产业链——“脱钩式发展”，都是行不通的。2015 年，习近平总书记在参加全国两会上海代表团审议时强调，“必须破除体制机制障碍，围绕产业链部署创新链，消除科技创新中的‘孤岛现象'"。2018年，在两院院士大会上，习近平总书记也强调，要"促进创新链和产业链精准对接，加快科研成果从样品到产品再到商品的转化，把科技成果充分应用到现代化事业中去"。据中国科协2018年发布的《第四次全国科技工作者状况调查报告》显示，近3年我国从事过研发活动的科技工作者中，将科技成果转化为产品或应用于生产生活的科技工作者所占比重为38.1%；有93.7%发表过学术论文的科技工作者认同发表论文的主要目的是达到职称晋升要求，90.4%的科技工作者是为了完成各种考核要求，科教辅助人员为达到职称晋升要求而发表论文的比例更是高达96.2%。创新必须要是有益于产业发展与社会进步的创新，若只是作为研究成果而"束之高阁"的一堆废纸，则便是劳民伤财，不具任何实际意义。

中美贸易摩擦对中国而言，不仅仅是一场简单的贸易战，它更是一场波及从上游到下游整个产业链的科技战。美国挑起贸易摩擦最根本意图也不仅仅是其所提改善贸易失衡诉求，其根本战略目的是要抑制中国高科技企业的发展。针对美国利用中国产业在全球价值链所处的不利地位打压中国高科技企业战略，如利用中兴在全球价值链高端研发与制造环节所处不利地位对其进行打压，我国应当采取"围绕产业链部署创新链"发展战略积极应对美国的保护主义，让创新推动我国企业由全球价值链中低端环节上的"世界工厂"向高端环节的"科创中心"转移，让产业发展"召唤"更多创新，深化创新发展维度和广度，在实现创新链和产业链相互支撑、竞相攀升、良性循环的同时，也为我国进一步推动创新驱动经济高质量发展加固防线。

此外，针对我国自主控制和主导产业，通常是针对具有自主知识产权的核心技术优势产业而言，我们也应积极主动采取"围绕创新链部署产业链"发展战略，在全球布局以我国核心优势产业为主导的价值链。但在围绕高新技术为主导的优势产业链部署创新链的过程中，我们也应时刻谨防陷入技术受控于人，惨遭"扼杀"风险。对此，唯有形成集设计、研发、生产、销售于一体的自主创新体系，时刻关注前沿技术动态，攻克核心技术关卡，才有可能避免"断供"和"一剑封喉"危险。

进入21世纪以来，全球科技创新进入空前密集活跃的时期，新一轮科技革命和产业变革正在重构全球创新版图、重塑全球经济结构。充分利用我国改革开放40多年来积累的科技创新与产业发展经验，把握好当下科技创新发展面临的千载难逢的历史机遇，将创新与发展主动权牢牢掌握在自己手中，实现中华民族伟大复兴目标，我们没有任何理由懈怠。

七、科技创新与军民融合间的关系

军民融合是一个关系国防工业与国民经济发展全局战略问题，是中国共产党长期以来探索经济建设与国防建设协调发展规律的重大成果，是新时代实现富国与强军相统一的根本途径。正确处理科技创新与军民融合间的关系，一方面是新时代推进国家治理体系与治理能力现代化的重大任务，另一方面也是国家实现经济高质量发展的重要动力与战略支撑。

国防建设不可不重视。当前，我国虽已具备一定的国防力量，基本形成相对独立、较为完备的国防科技工业体系，但我国国防科技自主创新能力与研制生产能力较世界领先水平仍存在较大差距，坚持向科技创新要战斗力仍是未来我国加强国防工业发展的必然趋势。国防科技创新绝不能满足于“追尾巴”“照镜子”的模仿创新老路子。在国防科技工业竞争中，谁掌握领先的科技创新优势，谁就掌握了军事主动权；谁在国防科技创新上落伍掉队了，谁就会陷入被动挨打的局面。

自党的十八大以来，以习近平为核心的党中央深刻把握全球军事发展大趋势及我国国防力量所处历史方位，着眼于建设一支保障中国梦、强军梦顺利实现的世界一流军队的现实需要，擘画科技创新蓝图，点燃了新时代科技强军兴军的新引擎。国家提出军民融合发展战略，深刻阐释了科技创新与国防建设间相互作用、互为支撑的内在逻辑关系，为实现军民、科技协同创新深度融合发展模式，进而谋求民用部门与军事部门、国防建设和经济建设兼容发展指明了方向。军民融合是全球各国谋求形成一体化国家战略体系，从而在国际竞争中赢得科技与军事竞争优势的基本方略；科技创新是驱动军民融合发展的战略引擎，是各国抢占国防科技工业战略竞争的制高点。随着以科技创新为衡量标准的军民融合水平的不断提升，我国应不断调整、优化军民融合深度发展方向与模式，向能够大幅提升军事能力和产业实力的颠覆性技术重点领域聚焦用力，寻求以点带面推动军民科技协同创新水平提升，为富国和强军两大目标筑牢发展基础。

八、国家、社会、科研界与科技工作者间关系

科技工作者个人与整个科研界间的关系，科研界与国家及社会间的关系，都是深化科技创新高质量发展的重要内容。不能只顾强调科技工作者个人要有“静心笃志、心无旁骛、甘坐‘冷板凳’，啃下‘数十年磨一剑’的苦功夫”；整个科研界也应齐心协力，共同践行中央关于强化作风和学风建设的意见，努力为广大科技工作者营造风清气正的良好科研环境；国家则应注重加快转变政府职能，完善科技体制机制构建、强化科技创新组织保障，构建良好科研生态；社会应宣传和弘扬伟大科学家精神，努力营造全社会尊重人才、尊重创新的舆论氛围，营造崇尚创新的社会环境。

就科研工作者个人而言，若他们为国家科技强国事业“坐冷板凳”“做铺路石”，他们的工作条件和福利待遇也需要不断改进。尽管国家历来提倡艰苦奋斗、淡泊名利的奉献精神，同时我们也提倡关心群众生活、坚持以人民为中心的发展思想。国家一切经济和科技工作的出发点与落脚点始终都应是满足人民对美好生活的向往。因此，随着我国科技创新逐渐步入“跟跑、并跑和领跑”并存新阶段，科技人才的工作与生活环境也应随之不断进行改善，要切实保障并提高科研人员的待遇，理直气壮地让真正有作为、有贡献的科技工作者“名利双收”。改革开放40多年，我国广大科技工作者同心协力为我国科技与经济发展付出了艰苦卓绝的努力；未来，我们仍需大力弘扬科学家精神，但也需要更多地注意解决他们在工作和生活中迫切需要解决的问题。此外，广大科技工作者个人也应“洁身自好”，做到坚守诚信底线，崇尚学术民主，并坚决防止和反对科研领域的“圈子”文化，破除各种利益纽带和人身依附关系，反对浮夸浮躁、投机取巧，共同努力为整个科研界营造一个风清气正的良好科研环境。

就国家而言，不断深化战略、规划、政策与服务方面的体制机制改革，优化科技项目申请、评审与管理机制设计，强化科技人才在工作与生活方面的组织保障，切实落实好减轻科研人员负担，是构建良好科研生态、最大限度解放和激发科学技术作为第一生产力所蕴藏巨大潜能的关键。为此，政府不仅要明令禁止并严查、严惩各种违背学术道德与学术诚信的科研作为，要打击浮夸浮躁、投机取巧、急功近利的学术风气，要极

力破除科研领域的“圈子”文化，废除唯论文、唯帽子、唯职称、唯学历、唯奖项的人才评价机制，更要强化各项人才保障措施、管理措施与激励措施，大力减轻科研人员负担，并给予科研人员应享受的社会福利待遇。

科技创新要实现可持续高质量发展，除了需要政府政策与法律环境作为保障外，还需要良好社会环境的强力支撑，形成人人崇尚科技创新、人人渴望科技创新、人人皆可科技创新的社会氛围；营造全社会尊重人才、尊重创新、尊重知识、尊重科研劳动的舆论氛围，让爱科学、讲科学、学科学、用科学在全社会蔚然成风。

九、政府规划协调与市场机制调节间关系

政府与市场的关系是在深化科技创新发展过程中的一对突出矛盾。解决这个矛盾，当前需要注意的是，要坚持以市场为导向，使市场在科技资源配置中起决定性作用；政府应明确在创新驱动发展战略中职能定位前提下，给市场更多独立性，激发市场创新与竞争活力，打造发展新引擎。在建设科技强国过程中，如果政府职能错位、越位或缺位，都将阻碍改革目标实现。因此，如何更好地发挥政府作用，激发创新主体活力，成为推进创新驱动经济高质量发展的关键。

由于科技研发与创新活动具有较强外部性，在整个科技创新活动过程中不可避免会存在较多“市场失灵”情况，因此完全依靠市场机制进行科技资源配置是行不通的。政府需要在市场不能发挥作用以及企业无力或不愿意投入环节积极主动发挥引领与支撑作用。一方面，政府应充当好科技创新相关配套制度的建设者、创新文化的倡导者、重大科研基础设施的投资者、科技政策的制定者，极力打造有利于科学研究与技术开发的外部创新环境。另一方面，政府支持应与市场引导相结合，最大限度地激发科技创新潜力。基于市场在科技资源配置中的决定性作用，可强化市场机制对政府确定更加符合市场运行规律的计划、规划、政策和战略研究方向的导向作用，从而为深入推进科技创新发展提供更好的制度保障，提高政府宏观调控能力的现代化水平。此外，充分发挥市场在科技资源配置中的决定性作用，要求政府承担起保护各类创新主体的合法权益，保障市场公平、自由竞争，维护市场秩序，以及夯实市场经

济道德基础和制度基础责任；要积极朝法治型与服务型政府迈进，创造并维护激励创新市场环境。

十、全球视野下国内创新与开放合作间关系

科技创新是世界性的、时代性的，科技创新必须具有全球视野。过去40年，中国经济与科技发展所取得的成就是在对外开放的条件下取得的，未来中国要实现经济高质量发展与科技强国战略的发展目标也必须在更大范围开放条件下进行。尽管党和国家历来都十分重视科技领域对外开放工作，但相较整个经济领域对外开放程度而言，中国在科技领域对外开放力度和范围都是不够的。

推动形成创新引领的全面开放新格局，统筹国内与国外两个大局，兼顾国内与国外两个市场，利用国内与国外两种资源，是新时代党和国家适应全球化发展新趋势、准确判断国际形势新变化、深刻把握国内改革发展新要求做出的重大战略部署。我们的方针是，科技强国建设必须在全球视野下进行谋划与推进，绝不能“闭门造车”。但是，必须有分析、有判断、有智慧地“走出去”与“引进来”；既不能盲目一切照搬、机械搬运，亦不能“撒芝麻盐”式地逮着合作机会就开展“遍地开花”式的国际合作，精准合作与开放创新效果应是关注重点。

一方面，要化被动为主动，以我为主，提高科技创新的开放主导权。随着我国整体经济实力与科技水平的不断提高，我国已成为在国际上具有一定影响力的科技大国，在明确自身在全球科技格局中所处地位及不断提高对外开放层次与水平的前提下，我们应主动谋求在科技领域对外开放中发挥引领作用。

另一方面，要合理配置并高效利用科技创新资源，提高对外开放成效；要强调推动在对外开放中提升自主创新水平，以创新助推出口结构由“大进大出”转向“优进优出”，形成科技引领开放新格局。“优进优出”是我国经济进入高质量发展阶段，在“大进大出”传统模式已难以为继的情形下，对科技创新对外开放提出的更高要求。基于高质量发展需要，我们应选择性地进口当前及未来较长时期内我国紧缺的前沿技术、核心技术；同时必须要针对当前我国出口“大而不强”“大而不优”问题，倒逼质量改革与技术革新，要通过对外开放强化自主创新能力，不断优化出口

结构，推动形成产品、技术、服务的“全产业链出口”模式。要深化国际科技交流与合作，积极主动融入全球科技创新网络，在更高起点上推进我国科技强国发展战略。通过加强全球高等院校、科研院所等创新主体间及不同区域间多样化、多元化协同合作，极大加速包括科技信息、技术贸易、技术投资、研发合作在内的各种科技资源流动、整合与优势互补，从而大大提高我国科技计划的有效性与针对性，在全球范围内整合创新资源，最大化地激发科技作为第一生产力的效用。

以上所谈“十大关系”，是解决科技创新供给侧结构性矛盾必须要处理的“十大关系”。这些矛盾能否在实践中完全处理好，也要准备两种可能性，而且在处理这些矛盾过程中，一定还会遇到新矛盾、新问题。总体而言，与产、学、研这三大主体有关的矛盾，应是影响整个科技体系结构性矛盾的基础与重点；围绕政府规划协调与市场机制调节关系而展开的矛盾，则是影响整个科技体系结构性矛盾的核心，这些矛盾基本都是围绕科技创新体制机制改革而展开。

第四节　以高质量科技创新供给破解结构性矛盾的改革路径

世界是由矛盾组成的，没有矛盾就没有世界。我们的任务是要正确处理这些矛盾。针对当前我国经济运行的主要矛盾仍停留在供给侧结构性的发展现状，本书对经济增长新动能——科技创新供给侧存在的结构性矛盾进行剖析，并提出了处理该矛盾需要处理好“十大关系”。这些关系在经济与社会发展实践中是否能完全处理好，会直接影响整个经济体系结构性矛盾与社会主要矛盾是否能得到合理解决。

从图8－1的科技、经济与社会结构性矛盾的逻辑演进趋势可见，新时代我国社会与经济主要矛盾的结构性特征，决定了其增长动力——科技创新也具有供给侧结构性矛盾属性。很显然，科技有效供给不足与新时代我国建设科技强国对科技创新强烈需求之间的矛盾是当前我国科技领域存在的主要结构性矛盾；创新驱动经济高质量发展动力需求与高质量科技供给不足之间的矛盾是当前我国经济领域存在的主要结构性矛盾；人民日益增长的美好生活需要与不平衡不充分的发展之间的矛盾是我国社会领域存在的主要结构性矛盾。

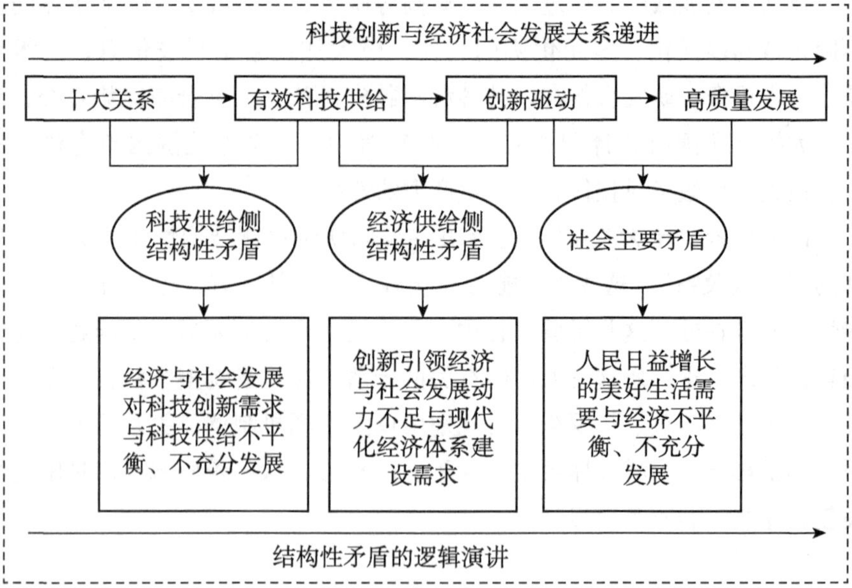

图 8－1　科技、经济与社会结构性矛盾的逻辑演进

仔细研究我国科技、经济与社会结构性矛盾的逻辑演进趋势，不难发现，掣肘整个国家经济与社会发展的症结点主要落在高质量科技供给不足上。基于此，本书提出了以高质量科技供给破解经济与社会结构性矛盾的改革路径；其中，高质量科技供给又以科技供给侧结构性矛盾（主要体现为“十大关系”）是否得到合理解决为前提。因此，高质量科技供给，需要将包括政府、企业、高等院校、科研院所、金融机构、科技中介机构、用户等在内的科技创新主体，同国家、社会及国内国外一切积极的因素，直接的、间接的积极因素全部调动起来。具体而言，必须突出强调三点：第一，重塑科技创新动力结构，高举时代责任担当大旗。科技创新需要广大科技工作者直面历史重任，进一步弘扬老一辈科学家胸怀祖国、服务人民的爱国精神，瞄准世界科技前沿，引领科技发展方向，肩负起历史赋予的重任，啃下高、精、尖技术“数十年磨一剑”的苦功夫，甘坐原始创新“冷板凳”，勇做新时代科技创新排头兵。第二，坚持转观念、改体制、重激励、去约束、补短板的改革思路。要彻底转变传统观念，[1] 并通过深化科技管理体制机制改革与健全科技创新激励机制建设，逐步去除抑制科技研发与创新活力的行政约束、投入约束及体制机制约束，补齐我国核心技术缺失、科技成果转化效率低下及创新动力不足的短板。第三，明确提升增量、激活存量、优化结构、提高质量的发展目标。从总量上增加我国科技创新成果储备，从存量上激活我国尚未转化为现实生产力的科技成果，从供需结构上优化我国科技供给，从而为我国建成世界科技强国的战略发展目标提供高质量的科技供给，是新时代我国在处理科技、经济乃至社会结构性矛盾中需要明确的发展目标。

---

[1] 吴阳芬，曾繁华．科技创新供给侧结构性改革——基于有效供给假说视野［J］. 江西师范大学学报（哲学社会科学版），2019（2）：127 – 128.

参考文献

［1］ Anne L. J. Ter Wal. Cluster Emergence and Network Evolution：A Longitudinal Analysis of the Inventor Network in Sophia - Antipolis ［J］. Regional Studies，2013，47（5）.

［2］ Paulo C. De Miranda，Jose Alberto S. Aranha，Julia Zardo. Creativity：people，environment and culture，the key elements in itsunderstanding and interpretation ［J］. Science and Public Affairs，2009，36（7）.

［3］ Unido. Economic Zones in the ASEAN：Industrial Parks，Special Economic Zones，Eco industrial Parks，Innovation Districts as strategies for industrial competitiveness ［EB/OL］. http：//www. unido. org/fileadmin/user_ media_ upgrade/Resources/Publications/UCO_ Viet_ Nam_ Study_ FINAL. pdf，2015.

［4］ Foray D，David PA，Hall B. Smart specialization - the concept，Knowledge Economists Policy Brief No. 9 ［EB/OL］. http：//ec. europa. eu/invest - inresearch/pdf/download_ e n/kfg_ policy_ brief_ no9. pdf. June 2009.

［5］ Networks，Collective Learning and Technology Development in Innovative High Technology Regions：The Case of Sophia - Antipolis ［J］. Christian Longhi. Regional Studies. 1999（4）.

［6］ Nijdam，M. H. & Langen. Leader firma in the Dutch Maritime Cluster ［C］ Paper presented at the ERSA 2003 Congress，Erasmus University Rotterdam，2003，P. w. de.

［7］ Deborah Perry Piscione. Secrets of Silicon Valley：What Everyone Else Can Learn from the Innovation Capital of the World ［C］. 2013.

［8］ Smart Specialisation Platform. R&I Regional Viewer ［EB/OL］. ［2018 - 09 - 10］. http：//s3platform. jrc. ec. europa. eu/ synergies - tool.

［9］ Perry A. Telecom Valley：The Sophia - based association for ICT professionals celebrates its 20th anniversary [EB/OL]. http://investincotedazur. com/en/newsletter/telecom - valley - the - sophia - based - association - forict - professionals - celebrates - its&artid = act9940. 2014.

[10] Will Doyle. Higher Education and Silicon Valley: Conflicted but Connected [J]. Business History Review, 2018, 92 (2).

[11] 阿伦·拉奥（Arun Rao）. 硅谷百年史（第一版）[M]. 北京：人民邮电出版社，2014.

[12] 艾之涵. 法国索菲亚科学园区的发展对我国高新科技园区的启示 [J]. 科技管理研究，2015，35 (22)：85 - 88.

[13] 蔡郁文，刘灿. 全球主要国家（地区）研发投入与产出的比较分析 [J]. 中国科学基金，2018，32 (04)：442 - 448.

[14] 曹永峰，陈剑峰. 区域创新能力提升与人才战略 [J]. 商业时代，2005 (2)：49 - 49.

[15] 陈飞雁，邵永新，刘君. 浙江省科技服务业 SWOT 分析及发展战略研究 [J]. 科技通报，2016 (11).

[16] 陈红喜，侯召兰，曹刚. 协同创新提升创新能力的作用机理与实证分析 [J]. 求索，2015 (10)：50 - 54.

[17] 陈克新. 略论科技创新战略与政策 [J]. 中国科学基金，2006，20 (5)：288 - 292.

[18] 陈楠. 宝洁：以网络带动开放式创新 [J]. 商务周刊，2009 (12).

[19] 陈颖. 科技成果产业化的校企联盟协同创新机制研究 [J]. 中国高校科技，2019 (Z1)：107 - 109.

[20] 程黎明. 推进知识产权战略 提升科技创新能力 [J]. 安徽科技，2013 (2)：43 - 44.

[21] 储节旺，是沁. 省级科技情报机构服务于创新驱动发展的策略研究 [J]. 情报理论与实践，2017 (7)：5 - 9.

[22] 崔松虎，金福子. 从模仿到创新——以大德的进化过程看韩国的技术追踪之路 [J]. 生产力研究，2008 (4)：54 - 55.

[23] 戴建存，易守标. 对加快企业自主创新人才培养的战略思考 [J]. 活力，2009 (5)：35.

[24] 丁建洋. 筑波大学协同创新模式的逻辑建构及其运行机制 [J]. 外国教育研究, 2015, 42 (12): 47-56.

[25] 董娟. 日本科技人才培养政策与企业实践 [J]. 中国人力资源开发, 2008 (9): 74-78.

[26] ET. 再见了, 硅谷 [J]. 互联网周刊, 2018 (20): 22-23.

[27] 方钢, 徐强. 探究台湾科学工业园区 [J]. 海峡科技与产业, 2016 (10): 35-40.

[28] 傅超, 张泽辉. 国内外科技创新中心发展经验借鉴与启示 [J]. 科技管理研究, 2017, 37 (23): 57-64.

[29] 高寒. 优势战略、后发优势战略与发展中国家的科技创新 [J]. 化工管理, 2015 (21): 7.

[30] 葛万锋. 安徽科技发展的SWOT分析 [J]. 华东经济管理, 2008 (2): 43-48.

[31] 顾建平, 陈鹏, 李建强. 韩国大德科技园区的发展及其推动技术转移的启示 [J]. 中国高校科技, 2014 (6): 58-61.

[32] 关桥. 实施创新驱动发展战略 提高自主创新能力 [J]. 航空制造技术, 2013 (13): 62-63.

[33] 郭立田, 和丽芬. 中小企业自主创新能力现状及战略提升 [J]. 中国商论, 2010 (26): 246-247.

[34] 韩江波. 创新链与产业链融合研究——基于理论逻辑及其机制设计 [J]. 技术经济与管理研究, 2017 (12): 32-36.

[35] 何铁. 增强区域自主创新能力的战略审视 [J]. 中南林业科技大学学报 (社会科学版), 2006, 17 (5): 39-41.

[36] 何郁冰. 产学研协同创新的理论模式 [J]. 科学学研究, 2012, 30 (2): 155-173.

[37] 何静. 填补原始创新 "短板", 攻占自主创新 "高地" ——华为5G战略对广东提升原始创新能力的启示 [J]. 科技创业月刊, 2016 (5): 8-10.

[38] 洪勇, 苏敬勤. 发展中国家核心产业链与核心技术链的协同发展研究 [J]. 中国工业经济, 2007 (6): 39-40.

[39] 黄涛. 硅谷创新生态系统的十个要素 [N]. 中国科学报,

2019－06－19（007）.

［40］贾康．供给侧改革核心内涵是有效制度供给［J］．理论学习，2016.

［41］江小涓．中国的外资经济对增长、结构升级和竞争力的贡献［J］．中国社会科学，2002（6）：4－14，204.

［42］江英．加强知识产权战略研究——推进自主创新能力提高［J］．安徽科技，2004（9）：31－32.

［43］蒋玉宏，祝学华，朱庆平．硅谷的“硅”去哪儿了——美国波特兰地区硬件制造业的发展及启示［J］．全球科技经济瞭望，2018，33（10）：72－76.

［44］康旭东，张明，迟琳琳．协同创新实体建设的SWOT分析与对策研究［J］．科技管理研究，2014（15）：129－132.

［45］科技创新中心：城市群与未来机遇［J］．世界科学，2018（7）：4－9.

［46］柯进生．提升我国科研原始创新能力的战略思考［J］．研究与发展管理，2006，18（2）.

［47］李白薇．释放创新供给侧潜力［J］．中国科技奖励，2016（3）.

［48］李海超，王美东．高技术产业对城市群经济增长的带动作用研究［J］．科学学研究，2019，37（6）：1006－1012.

［49］李华君．韩国科技发展引擎——大德科技园的成功之道及启示［J］．中国高新区，2006（5）：81－83.

［50］李景魁，王丹净．高校科技成果产业化现状、问题及对策研究［J］．产业经济，2017（23）：13－14.

［51］李荔，胡刚，王明和，等．广东高校科技创新能力SWOT分析及发展策略选择［J］．高教探索，2011（3）.

［52］李荣，孙亮，张小薇，等．法国竞争力集群政策体系对我国产业技术创新联盟的启示研究［J］．科技管理研究，2014，34（14）：138－143.

［53］李思一．我国关键技术选择——政府促进技术创新的手段［J］．国际技术经济研究，1995（1）：33－38.

[54] 李淑，李卫华．新竹科学工业园技术创新的制度结构分析［J］．湖南大学学报（社会科学版），2013，27（3）：61－65.

[55] 李宛聪．全球产业链、价值链、创新链中的中国供给侧结构性改革［J］．科学发展，2018（121）：24－29.

[56] 李晓丽．政府在大德科技园建设及发展中的推动作用［J］．今日科苑，2007（23）：107.

[57] 李燕萍，沈晨，罗静子．基于企业创新主导的区域创新体系及其要素协同——以台湾新竹科学园为例［J］．科技进步与对策，2014，31（13）：54－58.

[58] 李瑶．政府和市场在科技资源配置中的协同机制分析［J］．中国市场，2014（26）：50－52.

[59] 李智彬，胡琳．提升中国中小企业自主创新能力的战略思考［J］．经济研究导刊，2009（1）：34－36.

[60] 梁长娟，朱克海．虚拟研发中心——汽车研发的新模式［J］．大众科技，2006（3）：54－56.

[61] 廖春．论跨国公司研发（R&D）的国际化趋势对我国政策的影响［J］．内蒙古财经学院学报，2003，（4）．

[62] 林淼，苏竣，张雅娴，等．技术链，产业链和技术创新链：理论分析与政策含义［J］．科学学研究，2001，19（4）：28－35.

[63] 刘长勇．科技创新与竞争力：构建自主创新能力［M］．北京：科学出版社．2006.

[64] 刘佳骏．国外典型大都市区新城规划建设对雄安新区的借鉴与思考［J］．经济纵横，2018（1）：114－122.

[65] 刘竞．省属高校拔尖创新人才培养模式研究［D］．武汉：湖北大学，2013.

[66] 刘琴．湖北省区域创新体系建设研究［D］．武汉：武汉理工大学，2014.

[67] 刘芹，张永庆，樊重俊．中日韩高科技园区发展的比较研究——以中国上海张江、日本筑波和韩国大德为例［J］．科技管理研究，2008（8）：122－124，130.

[68] 刘颖．政产学研结合推进区域协同创新的机制研究［D］．武汉：

华中师范大学，2013.

［69］刘助仁．国外促进科技园区发展的政策法规及其借鉴［J］．中国高新技术企业，2001（5）：42－47.

［70］卢彪．科技创新与体制机制创新“双轮驱动”下的制度供给［J］．扬州大学学报（社会科学版），2017，21（6）：5－9.

［71］M. 卡斯特尔，P. 霍尔著．世界的高技术园区［M］．北京：北京理工大学出版社，1998.

［72］马永斌，刘帆，王孙禺．科学园区大学主导与政府主导模式的利弊分析——基于剑桥科学园与筑波科学城的对比［J］．科技管理研究，2010，30（6）：32－34.

［73］穆桂斌，黄敏．美国硅谷人才集聚规律及对雄安新区的启示［J］．河北大学学报（哲学社会科学版），2018，43（4）：63－69.

［74］潘利．为有源头活水来——以色列实施“科技孵化器战略”促进创新发展的经验借鉴［J］．广东经济，2016（6）：34－36.

［75］彭双，顾新，吴绍波．技术创新链的结构、形成与运行［J］．科技进步与对策，2012，29（09）：4－7.

［76］蒲晓晔，赵守国．国外典型经济园区融资模式的启示［J］．西北大学学报（哲学社会科学版），2013，43（05）：121－125.

［77］求同存异，比较世界著名科技园区发展要素［J］．杭州科技，2011（05）：46－50.

［78］宋平．提升我国科技创新能力的对策研究［D］．合肥：合肥工业大学，2014.

［79］沈桂龙．中国创新短板与创新能力提升的战略举措［J］．经济论坛，2018，No. 577（08）：27－29.

［80］孙敏．创新湖北建设的评价及其影响因素研究［D］．武汉：湖北大学，2016.

［81］孙智慧，范萤心，张相林，等．科技园区高端人才战略的横向比较研究——以中关村、东湖、张江为例［J］．中国人力资源开发，2013（5）：75－79.

［82］田小平，张治国．高校大学生科技创新活动现状分析及对策研究——基于陕西30所高校的实证调查［J］．理论导刊，2014（7）：100－102.

［83］屠启宇．“十三五”期间提升上海城市创新能力的战略举措［J］．科学发展，2015（1）：58－68.

［84］万贤贤，张春强，赵可，等．美国硅谷区域创新创业生态系统分析及其对中国的启示［J］．中国商论，2018（25）：72－74.

［85］汪芳，夏湾．技术创新提升高技术产业竞争力的路径——以湖北省为例［J］．科技管理研究，2019，39（3）：107－113.

［86］王刚．我国科技创新型人才战略研究［D］．北京：北京交通大学，2010.

［87］王海芸．日本筑波科学城发展的启示研究［J］．科技中国，2019（3）：20－27.

［88］王缉慈，朱凯．国外产业园区相关理论及其对中国的启示［J］．国际城市规划，2018，33（2）：1－7.

［89］王建国．中关村国家自主创新示范区发展现状分析与国际比较［J］．价值工程，2019，38（4）：5－7.

［90］王青，曹兆敏．上海高校科技创新能力的 SWOT 分析［J］．科技管理研究，2009（6）：169－171.

［91］王小迪，徐岩，姜红．技术标准化与产业创新能力提升的互动机理研究［J］．当代经济研究，2012（12）：37－40.

［92］王秀翠，邱国霞．高校科技成果转化平台体制机制创新研究——以南邮校地研究院为例［J］．江苏科技信息，2017（30）：24－25.

［93］王永成，高晓杰．产学研协同创新的体制机制研究及绩效评价分析［J］．创新科技，2017（11）：29－33.

［94］汪云，高楹楹，孙立春．筑波科学城对浙江省科技园建设的启示［J］．现代商业，2019（6）：65－66.

［95］翁铁慧．创新人才培养的战略思考与实践［J］．创新人才教育，2014（2）.

［96］吴阳芬，曾繁华．科技创新供给侧结构性改革——基于有效供给假说视野［J］．江西师范大学学报（哲学社会科学版），2019，52（2）：123－131.

［97］夏金文．台湾新竹科学工业园成功模式探寻［J］．中国高新区，2012（3）：124－125.

［98］肖松，查晶晶，张春强．提升湖北区域创新创业能力的实证研究［J］．科技管理研究，2017（15）．

［99］熊俊莉，刘欢庆．2016年两岸科技产业发展与合作回顾［J］．海峡科技与产业，2016（12）：22－27．

［100］许强，任溶，徐景泉．台湾科技产业与科技园区发展分析［J］．全球科技经济瞭望，2013，28（5）：48－55．

［101］许荣花．战略性新兴产业人才培养机制研究［D］．荆州：长江大学，2011．

［102］颜波，苑俊丽，刘睿．科技创新服务供应链体系的构建——基于广东省丰顺县的实证分析［J］．科技管理研究，2016，36（11）：79－84．

［103］颜莉．我国区域创新效率评价指标体系实证研究［J］．管理世界，2012（5）：174－175．

［104］杨斌．后危机时代提升我国自主创新能力的多元化协同战略研究［J］．企业经济，2012（10）：39－42．

［105］杨艳．校企合作模式下普通高校科技创新能力提升的分析与思考［J］．辽宁工业大学学报（社会科学版），2019，21（3）：101－104．

［106］杨杨，楚琦．支持“中国数谷”发展的财政金融政策研究——以美国硅谷为鉴［J］．新西部，2018（36）：162－163，168．

［107］叶仕满．协同创新高校提升创新能力的战略选择［J］．中国高校科技，2012（3）．

［108］仪名杰．传统产业与战略性新兴产业协同发展的若干思考——以柳州市为例［J］．科技经济导刊，2019，27（4）：245．

［109］于永达，闫盛枫．要素、结构与绩效：高新区创新网络研究——全球领先生物科技园对我国政府高新区管理的启示［J］．中国行政管理，2016（4）：146－152．

［110］张赤东．我国中小企业技术创新战略SWOT模型分析［J］．科技管理研究，2007，27（3）：106－109．

［111］张帆．市场经济条件下政府主导的科技资源配置问题研究［D］．武汉：华中科技大学，2012．

［112］张健．提升城市创新能力的战略研究——基于天津滨海新区引

擎效应的路径分析［J］. 经济研究导刊，2014（27）.

［113］张克俊. 国家高新区提升自主创新能力的战略思考［J］. 中国科技论坛，2008（3）：33－38.

［114］张陆燕. 人才培养与社会需求间的协同问题研究［J］. 现代商贸工业，2019（18）：68－69.

［115］张伟峰. 拷贝硅谷：韩国大德科学城的成功实践［J］. 科技管理研究，2008（10）：29－31.

［116］张学良. 加快发展大都市圈的战略与政策研究报告 附件 纽约、伦敦、东京毗邻区域接轨大都市经验和做法［C］. 中国经济改革研究基金会，2018：10.

［117］张嵎喆，蒋云飞. 自主创新成果产业化的内涵和国外实践［J］. 经济理论与经济管理，2010（5）：59－63.

［118］赵大宇. 北京中关村科技园区与韩国大田大德谷高新区政府规制比较［J］. 制度经济学研究，2007（1）：186－207.

［119］赵东霞，郭书男，周维. 国外大学科技园"官产学"协同创新模式比较研究——三螺旋理论的视角［J］. 中国高教研究，2016（11）：89－94.

［120］赵宏远. 创新型科技人才资源开发战略研究［D］. 合肥：安徽大学，2007.

［121］赵立雨，娄俊婷. 科研经费管理的国际比较及对中国的启示［J］. 自然辩证法通讯，2019，41（7）：108－116.

［122］赵玉林，张钟方. 湖北省高等学校科技发展的 SWOT 分析［J］. 科技管理研究，2008（6）：173－176.

［123］钟之阳，蔡三发. 大学科技园创新生态系统融合发展模式研究：硅谷、筑波科学城和清华科技园之比较［J］. 中国高等教育评论，2017，7（1）：29－42.

［124］周静珍，冯君，鲍志彦. 江苏省高校开展科技查新工作的 SWOT 分析和战略选择——例析南京工业大学科技查新工作站［J］. 图书馆建设，2009（4）：56－59.

［125］周丽群，陈志勇. 实施产业集群促进战略 提升福建城市综合创新能力［J］. 福建理论学习，2004（2）：38－41.

［126］周晴，王洋．国际科技创新园区建设的经验借鉴及对广州的启示［J］．产业与科技论坛，2018，17（7）：255－256．

［127］周琼．新时期地方高等院校科研工作的SWOT分析［J］．教育与职业，2014（2）：31－32．

［128］中国科学技术发展战略研究院课题组．上海科技成果产业化的瓶颈与对策研究［J］．科学发展，2014（71）：52－63．

［129］仲伟俊，梅姝娥，谢园园．产学研合作技术创新模式分析［J］．中国软科学，2009（8）：174－181．

［130］朱海就．区域创新能力评估的指标体系研究［J］．科研管理，2004，25（3）：30－35．

［131］左杰，薛德泳，肖婷．浅谈如何提高标准建设水平——以湖北省2012—2015年数据为例［J］．科技创业月刊，2017（13）．

后 记

当前，全球正处在科技创新与产业发展大变革的关键时期，全球科技创新发展处在突破性发展变革的前夜，全球产业价值链发展受中美贸易战等复杂形势影响处在重组过程中。发达创新经济体不仅长期占据产业链高端，处于垄断竞争态势，而且始终处在创新价值链顶端，占据绝对统治地位。产业链高端发展依赖于创新链的高质量发展，创新链的高质量发展必然促进经济的高质量发展。中国创新链发展总体态势为业已形成跟跑、并跑与领跑三驾齐驱，且以跟跑与并跑为主的局面，处于全球创新型国家建设第三梯队。中国通过实施《国家创新驱动发展战略纲要》，服务于《中国制造 2025》，对于打赢中美贸易战、科技战、制度战、金融战，对于加快实现传统制造业转型升级，实现经济高质量发展，具有极其重大的战略意义。所以，深入研究中国科技创新的高质量发展问题很有决策应用价值。

本著作是前述相关项目研究成果的结晶。参与本著作搜集与整理资料、撰写部分章节的有肖苏阳、黄海、徐小惠、盛子杰等，在此一并表示感谢！感谢知识产权出版社编辑张水华女士的辛勤劳动！

作者

2020 年 1 月 10 日

于武汉